Götz Schmidt

Einführung in die Organisation

Götz Schmidt

Einführung
in die Organisation

Modelle – Verfahren – Techniken

2., aktualisierte Auflage

GABLER

Die Deutsche Bibliothek – CIP-Einheitsaufnahme
Ein Titeldatensatz für diese Publikation ist bei
Der Deutschen Bibliothek erhältlich

Prof. Dr. Götz Schmidt ist Geschäftsführer der ibo Beratung und Training GmbH sowie der ibo Software GmbH und seit 30 Jahren als Trainer und Berater tätig mit den Schwerpunkten Organisation und Führung. Er ist außerdem Honorarprofessor an der RWTH Aachen.

1. Auflage September 2000
2. Auflage September 2002
Nachdruck April 2003
Nachdruck November 2003

Alle Rechte vorbehalten
© Betriebswirtschaftlicher Verlag Dr. Th. Gabler GmbH, Wiesbaden 2002

Lektorat: Ulrike Lörcher

Der Gabler Verlag ist ein Unternehmen der Fachverlagsgruppe BertelsmannSpringer.
www.gabler.de

Umschlaggestaltung: Ulrike Weigel, www.CorporateDesignGroup.de
Druck und buchbinderische Verarbeitung: Lengericher Handelsdruckerei, Lengerich
Gedruckt auf säurefreiem und chlorfrei gebleichtem Papier
Printed in Germany

ISBN 3-409-21504-2

Vorwort

Dem Leser soll ein Überblick geboten werden über das breite Thema Organisation und die damit verbundenen Fragestellungen.

Nach der Klärung des Begriffes Organisation wird ein Gesamtmodell entwickelt, das als Leitfaden für das gesamte Werk dienen soll. Alle später behandelten Teilthemen lassen sich in diesen Rahmen einordnen, der als **ibo Modell der organisatorischen Gestaltung** in der Wirtschaftspraxis heute weit verbreitet ist.

In einem weiteren grundlegenden Kapitel wird die Organisation in den Gesamtzusammenhang der Unternehmensführung eingebettet – insbesondere werden die Beziehungen von Strategie, Kultur und Technik zur Struktur (Organisation) heraus gearbeitet. Gestaltungsprinzipien und Gestaltungsbedingungen der Organisation schließen dieses Kapitel ab.

In weiteren Kapiteln werden die Elemente der Organisation und Formen der Verknüpfung dieser Elemente im Überblick dargestellt, um dann auf die Teilgebiete der sogenannten Aufbauorganisation einzugehen. Dabei handelt es sich um die Stellenbildung, das Leitungssystem, das Informationssystem, das Kommunikationssystem und das Sachmittelsystem. Insbesondere die Stellenbildung und das Leitungssystem werden ausführlicher behandelt, die restlichen Teilsysteme im Überblick dargestellt.

Ein weiteres Kapitel ist der Prozessorganisation gewidmet, das hier getrennt erörtert wird, obwohl dem Autor der unlösbare Zusammenhang zur Aufbauorganisation bewusst ist.

Ein Überblick über die Organisationsmethodik folgt. Hier wird das planmäßige Vorgehen in Organisationsprojekten behandelt. Außerdem wird eine Übersicht der Techniken geboten, die eine planmäßige Organisationsarbeit unterstützen können.

Das Buch wird abgeschlossen mit einer – viel zu kurzen – Darstellung der Rolle des Menschen in der Organisationsarbeit.

Das Werk wendet sich an Studierende unterschiedlicher Disziplinen, die sich einen Überblick über dieses Thema verschaffen wollen, und an Mitarbeiter in Unternehmen und Verwaltungen, die sich beruflich mit Organisationsfragen beschäftigen wollen oder müssen. Es soll dazu beitragen, ein vertieftes Verständnis für die vielschichtige und faszinierende Organisationsdisziplin zu schaffen, es soll Hilfen zur Lösung konkreter Fragestellungen bieten und Hinweise geben, welche Quellen für eine vertiefte Behandlung geeignet sind.

GÖTZ SCHMIDT

Inhaltsverzeichnis

1. Grundlagen der Organisation

1.1 Begriffe

1.1.1 Organisation

Der Begriff "Organisation" wird im täglichen Sprachgebrauch sehr unterschiedlich verwendet. "Organisiere mir mal einen PC" kann z.B. bedeuten, beschaffe mir einen Personal Computer, unter Umständen sogar mit dem Unterton "nicht auf dem formell vorgesehenen Weg". Die Formulierung "er ist organisiert" bedeutet nicht etwa, dass dieser Mensch seine Belange geordnet hält, sondern dass er Mitglied einer Gewerkschaft ist.

Wiederum anders verstehen normalerweise Soziologen den Organisationsbegriff. Sie bezeichnen jede zielorientierte Institution - eine Behörde, eine Unternehmung oder eine Gewerkschaft - als Organisation. Organisation im soziologischen Sinne ist also ein Oberbegriff für Institutionen, in denen Menschen zu einem bestimmten Zweck zusammenarbeiten, beispielsweise um Bürgern Dienste zu erbringen, Autos herzustellen oder Interessen von Mitgliedern zu vertreten.

Von all diesen Begriffsverwendungen soll der betriebswirtschaftliche Organisationsbegriff abgegrenzt werden. Die Inhalte der Organisation sollen an einem Beispiel verdeutlicht werden.

Ein großer Nahrungsmittelhersteller, der am Markt sehr erfolgreich gearbeitet und hohe finanzielle Überschüsse erzielt hat, beschließt, sich auf das Kerngeschäft zu konzentrieren und den Trainingsbereich, der in der Personalabteilung angesiedelt ist, auszugliedern. Das liegt insofern auf der Hand, als schon bisher die Veranstaltungen auch für Mitarbeiter anderer Unternehmungen geöffnet waren.

Ein qualifizierter Mitarbeiter aus der Personalabteilung, Herr Appel, der ein betriebswirtschaftliches Studium abgeschlossen hat, wird zum Geschäftsführer der neu gegründeten Gesellschaft **Alltrain** gemacht. Das vorhandene Seminarangebot wird eingebracht. Das Management des Nahrungsmittelherstellers erwartet von Herrn Appel, dass er nach einer Anlaufphase von ein bis zwei Jahren eine Rendite von ca. 10 % nach Abzug der Steuern auf das eingesetzte Grundkapital erwirtschaftet. Außerdem wird ein jährliches Umsatzwachstum von 10 - 12 % erwartet.

Herr Appel ist völlig frei in seinen Entscheidungen, wie er diese Ziele erreicht. Er stürzt sich in die Arbeit und beschafft Räume, stellt Mitarbeiter ein bzw. wandelt bestehende Verträge um und weist den Mitarbeitern Aufgaben zu, kauft Einrichtungsgegenstände, besucht Lieferanten für Drucksachen, baut einen Einkauf auf usw.

Anhand dieser Beispiele soll die Frage geklärt werden, was denn eigentlich Organisation ist. Das folgende Schema soll dazu eine Hilfe bieten.

	Organisatorische Aufgaben	Sonstige Fachaufgaben
– Räume beschaffen	– Bedarf ermitteln – geeignete Lage bestimmen – sachliche Anforderungen, z.B. An- und Abfahrten von Fahrzeugen festlegen	– Vertrag abschließen – Umbauten oder Renovierung vergeben, überwachen, bezahlen
– Einstellen von Mitarbeitern	– Bedarf nach Anzahl und Qualifikation feststellen	– Werben, auswählen, neue Verträge formulieren, einstellen, aus- und weiterbilden, betreuen
– Besuch von Lieferanten für Drucksachen		– Verhandlungen und Vertragsabschlüsse
– Mitarbeitereinsatz	– Zuteilen von Aufgaben und Befugnissen, Weisungsrechte festlegen – Informationsrechte und -pflichten bestimmen	– Stellenbewertung (Lohn- bzw. Gehaltsfindung) – Mitarbeiterführung (lfd. zielgerichtete Steuerung und Motivation)
– Einkauf aufbauen	– Befugnisse verteilen – Ablauf von der Bedarfsermittlung bis zur Bezahlung der eingegangenen Ware regeln.	– Art und Menge des Bedarfs festlegen – Art und Zeitpunkt der Bezahlung bestimmen.

Tab. 1.1 Organisations- und Fachaufgaben

Allgemein - und ein wenig abstrakt - gesagt werden **Menschen, Sachmittel und Informationen eingesetzt, um bestimmte Aufgaben zu erfüllen**. Alle Maßnahmen sollen dazu beitragen, das vorher bestimmte Ziel bzw. die **Ziele** möglichst gut zu **erreichen**.

Werden derartige **Regelungen** getroffen; und zwar solche Regelungen, die nicht nur einen Einzelfall betreffen sondern **dauerhaft** wirksam sind, wird das als Organisation bezeichnet. Dauerhaft wirksam heißt nicht ewig. Die Regelung gilt so lange, wie sie zweckmäßig ist. Sie ist jedoch **nicht** von vornherein **befristet oder gilt nur für einen Einzelfall**. Organisatorische Regelungen betreffen folgende Sachverhalte:

Organisatorische Regelungen	Beispiele
Stellenbildung = Bündelung von Aufgaben für Menschen (jedoch ohne die Stellenbesetzung) Zuordnung von Kompetenzen	Schaffung einer Stelle "Einkäufer" Übertragen von Befugnissen, z.B. bis zu einem bestimmten Betrag selbständig beschaffen zu dürfen
Leitungssystem = Aufbau einer Hierarchie, Unter- und Überordnung von Stellen und Abteilungen	Einrichten von Vorgesetzten-Mitarbeiter-Beziehungen, z.B. Unterstellung des Einkaufs direkt unter den Geschäftsführer
Informationssystem = Regelung der Informationsrechte und –pflichten	Regelung, wer welche Berichte erhält, wer Zugriff auf bestimmte Datenbestände hat
Sachmittelsystem = Auswahl und Einsatz geeigneter Sachmittel	Auswahl geeigneter Hardware und Software, Einsatz der Technik und Unterstützung der Anwender
Kommunikationssystem = Einrichtung von Kommunikationsbeziehungen	Installation von Daten- und Telefonnetzen
Unverzweigte Folgebeziehungen	Nach der Anmeldung eines Teilnehmers wird die Verfügbarkeit eines Platzes geprüft, dann die Anmeldung mündlich bestätigt usw.
Verzweigte Folgebeziehungen	Nach der Anmeldebestätigung erfolgt die Buchung der Anmeldung parallel zu der Benachrichtigung des Hotels, in dem der Teilnehmer untergebracht wird
Verknüpfungen	Nach der telefonischen Anmeldebestätigung und der Benachrichtigung des Hotels erhält der Teilnehmer eine schriftliche Bestätigung
Rückkopplung	Ist ein Seminar ausgebucht, werden einem Interessenten solange alternative Termine angeboten, bis er eine andere Veranstaltung bucht oder endgültig absagt.

Tab. 1.2 Organisatorische Regelungen

Aus den Beispielen kann abgeleitet werden, dass organisatorische Regelungen immer die gleichen Elemente betreffen, nämlich

– Aufgaben
– Aufgabenträger
– Sachmittel
– Informationen.

Diese Elemente werden durch Beziehungen miteinander verknüpft

– Aufbaubeziehungen
– Ablaufbeziehungen (Prozesse).

Auf die Inhalte der Aufbau- und Prozessorganisation – dieser Begriff wird hier im gleichen Sinn wie Ablauforganisation verwendet - wird später noch näher eingegangen. Verallgemeinernd kann gesagt werden, dass in der **Aufbauorganisation** eine Unternehmung oder Verwaltung **statisch** (im Ruhezustand) betrachtet wird, wohingegen in der **Prozessorganisation** die **Aufgabenerfüllung dynamisiert** wird. Beide Seiten gehören jedoch inhaltlich zusammen, sie können nur gedanklich voneinander getrennt werden.

Sowohl in der Ablauforganisation wie auch in der Aufbauorganisation sind zusätzlich die sogenannten **Dimensionen Zeit, Raum** und **Menge** zu regeln. So ist in der Aufbauorganisation beispielsweise festzulegen, wieviel Zeit für eine Aufgabenerfüllung zur Verfügung steht. In der Ablauforganisation ist eine Folgebeziehung räumlich zu konkretisieren. Es wird also z.B. festgelegt, in welcher Reihenfolge bestimmte Bearbeitungsorte durchlaufen werden.

Elemente, Beziehungen und Dimensionen können in dem sogenannten **Organisationswürfel** dargestellt und miteinander verbunden werden. Dieser Würfel beschreibt zwar abstrakt aber dennoch vollständig **alle Sachverhalte, die inhaltlich geregelt werden**, wenn von Organisation gesprochen wird.

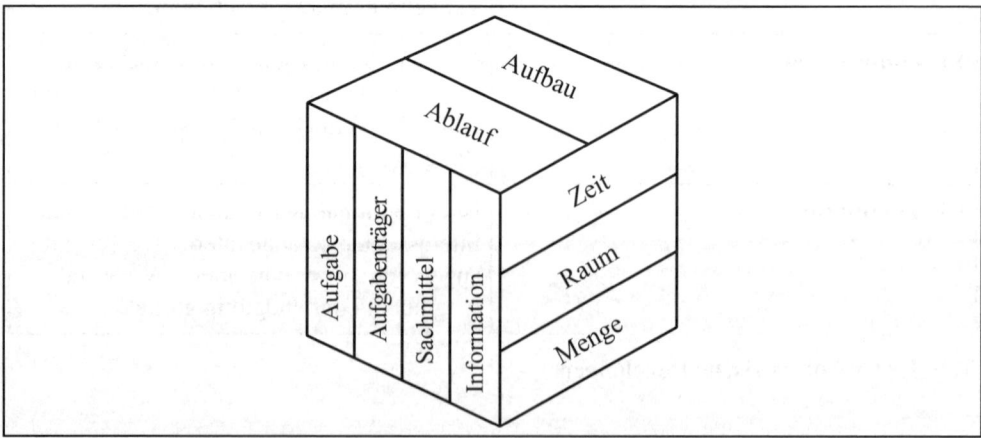

Abb. 1.1 Organisationswürfel

Organisatorische Regelungen gibt es in Unternehmungen, Behörden, Schulen, karitativen Vereinigungen, kurz in allen Institutionen, in denen Menschen zusammenwirken, um irgendwelche Ziele zu erreichen. Derartige Institutionen werden auch als **Systeme** bezeichnet. Es müssen **Regeln** aufgestellt werden, **an denen sich die Beteiligten orientieren können**. Wenn in einem System Menschen und Sachmittel zusammenwirken, wird von **sozio-technischen Systemen** gesprochen. Dieser Hinweis ist insofern wichtig, als das Ordnen rein technischer Systeme den technischen Disziplinen (Ingenieurberufen) übertragen und normalerweise auch nicht als Organisation sondern z.B. als Konstruktion bezeichnet wird.

Zusammenfassend kann Organisation folgendermaßen umschrieben werden: **Organisation** ist die dauerhaft gültige Ordnung (Regelung) von zielorientierten sozio-technischen Systemen. Die **Elemente** Aufgaben, Aufgabenträger, Sachmittel und Informationen werden durch statische (aufbauorganisatorische) und dynamische (ablauforganisatorische) **Beziehungen** miteinander verbunden. Dabei werden auch die **Dimensionen** Zeit, Raum und Menge festgelegt.

Der Begriff Organisation kann einmal als Zustand und einmal als Tätigkeit gesehen werden:

Organisation	
Schaffen von dauerhaft gültigen Regelungen (strukturieren) = funktionelle (tätigkeitsbezogene) Sicht.	dauerhaft gültige Regelung (Struktur) = institutionelle (zustandsbezogene) Sicht.

1.1.2 Disposition

Die bisher beschriebenen Regelungen sollen langfristig gültig bleiben. Daher wurde Organisation als dauerhaft wirksame Regelung definiert. Daneben gibt es *Regelungen*, die *nur einmalig gültig* sind; diese werden als Disposition bezeichnet.

Herr Appel hat in der Zwischenzeit eine Reihe großer Kunden gewonnen, die ihre Mitarbeiter in Seminarveranstaltungen entsenden. Er beschließt, diese Kunden, die über das gesamte Land verteilt sind, einmal jährlich persönlich aufzusuchen. Anhand einer Landkarte versucht er, einen optimalen Reiseplan aufzustellen, der die Wege und damit die Reisezeiten möglichst kurz hält. Er beabsichtigt, auch in den nachfolgenden Jahren diesen Plan einzuhalten. Hier handelt es sich um eine organisatorische Regelung.

Bei einer seiner Rundreisen, die Herr Appel mit dem Auto unternimmt, streikt unterwegs der Wagen. Herr Appel studiert die Fahrpläne der Bahn und ändert kurzfristig seine Route, da er einen günstigen Anschluss findet. Hier liegt eine Disposition vor. Er beabsichtigt nicht, zukünftig nach dem gleichen Muster zu verfahren. Daraus leitet sich die folgende Definition ab: **Disposition** ist eine einmalig gültige Regelung (ein einmalig gültiges Regeln), eine Regelung, die nur für einen Einzelfall gilt.

Dispositive Entscheidungen sind im Alltag sehr häufig. Organisatorische Regelungen bestimmen oft nur den Rahmen, der durch Dispositionen ausgefüllt werden muss. So hat Herr Appel eine Stelle für den Einkauf eingerichtet und dem Mitarbeiter Einkaufsrichtlinien vorgegeben (Organisation). Die einzelnen Entscheidungen des Mitarbeiters innerhalb der Richtlinien sind Dispositionen.

Generell bewirkt Disposition Flexibilität, da auf jeden Fall "individuell" eingegangen werden kann, wohingegen Organisation zwar Stabilität, aber unter Umständen auch Starrheit mit sich bringen kann. Dazu später mehr.

1.1.3 Improvisation

Neben der Organisation als dauerhaft wirksamer und der Disposition als einmalig gültiger Regelung gibt es **vorläufige Regelungen, die nur für eine begrenzte Zeit gültig sind**. Diese Art der Regelung wird als **Improvisation** bezeichnet. Die allgemeine Formulierung für eine Improvisation könnte z.B. lauten: "Das wollen wir vorläufig so machen." Das Dauerhafte tritt gegenüber dem Vorläufigen zurück.

Improvisation kann aus verschiedenen Gründen **sinnvoll** oder sogar notwendig sein.

–   **Alles ist noch im Fluss** - eine dauerhafte Lösung ist wegen der sich ständig verändernden Bedingungen nicht möglich. Herr Appel möchte seine Besuchsroute noch nicht endgültig festlegen, da sich der Kreis der Kunden ständig noch verändert. Er beschließt, nach zwei bis drei Jahren den Plan noch einmal zu überarbeiten.

–   **Es soll auf jeden Fall anders werden** - nur sieht man **im Augenblick** dafür noch **keine Möglichkeit**. Dann wird die Lösung als Provisorium tituliert, um möglichst wenig festzuschreiben. Herr Appel möchte z.B. gerne seinen Trainerstab nach Themengruppen gliedern. Das Volumen der Veranstaltungen lässt im Augenblick eine derartige Arbeitsteilung noch nicht zu, so dass jeder Trainer jede Art von Veranstaltung übernehmen muss.

–   Aus **zeitlichen Gründen** konnte eine als dauerhaft angestrebte Lösung nicht realisiert werden, also behilft man sich vorläufig. So nutzt die Alltrain eine "selbstgestrickte" Tabellenkalkulation zur Seminaradministration. Sobald es die Zeit zulässt, soll ein professionelles System am Markt gesucht und installiert werden.

In der Praxis haftet dem Begriff Improvisation häufig der Makel an, nicht gründlich durchdacht oder mangelhaft zu sein. Das trifft jedoch nur für einen Teil der Improvisationen zu, wie die Beispiele zeigen. Da Organisation zwar auf Dauer angelegt, aber auch nicht ewig gilt - organisatorische Lösungen müssen mit zunehmender Dynamik der Umwelt immer häufiger überarbeitet werden - ist die Grenze zur Improvisation fließend.

Die drei bisher definierten Begriffspaare stehen in folgender Beziehung zueinander:

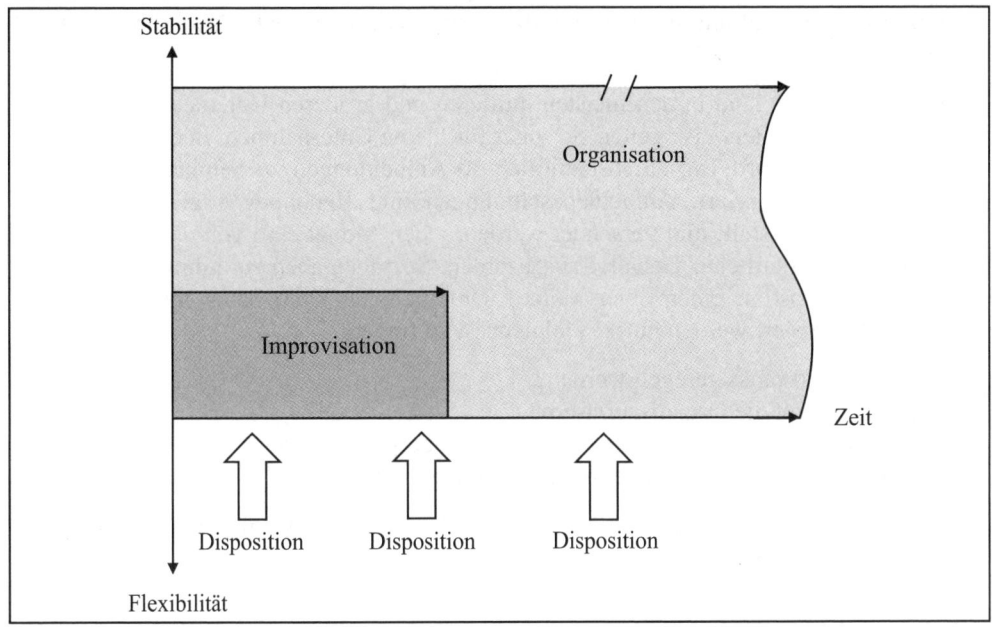

Abb. 1.2 Beziehungen zwischen Organisation, Improvisation und Disposition

1.2 Bedeutung organisatorischer Regelungen in einer dynamischen Welt

zustandsanderung

Die Dynamik in der Wirtschaft wie in der öffentlichen Verwaltung steigt. Produktlebenszyklen verkürzen sich, die Technik schreitet voran, gesetzliche Regelungen werden in immer kürzeren Abständen verändert. Das gilt auch für die Alltrain. Neue Techniken unterstützen die Vermittlung von Wissen, neue Vertriebswege müssen erschlossen werden, neue Mitbewerber treten auf usw. Die einzige Konstante ist der Wandel. Unter diesen Bedingungen stellt sich die Frage, ob heute überhaupt noch organisiert - dauerhaft wirksam geregelt - werden soll oder ob es nicht anderer, flexiblerer Ansätze bedarf.

Dauerhaft wirksame Regelungen sind unter folgenden Bedingungen sinnvoll:

– Aufgaben wiederholen sich in gleicher oder ähnlicher Form.
– Aufgaben müssen zwingend in einer bestimmten Weise erledigt werden (z.B. gesetzliche Vorgaben).
– Menschen arbeiten zusammen und müssen koordiniert werden.
– Die Aufgabenerfüllung stellt hohe Anforderungen an die Sicherheit (z.B. Umgang mit Geld).

- Die Aufgabenerfüllung muss nachvollziehbar - etwa von der Revision überprüfbar - sein.

Diese Bedingungen sind in den meisten mittleren und größeren Unternehmen nach wie vor gegeben. Normalerweise gelten sie sogar für kleine Unternehmen. In der Alltrain gehen beispielsweise pro Tag durchschnittlich 50 Anmeldungen zu Seminaren ein. Dazu müssen Hotels reserviert, Anmeldebestätigungen und Rechnungen geschrieben, Seminarmaterialien erstellt und versendet werden, jeden Monat sind von der Personalverwaltung für 40 Mitarbeiter Gehälter auszuzahlen, Sozialabgaben zu ermitteln und abzuführen usw. Selbst in einem eher kleinen Unternehmen kann daher die Frage nicht lauten, ob organisiert werden muss. Vielmehr ist zu fragen:

- Wie detailliert muss geregelt werden?
- Wer übernimmt die Organisationsarbeit?
- In welchen Abständen muss die Organisation überprüft werden?
- Wie detailliert muss eine Regelung dokumentiert werden etc.?

Planmäßig und bewusst gestaltete organisatorische Regelungen bringen - im Vergleich mit "gewachsenen" Strukturen - Vor- und Nachteile mit sich.

Bewertung organisatorischer Regelungen	
Vorteile	**Nachteile/Gefahren**

- **Höhere Wirtschaftlichkeit** durch organisatorische Lösungen sollen Kosten gesenkt oder eine bestimmte Leistung zu möglichst niedrigen Kosten erbracht werden
- **höhere Qualität** (bessere Ergebnisse) durch die bewusste Auseinandersetzung mit Zielen und Lösungsvarianten
- **höhere Transparenz** (Nachvollziehbarkeit), da organisatorische Lösungen normalerweise auch dokumentiert sind
- **verbesserte Koordination** bei Arbeitsteilung
- **geringere Abhängigkeit von einzelnen Personen**, weil das Arbeitsverfahren bekannt und damit auch nachvollziehbar ist.
	- **Verringerte Anpassungsfähigkeit** an
	  - individuelle Anforderungen etwa von Kunden oder Mitarbeitern
	  - veränderte Rahmenbedingungen oder Marktgegebenheiten.
	- **verringerte Selbständigkeit**. Die Regelungen engen den Handlungsspielraum ein und fördern die Unselbständigkeit
	- **Beeinträchtigung der Motivation** gerade leistungsfähiger und leistungsbereiter Mitarbeiter.

Tab. 1.3 Bewertung organisatorischer Regelungen

Organisatorische Regelungen bringen also Stabilität. **Stabilität** ist die nachhaltige Fähigkeit eines Systems, auf gleichartige oder ähnliche Impulse standardisiert zu reagieren und damit die Vorteile organisatorischer Regelungen zu nutzen. Gleichzeitig ist aber auch für eine angemessene Elastizität bzw. Flexibilität zu sorgen. **Elastizität** ist die nachhaltige Fähigkeit eines Systems, auf unterschiedliche Impulse auch differenziert reagieren zu können.

Organisation muss somit dazu beitragen, dass sowohl die wünschenswerte und vorteilhafte Stabilität erreicht, aber auch die notwendige Flexibilität erhalten oder geschaffen wird. Ein **ausgewogenes Verhältnis von Stabilität und Elastizität** kann grundsätzlich durch folgende Maßnahmen erreicht werden:

– Organisatorische Regelungen betreffen nur grundsätzliche **Rahmenentscheidungen**. Damit bleiben für die Mitarbeiter Freiräume = Dispositionsspielräume.
– Organisatorische Regelungen werden **in kürzeren Abständen überprüft**, ob sie noch sinnvoll sind.
– An die Stelle der Organisation treten von vornherein **befristete Regelungen** (Improvisation).
– Organisation ist nicht nur die Aufgabe einiger weniger Spezialisten, vielmehr fühlt sich **jeder** dazu **aufgerufen**, permanent **über organisatorische Verbesserungsmöglichkeiten nachzudenken** (das ist die Grundidee des Organizational Learning, des lernenden Unternehmens).

Die Forderungen nach erhöhter Flexibilität wie auch nach stärkerer Berücksichtigung der sogenannten weichen Faktoren wie Motivation, Arbeitszufriedenheit, Autonomie usw. lassen sich klischeehaft unter dem Schlagwort "Von Palästen zu Zelten " zusammenfassen.

"Von Palästen zu Zelten"

Annahmen der Palastorganisation	Annahmen der Zeltorganisation
– Unternehmensgröße ist ein Wert an sich – alle "wichtigen" Entscheidungen müssen der Gesamtleitung vorbehalten bleiben – unternehmensweite Koordination bringt viele Vorteile – Arbeitsteilung bringt Spezialisierungsvorteile – Regelungen müssen eindeutig, umfassend und gut dokumentiert sein	– Größe macht inflexibel – Entscheidungen sollten vor Ort gefällt werden – zentrale Koordination bringt zentrale Wasserköpfe hervor ⟶ unnütze – Arbeitsteilung führt zu vielen Schnittstellen – Regelungen sind ein notwendiges Übel

Palastorganisation Organisatorische Konsequenzen *Zeltorganisation*	
– Geschäftsbereiche werden von einer zentralen Leitung gesteuert	– Holdingstrukturen mit relativ selbständigen Töchtern
– große Leistungstiefe (möglichst alles selbst machen)	– Outsourcing (ausgliedern, was nicht zum Kerngeschäft gehört)
– vielstufige Hierarchien	– flache Hierarchien
– Koordination über die Hierarchie	– autonome Koordination, Koordination durch Projektgruppen (Teams)
– Auf- und Ausbau umfangreicher zentraler Stäbe und Zentralabteilungen	– Delegation von Entscheidungsbefugnissen, Abbau von Stabsarbeit
– umfangreiche Kontrollen	– Selbstkontrolle, Ergebniskontrolle
– hochgradige Spezialisierung	– Entspezialisierung, Minimierung von Schnittstellen
– Funktionsorientierung = Abteilungsdenken	– Prozessorientierung
– Aufbau umfangreicher Organisationsdokumentationen.	– geringe Formalisierung der Organisation.

Tab. 1.4 Von Palästen zu Zelten

Auf viele hier nur angedeutete Schlagworte wird im Kapitel 5 noch einmal eingegangen.

1.3 Gesamtmodell der Organisation

In den vorangegangenen Abschnitten wurden die Fragen behandelt

– was ist Organisation,
– welche Beziehungen bestehen zwischen Organisation, Strategie, Kultur und Technik,
– welche Bedeutung hat Organisation in einer dynamischen Welt?

Ein zentrales Modell der Organisation wird im Würfel mit seinen Elementen, Beziehungen und Dimensionen dargestellt. Der Würfel soll auch in den folgenden Ausführungen seine Bedeutung behalten, symbolisiert er doch den eigentlichen Inhalt der organisatorischen Gestaltung. Im folgenden **Kapitel 2** werden die **Grundlagen der Organisatorischen Gestaltung Organisation** näher ausgeleuchtet. Im **Kapitel 3** stehen die Elemente und die Beziehungen zwischen den Elementen im Vordergrund. In weiteren Kapiteln werden die **Aufbau- und die Ablaufbeziehungen** detailliert.

Zu einer systematischen Organisationsarbeit gehört allerdings mehr, als nur über Elemente, Beziehungen und Dimensionen Bescheid zu wissen. Organisatorische Vorhaben wurden oben als Projekte bezeichnet. Die Abwicklung von Projekten sollte systematisch erfolgen. Dazu wird in **Kapitel 10** eine **Methode** vorgestellt, die einen **standardisierten Projektablauf** und das **Systemdenken** beinhaltet. Außerdem muss geregelt werden, wer

für welche Aufgaben im Projekt zuständig ist. Diese Thematik wird ebenfalls im **Kapitel**
... **Projektmanagement** behandelt. Organisationsarbeit ist beson-
... dazu geeignete Werkzeuge eingesetzt werden. Schließlich und
...isationsarbeit immer von Menschen für Menschen geleistet. Die
...leme und Ansätze, mit Interessenkonflikten, Macht und Wider-
... im **Kapitel 11 Verhalten** thematisiert.

... zeigt diese Zusammenhänge global. Auf der nächsten Seite
...Felder, die den Würfel einrahmen, weiter aufgegliedert. Dieses
... durch die Schrift.

Konzern

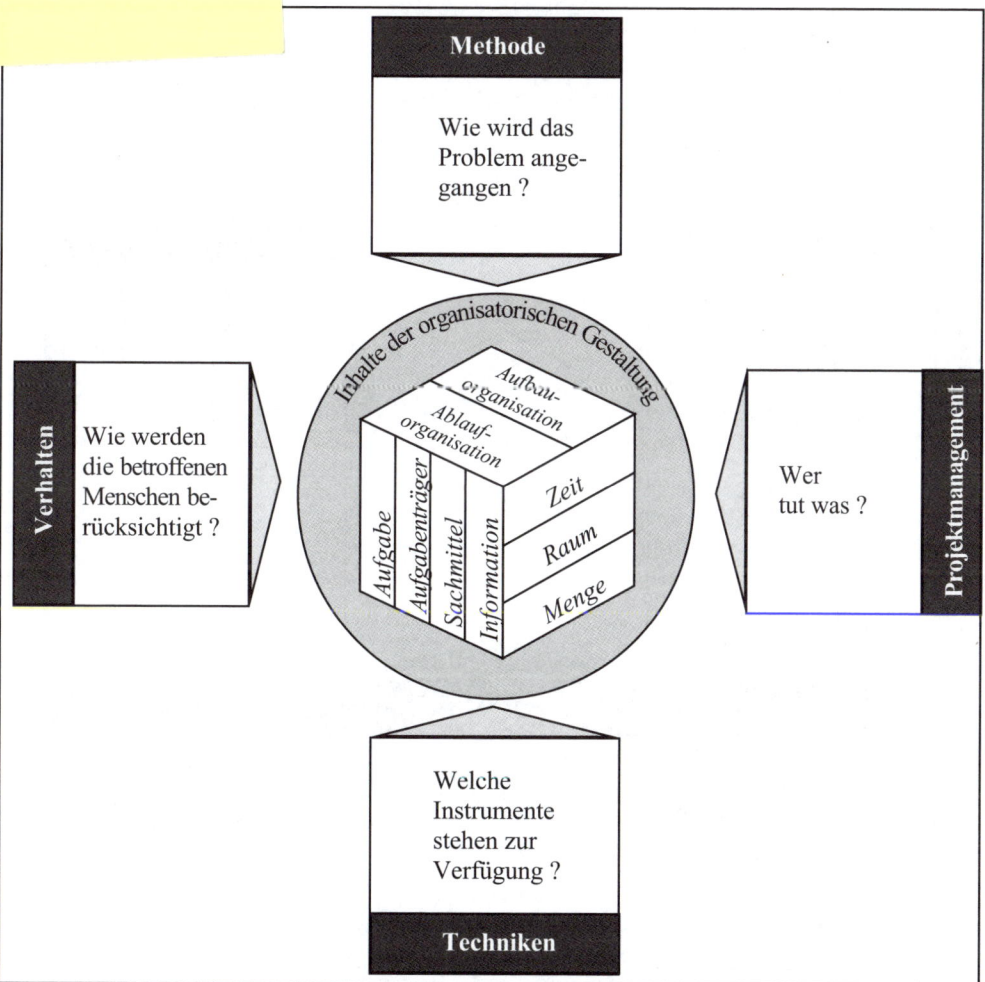

Abb. 1.3 Gesamtmodell der Organisation

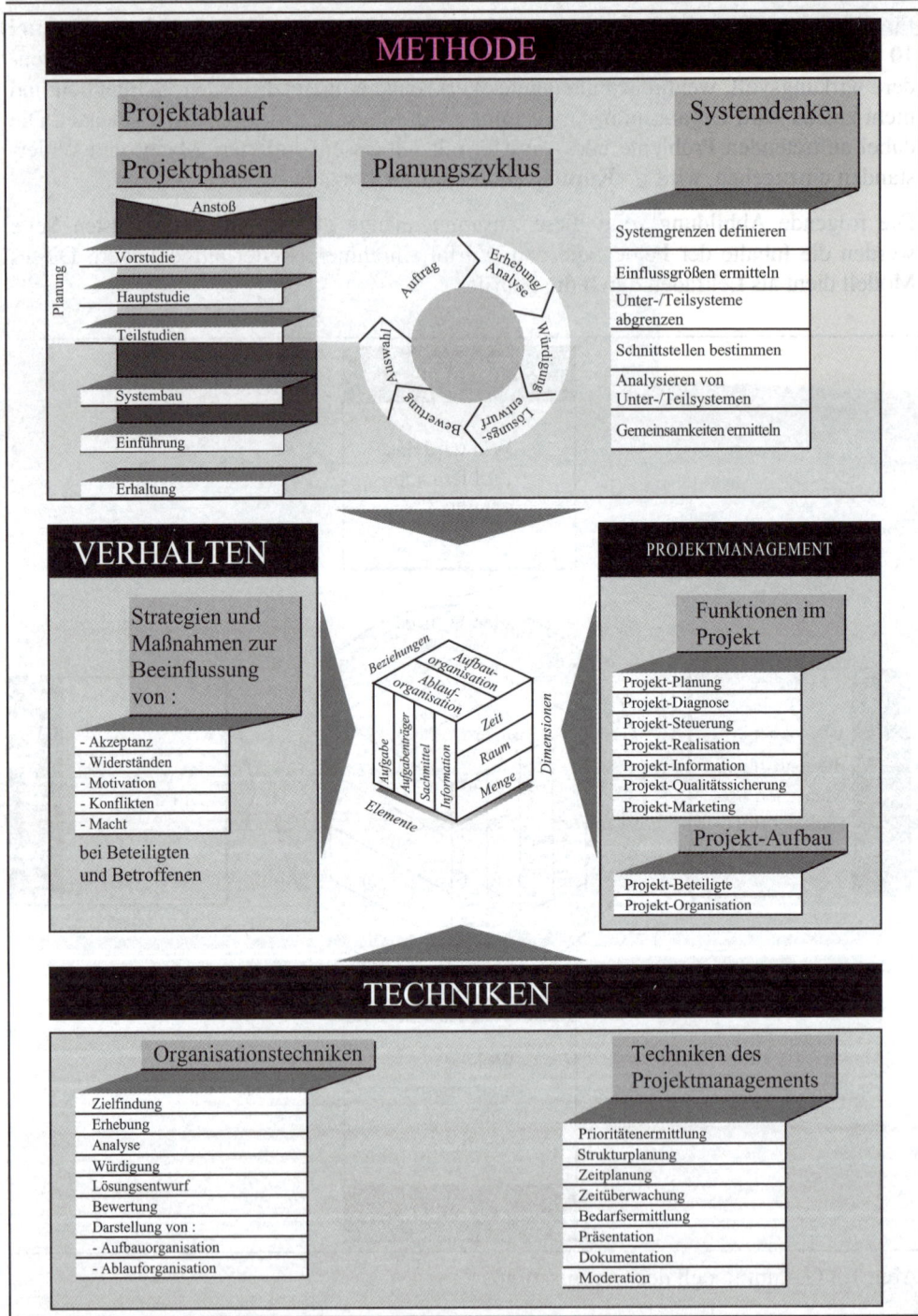

Abb. 1.4 Organisation im Gesamtzusammenhang

2. Basis der organisatorischen Gestaltung

2.1 Organisation im Gesamtzusammenhang der Unternehmensführung

Unternehmen und Verwaltungen sind dazu da, bestimmte **Leistungen für den Markt** oder für die Bürger zu erbringen. Das sind ihre primären Aufgaben. Für die Alltrain bedeutet das, vom Markt gewünschte Trainingsangebote zu entwickeln, anzubieten und durchzuführen. Um diese primären Aufgaben bewältigen zu können, sind weitere – abgeleitete - Aufgaben zu erledigen wie z.B. Personal einstellen und verwalten, Rechnung legen usw. Organisatorische Regelungen sollen dazu beitragen, dass die primären wie die abgeleiteten Aufgaben möglichst wirkungsvoll und möglichst kostengünstig erledigt werden können.

Die Qualität organisatorischer Lösungen kann nur daran beurteilt werden, wie gut die Organisation dazu beiträgt, die primären und die abgeleiteten Aufgaben zu unterstützen. Durch organisatorische Regelungen soll eine hohe **Effizienz** erreicht werden (**Dinge richtig machen**). Das setzt allerdings voraus, dass zuvor entschieden wurde, welche Ergebnisse oder Ziele überhaupt anzustreben sind (**die richtigen Dinge tun**). Anders ausgedrückt, muss sich die Organisation (Struktur) an einer vorhandenen Strategie (Grundsatzentscheidungen über wichtige Erfolgsfaktoren) orientieren. Die **Struktur folgt der Strategie**. Es sind jedoch auch umgekehrte Wirkungen denkbar, wenn beispielsweise eine vorhandene Struktur Anstöße für eine strategische Neuorientierung gibt. So kann eine Gliederung des Trainerstabs nach Kunden (Struktur) dazu führen, dass über weitere Leistungen für eine bestimmte Kundengruppe nachgedacht wird (strategische Anpassung).

In jüngerer Zeit wird die Bedeutung der sogenannten **weichen Faktoren der Unternehmensführung** betont. Dazu zählt insbesondere die **Unternehmenskultur**. Darunter werden gemeinsam gelebte **Normen** und **Wertvorstellungen** verstanden, die sich auf die Strategie wie auch auf die Organisation auswirken können. So kann beispielsweise eine kulturelle Norm, wie hohe Achtung vor der Leistungsfähigkeit und Leistungsbereitschaft des Menschen, zu weitreichender Dezentralisation von Entscheidungsbefugnissen, zur Einrichtung von Profit-Centers oder anderen organisatorischen Lösungen führen.

Die **Technik als Sammelbegriff für Sachmittel** bzw. Verfahren ist ein weiterer Faktor, der die anderen Faktoren beeinflussen kann, so wie auch technische Weiterentwicklungen aus Anforderungen der anderen Faktoren entstehen können. So bestehen z.B. wechselseitige Beziehungen zwischen der Strategie und der Technik - neue Kommunikationssysteme erlauben neue Trainingsangebote über Inter- und Intranet oder zwischen der Technik und der Struktur - leistungsfähige Hard- und Software erlauben es, klassische Sekretariatsarbeiten auf die Trainer zu übertragen.

Damit ergeben sich die folgenden wechselseitigen Beziehungen:

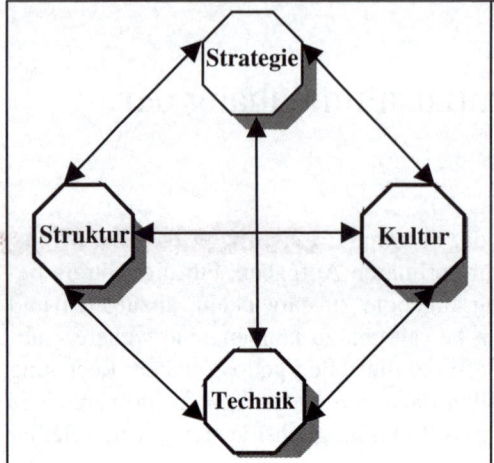

Bei allen organisatorischen Regelungen ist darauf zu achten, dass sie zur Strategie passen, mit der Kultur verträglich sind und die vorhandene Technik bestmöglich nutzen. Die wechselseitigen Einflüsse dieser Faktoren sind zu berücksichtigen.

Abb. 2.1 Zusammenhang Strategie, Kultur, Struktur, Technik

Die hier verwendeten Begriffe sollen noch einmal im Zusammenhang umschrieben werden:

Strategie ist die Gesamtheit aller Entscheidungen über wichtige Erfolgsfaktoren einer Unternehmung oder Verwaltung (Produkte, Märkte, Qualität, Marktanteile, Vertriebswege usw.).

Kultur ist die Gesamtheit von Normen, Wertvorstellungen und Denkhaltungen, die das Verhalten der Mitarbeiter auf allen Stufen der Hierarchie prägen.

Struktur ist ein Sammelbegriff für aufbau- und ablauforganisatorische Regelungen.

Technik ist ein Sammelbegriff für Sachmittel (Hardware, Software, Maschinen etc.) die im Rahmen organisatorischer Lösungen eingesetzt werden.

2.2   Situativer Ansatz der Organisation

In der klassischen Organisationslehre wurde versucht, Organisationsgrundsätze aufzustellen, also **Prinzipien**, die "immer" zu beachten sind, Lösungen, die immer richtig sind. Heute wird eher davon ausgegangen, dass **alle Regeln gebrochen** werden dürfen, ja dass gelegentlich sogar Regeln gebrochen werden müssen, wenn wirklich deutliche

Fortschritte erreicht werden sollen. Es ist die jeweilige **Situation** zu beachten. Vor dem Hintergrund einer konkreten Situation können die unterschiedlichsten Lösungen "vernünftig" sein. Dieser Ansatz warnt damit gleichzeitig auch davor, Rezepte zu übernehmen, d.h. Lösungen zu kopieren, die sich anderswo bewährt haben. Die Eignung einer Lösung muss vor dem Hintergrund einer konkreten Situation beurteilt werden.

In der folgenden Übersicht finden sich einige Beispiele für klassische Organisationsprinzipien und die zugehörige "moderne" Auffassung.

Gegenüberstellung Organisationsprinzipien und situativer Ansatz	
Klassische Thesen	**Situativer Ansatz**
– Die richtige Leitungsspanne beträgt x Mitarbeiter	– Die Leitungsspanne hängt von den Aufgaben, der Delegation, den Koordinationsnotwendigkeiten, der Qualifikation der Beteiligten usw. ab
– Stellen sind unabhängig von konkreten Personen zu bilden	– Bei knappen und besonders qualifizierten Mitarbeitern kann es sinnvoll sein, maßgeschneiderte Stellen zu bilden
– Planungsaufgaben sind von Ausführungsaufgaben zu trennen	– Die Bereicherung von Ausführungsaufgaben um Planungsaufgaben kann die Leistungsbereitschaft erhöhen, wenn die Mitarbeiter ausreichend informiert sind
– Wichtige Entscheidungen sind an der Spitze zu fällen.	– Wichtige Entscheidungen können auch dezentral gefällt werden, wenn die Situation es erfordert.

Tab. 2.1: Organisationsprinzipien und situativer Ansatz

Im Folgenden werden einige mögliche **Rahmenbedingungen** genannt, die situativ Lösungen beeinflussen können. Daneben kann es noch konkrete intern gesetzte oder externe **Restriktionen** geben, die den Lösungsspielraum einschränken.

Interne Rahmenbedingungen:

– Art der zu erfüllenden Aufgaben,
– Qualifikation und Leistungsbereitschaft des Personals (z.B. Ausbildungsstand, Bereitschaft, Verantwortung zu übernehmen),
– Wirtschaftliche Situation (z.B. Ertragslage, Liquidität),
– technische Ausstattung (z.B. vorhandene Netze, Hardware),
– Alter und Entwicklungsstadium der Unternehmung.

Externe Rahmenbedingungen:

- Wettbewerbssituation (z.B. Konkurrenzdruck, Verhalten der Mitbewerber),
- Kundenstruktur, Marktstruktur,
- verfügbare Technik und deren Kosten (z.B. Kommunikationstechnik),
- gesellschaftliche und kulturelle Bedingungen.

Welche organisatorischen Lösungen im Einzelfall geeignet sind, hängt also von situativen Faktoren aber auch von den verfolgten Zielen und der Zielgewichtung ab. Darauf wird nun eingegangen.

2.3   Ziele der Organisation

Mit organisatorischen Regelungen werden immer bestimmte **Ziele** verfolgt. Erst wenn die Ziele bekannt sind, kann auch beurteilt werden, ob eine organisatorische Lösung sinnvoll, d.h. zielführend ist.

An erster Stelle müssen die **Ziele der Kunden** beachtet werden. Eine noch so perfekte innerbetriebliche Organisation gefährdet auf längere Sicht die Existenz eines Unternehmens, wenn die Ziele der Kunden nicht obenan stehen. Kunden entscheiden letztlich, ob ein Unternehmen überlebt. Diese Aussage gilt zumindest für die heute typischen Käufermärkte, denn der Kunde hat die Wahl, zu anderen Mitbewerbern zu gehen.

In unserem Beispiel verfolgt Herr Appel bestimmte Ziele. Als Leiter des Unternehmens Alltrain, so kann unterstellt werden, verfolgt er **Unternehmensziele**. Die Ziele der Organisation leiten sich aus diesen Zielen ab.

Daneben sind bei organisatorischen Vorhaben auch noch **Ziele** zu berücksichtigen, welche die **betroffenen Mitarbeiter** verfolgen. Wenn ein Unternehmen langfristig erfolgreich arbeiten will, muss es auch auf die Bedürfnisse, Wünsche und Erwartungen der Mitarbeiter Rücksicht nehmen.

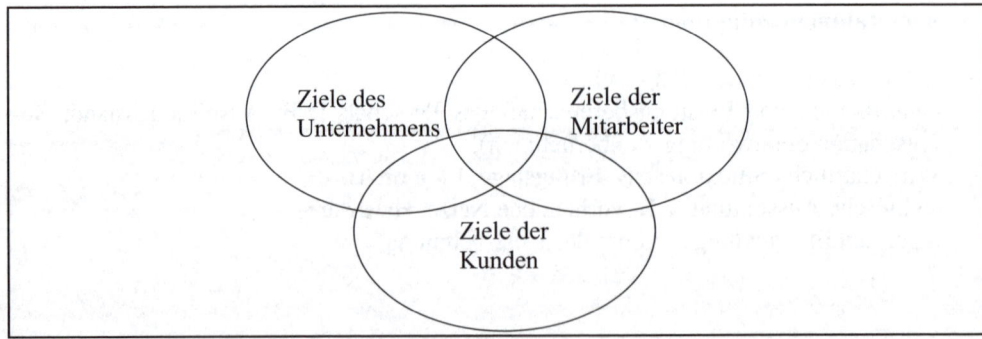

Abb. 2.2 Ziele unterschiedlicher Zielträger

Die unten genannten **Ziele** sind teilweise **voneinander abhängig**. Sie müssen im Rahmen konkreter Projekte in ein Über-/Unterordnungsverhältnis gebracht werden.

Was bedeutet das nun konkret? Welche Ziele verfolgt Herr Appel aus der Sicht des Unternehmens? Hier sollen beispielhaft nur solche Ziele genannt werden, die vermutlich durch organisatorische Maßnahmen erreicht werden können:

Ziele des Unternehmens

– **Produktivität**
  Eine bestimmte Leistung soll mit einem hohen Wirkungsgrad erbracht werden, d.h. bei guter Ausnutzung vorhandener Kapazitäten mit einem möglichst niedrigen Zeitaufwand.

– **Wirtschaftlichkeit**
  Die Leistung soll mit möglichst niedrigen Kosten erbracht werden, bzw. es sollen möglichst hohe Erlöse erzielt werden. Bei den Kosten können einmalige und laufende, fixe und variable Bestandteile unterschieden werden.

– **Zukunftssicherung**
  Es soll sichergestellt werden, dass das Unternehmen langfristig am Markt überleben kann, z.B. durch klare Zuständigkeiten für Produktneuentwicklung und Wettbewerbsbeobachtung.

– **Ansehen**
  Die Lösung soll das Ansehen z.B. dadurch fördern, dass bewusst der letzte Stand der Technik eingesetzt wird oder aufwendige bauliche Maßnahmen ergriffen werden.

– **Koordination**
  Durch aufbauorganisatorische Lösungen soll sichergestellt werden, dass "die rechte Hand weiß, was die linke tut", wenige Reibungsverluste entstehen, die Kräfte zur Bearbeitung bestimmter Produkt- oder Kundengruppen gebündelt werden.

– **Kontrollierbarkeit**
  Die oberen hierarchischen Ebenen sollen ständig in der Lage sein, die Entwicklung zu überwachen, um gegebenenfalls schnell eingreifen zu können.

– **Transparenz**
  Die Zuständigkeiten sollen leicht durchschaubar sein, so dass interne Mitarbeiter ihre Ansprechpartner erkennen können, und Externe wissen, wer für sie zuständig ist.

– **Flexibilität**
  Die Unternehmung soll in der Lage sein, auf spezifische Kundenwünsche oder auf Umweltveränderungen schnell zu reagieren, sich anzupassen, neue Produkte zu integrieren usw.

Demgegenüber verfolgen Mitarbeiter andere, zum Teil sogar den Unternehmenszielen widersprechende Ziele.

Ziele der Mitarbeiter

– **Arbeitszufriedenheit**
  Die Mitarbeiter möchten Freude an der Arbeit haben. Sie möchten die Arbeit selbst und ihren Beitrag dazu als sinnvoll und wertvoll empfinden. Folgende Teilziele können diesem Ziel zugeordnet werden:

- **Abwechslungsreiche Aufgaben**. Einseitige Anforderungen bringen einseitige, unter Umständen sogar gesundheitsgefährdende Belastungen mit sich. Darüber hinaus führt die einseitige Belastung zur Monotonie, die normalerweise die Leistungsbereitschaft beeinträchtigt.
- **Anspruchsvolle Aufgaben.** Die meisten Menschen steigern ihre Leistungsbereitschaft, wenn sie qualitativ, d.h. hinsichtlich der Art der geforderten Leistung nicht unter- (aber auch nicht über-) fordert werden.
- **Autonomie.** Unter Autonomie wird der Freiheitsgrad verstanden, der einem Mitarbeiter bei der Erfüllung seiner Aufgaben zugestanden wird. Meistens bringt mehr Autonomie auch mehr Verantwortungsbereitschaft mit sich. Je weniger Eingriffe durch Vorgesetzte erfolgen, desto mehr fühlt sich der Mitarbeiter für seinen Bereich verantwortlich, desto mehr erhält er das Gefühl der eigenen Wichtigkeit und Unabhängigkeit.
- **Beteiligung.** Mitarbeiter möchten nicht vor vollendete Tatsachen gestellt werden. Sie streben Beteiligung an Entscheidungen zumindest soweit an, wie ihr eigener Zuständigkeitsbereich betroffen ist.
- **Macht.** Viele Mitarbeiter streben Einfluss auf andere Menschen, eine Ausweitung des eigenen Machtbereichs an.
- **Abschirmung**

Dieses globale Ziel kann in weitere Einzelziele aufgegliedert werden.

- **Störungsfreie Arbeit.** Möglichst große Abschirmung vor Störungen von außen (z.B. Telefon) oder innen (z.B. Eingriffe, Ablenkungen). Es ist allerdings unbestreitbar, dass bei monotonen Aufgaben "Störungen", d.h. Ablenkungen manchmal sehr erwünscht sind.
- **Gleichmäßige Auslastung.** Möglichst wenige Überstunden zählen ebenso zu diesem Ziel wie die Abschirmung gegenüber zu hohen Belastungen.
- **Sicherheit**

Auch dieses Ziel kann noch weiter untergliedert werden.

- **Ausreichende Information.** Wenngleich eine "ausreichende Information" subjektiv sehr unterschiedlich empfunden wird, so gilt doch tendenziell die Aussage, dass Mitarbeiter mehr wissen möchten als das, was im engsten Sinne zur Erfüllung ihrer Aufgaben notwendig ist.
- **Klare Zuständigkeiten.** Die Mitarbeiter wollen wissen, was ihre Befugnisse sind und wer ihnen in welchem Umfang Weisungen geben kann.
- **Klarheit über Anforderungen.** Die Mitarbeiter wollen wissen, anhand welcher Maßstäbe sie beurteilt werden und was von ihnen verlangt wird. Nur bei klaren Anforderungen können sie selbst erkennen, ob sie mehr oder weniger erfolgreich waren. Dann sind sie nicht ausschließlich vom Urteil Dritter, insbesondere des Vorgesetzten abhängig.
- **Aufstiegschancen.** Die meisten Mitarbeiter sind dann zu besonderen Leistungen bereit, wenn sie eine Chance für ihr persönliches Fortkommen sehen. Der Wunsch voranzukommen - was für viele immer noch hierarchischen Aufstieg bedeutet - ist in den meisten Menschen tief verankert.

– **Konfliktfreiheit.** Die Mitarbeiter streben Regelungen an, die das Ausmaß sachlicher Reibungen, die häufig auch zu persönlichen Reibungen führen, möglichst gering halten. Ursachen für solche Reibungen können beispielsweise organisatorisch beabsichtigte Wettbewerbssituationen sein, z. B. Konkurrenz im Markt und Konkurrenz um knappe Finanzmittel.

Bei den erwähnten Zielen der Mitarbeiter wird deutlich, dass ihnen bestimmte Unterstellungen über "den" Menschen zugrunde liegen. Im Einzelfall ist es durchaus möglich, dass diese Annahmen nicht stimmen. Wenn organisatorische Regelungen für Personen getroffen werden, die im Voraus nicht bekannt sind, können die obigen Ziele zumindest als Hypothesen gelten. Wird die Organisation um bekannte Personen herum gebaut, muss geklärt werden, ob diese Unterstellungen auch im konkreten Fall zutreffen.

Ziele der Kunden

Als Kunden werden hier sowohl die externen Nachfrager wie auch interne Abnehmer von Leistungen angesehen. So sind die Verbrauchsabteilungen "Kunden" der Beschaffungsabteilung, Anwender der Informationstechnik sind Kunden eines Benutzerservice usw. In diesem weiteren Sinn sollen hier die Kundenziele gesehen werden.

– **Qualität**
  Der Kunde wünscht meistens qualitativ hochwertige, zumindest aber einwandfreie Produkte oder Leistungen.
– **Niedrige Preise**
  Niedrige Preise sind eindeutig Ziel der internen wie der externen Kunden. Dieses Ziel kann allerdings organisatorisch normalerweise nicht direkt beeinflusst werden. Durch organisatorische Maßnahmen können im günstigen Fall die Kosten gesenkt werden. Ob derartige Kostensenkungen an die Kunden weitergegeben werden oder nicht, gehört normalerweise nicht mehr zu einer organisatorischen Fragestellung.
– **Schnelle Leistung**
  Die Kunden möchten ihre eigenen Wünsche "am liebsten schon gestern realisiert" sehen. Kurze Laufwege von Bestellungen gehören ebenso dazu wie die Einhaltung zugesagter Termine (Termintreue). Insbesondere in stark umkämpften Märkten ist die Schnelligkeit, in der Leistungen erbracht werden, ein erheblicher Wettbewerbsfaktor. Das gilt insbesondere auch dann, wenn nicht vom Lager verkauft werden kann, sondern Leistungen für Kunden maßgeschneidert werden müssen. These: "Die Schnellen fressen die Langsamen, nicht die Großen die Kleinen".
– **Individuelle "Produkte"**
  Die Kunden möchten normalerweise keine Standardware. Vielmehr sollen die individuellen Anforderungen berücksichtigt werden. Demgegenüber ist einem Unternehmen meistens an möglichst "großen Serien", d.h. gleichartigen Leistungen gelegen.
– **Eindeutige Ansprechpartner**
  Der Kunde möchte ohne Sucherei feststellen können, wer für ihn zuständig ist und

wer über die notwendigen Kompetenzen verfügt, um bei seinen Anfragen entscheiden zu können.

Erfolgreiche organisatorische **Lösungen** zeichnen sich dadurch aus, dass **mit ihrer Hilfe möglichst viele** der sich zum Teil widersprechenden oder konkurrierenden **Ziele erreicht** werden. In jedem Fall sind Kompromisse zu schließen und die Interessen der verschiedenen Zielträger gegeneinander abzuwägen.

Aus den obigen Ausführungen wird auch deutlich, dass es nicht die "richtige" oder die "beste" Organisation gibt. Wenn Herr Appel beispielsweise die unter Kostengesichtspunkten effizienteste innerbetriebliche Abwicklung von Anmeldungen zu Seminaren höher gewichtet als die Wünsche der Kunden nach individueller und schnellerer Bearbeitung ihrer Anfragen, wird vermutlich eine ganz andere Lösung gewählt, als wenn die Kundeninteressen im Vordergrund stünden.

Zusammenfassend können wir feststellen, dass organisatorische Regelungen sich an den Zielen derer orientieren müssen, die von diesen Regelungen betroffen sind. Das Gewicht, das den verschiedenen Zielen beizumessen ist, hängt von der **Macht der Träger der Ziele** sowie davon ab, welche **Bedeutung die Ziele für die Betroffenen** haben. Die **Chancen, die Ziele zu erreichen**, und die Risiken, die entstehen können, wenn bestimmte Ziele ignoriert werden, sind ebenso zu berücksichtigen.

2.4   Gestaltungsprinzipien der Organisation

Organisatorische Lösungen können hinsichtlich bestimmter Gestaltungsprinzipien unterschieden werden. Gestaltungsprinzipien sind dominierende Grundsätze, die bei organisatorischen Lösungen zu beachten sind.

Beispiele für solche Gestaltungsprinzipien sind

– **Umfang der Spezialisierung**
  Soll weitgehende Arbeitsteilung praktiziert werden oder soll - beispielsweise aus der Zielsetzung **Motivation** heraus - die Spezialisierung zugunsten komplexerer Aufgaben zurücktreten?
– **Organisationsgrad**
  In welchem Umfang sollen überhaupt organisatorische Lösungen erarbeitet werden? Soll den Mitarbeitern die Freiheit zugebilligt werden, innerhalb eines vorgegebenen Rahmens im Einzelfall zu entscheiden? Inwieweit sollen also Dispositionsfreiräume die Organisation ersetzen?
– **Formalisierungsgrad**
  In welchem Umfang sollen organisatorische Lösungen festgeschrieben und in Form von Arbeitsanweisungen, Stellenbeschreibungen etc. dokumentiert werden? Sowohl hinsichtlich des Organisationsgrades wie auch des Formalisierungsgrades sind in den

letzten Jahren deutliche Veränderungen der "herrschenden Meinung" festzustellen, in Richtung auf möglichst wenige Regelungen und möglichst geringe Formalisierung.

- **Umfang der Delegation**
  In welchem Umfang sollen Entscheidungsbefugnisse auf untere hierarchische Ebenen verlagert werden?
- **Umfang der Information**
  Inwieweit werden den Mitarbeitern auch Informationen zugänglich gemacht, die ihnen Hintergrundwissen verschaffen und die ihre Motivation fördern?
- **Dominanz der Strukturierung**
  Gibt die Aufbauorganisation den Rahmen der Ablaufgestaltung vor oder dominieren zentrale - bei Kunden beginnende und endende - Prozesse die Aufbauorganisation?
- **Umfang, Verfahren, Intensität und Träger der Kontrollen**
  Wer kontrolliert wie, in welcher Frequenz und mit welchem Detaillierungsgrad?
- **Art der Willensbildung**
  Sind Einzelne für Entscheidungsvorbereitung und Entscheidung zuständig oder werden Gruppen eingesetzt; inwieweit werden die Betroffenen beteiligt (Partizipation) usw.?

Wenn bestimmte Ausprägungen derartiger Gestaltungsprinzipien - z.B. wir setzen uns vor einer wichtigen Entscheidung zusammen - in der Kultur eines Unternehmens oder einer Verwaltung fest verankert sind, können sie massive Auswirkungen auf die gewählten organisatorischen Lösungen haben.

2.5 Gestaltungsbedingungen der Organisation

Die Handlungsspielräume bei der Auswahl organisatorischer Maßnahmen werden fast immer durch selbst gesetzte oder vorgegebene Restriktionen eingeengt. Darüber hinaus ist die Eignung der unterschiedlichen Lösungsmöglichkeiten und Gestaltungsprinzipien grundsätzlich auch von situativen Rahmenbedingungen abhängig, auf die oben schon hingewiesen wurde. So kann die gleiche Lösung in einem Fall zum Erfolg, im anderen Fall zum Misserfolg führen.

2.5.1 Restriktionen - Muß !

2.5.1.1 Intern gesetzte Restriktionen

Typische intern gesetzte, d.h. von entscheidungsberechtigten Stellen innerhalb des Unternehmens auferlegte Restriktionen können betreffen

– **Lösung** z.B.
  – wo darf überhaupt etwas verändert werden (betroffener Bereich)?
  – was darf verändert werden, was nicht (z.B. darf neue Hardware gekauft werden)?
  – darf nur punktuell oder kann von Grund auf geändert werden?
  – dürfen sich personelle Konsequenzen ergeben (Abbau, Aufstockung von Personal)?
  – was muss die Lösung alles leisten (funktionale Anforderungen)?
  – kann selbst entwickelt oder muss ein Standard gekauft werden?
– **Termine** z.B.
  – bis wann muss ein Ergebnis vorliegen?
– **Kosten** z.B.
  – innerhalb welchen Finanzrahmens muss sich die Reorganisation bewegen?

Diese Restriktionen liegen nicht immer zu Beginn eines Projektes klar auf der Hand. Die mit einer Reorganisation Betrauten tun gut daran, derartige Restriktionen so früh wie möglich in Erfahrung zu bringen, wenn sie nicht selbst darüber entscheiden können. Insbesondere wenn Organisationsvorhaben durch Projektgruppen oder durch Stabsstellen (Organisation) durchgeführt werden, ist es wichtig, dass die Projektverantwortlichen bei den Entscheidungsberechtigten die Restriktionen klären.

Es soll hier nur am Rande vermerkt werden, dass organisatorische Projekte normalerweise sehr brisant sind, da durch neue Lösungen das Machtgleichgewicht eines Unternehmens berührt wird. Allein dieser Tatbestand führt dazu, dass die "Mächtigen" geneigt sind, "alles zur Disposition zu stellen", nur nicht ihre eigene Machtposition. Da es aber vielfach nicht schicklich ist, die eigenen Interessen offen zu bekunden, stößt man bei organisatorischen Projekten immer wieder auf unausgesprochene, aber dennoch sehr wirksame "stillschweigend gesetzte" Restriktionen.

2.5.1.2 Extern gesetzte Restriktionen

Von außen werden ebenfalls Restriktionen für aufbauorganisatorische Lösungen gesetzt. Die wichtigsten Quellen sind hier staatliche bzw. amtliche Stellen sowie Verbände, Kammern und Vereinigungen, aber auch Konzernrichtlinien und Forderungen von Vertragspartnern des Unternehmens.

Staatliche oder amtliche Restriktionen sind beispielsweise gegeben durch

– Gesetze (z.B. Mitbestimmung, Datenschutz, Umweltschutz etc.)
– Verordnungen (z.B. Arbeitsstättenverordnung, Regelungen der Finanzbehörden)
– Wirtschaftsverbände, Tarifpartner oder - mächtige - Kunden können bestimmte Leistungen verlangen bzw. bestimmte Lösungen fordern, wie z.B. die Einhaltung von Meldepflichten oder tarifvertraglichen Regelungen oder die Einrichtung eines formellen Qualitätsmanagement-Systems etc.

Vor der Bearbeitung eines organisatorischen Projektes sollte auf jeden Fall geklärt werden, welche externen Restriktionen in diesem Zusammenhang zu beachten sind. Sie engen den Lösungsspielraum ein. Im Einzelfall erzwingen sie sogar eine bestimmte Lösung. So erzwingt der Staat als Auftraggeber etwa bei Unternehmen, die in der Wehr-technik tätig sind, die Einrichtung bestimmter für die Sicherheit zuständige Stellen und schreibt deren hierarchische Einordnung vor. Zunehmend schreiben "mächtige" Abneh-mer ihren Lieferanten vor, welche qualitätssichernden Maßnahmen sie zu ergreifen ha-ben, in welcher Form und zu welchen Zeitpunkten der Zahlungsverkehr abgewickelt wird, wie die Logistik der Anlieferung zu regeln ist usw. Derartige "Vorschriften" sind für ein innerbetriebliches Projekt normalerweise K.O.-Kriterien: Lösungen, die derartige Anforderungen vernachlässigen, werden nicht akzeptiert.

2.5.2 Rahmenbedingungen = Soll ?

Restriktionen geben klare Grenzen für den Lösungsbereich vor. Rahmenbedingungen lassen bestimmte Lösungsrichtungen sinnvoll erscheinen, ohne sie jedoch eindeutig zu erzwingen. Derartige **Rahmenbedingungen** haben also einen **Einfluss auf die Lösung**. Sie engen den sinnvollen Lösungsspielraum ein, **können aber durch das Projekt nor-malerweise nicht verändert werden**. Einige wichtige Rahmenbedingungen für die or-ganisatorische Gestaltung werden im Folgenden aufgelistet und erläutert.

Interne Rahmenbedingungen

– **Kernkompetenzen der Unternehmung** – Kernkompetenzen sind dauerhafte und auch auf andere Produkte oder Leistungen übertragbare Ursachen für den Wettbe-werbsvorteil einer Unternehmung. Dieser Wettbewerbsvorteil basiert auf Ressourcen und Fähigkeiten, die in der Unternehmung verfügbar sind. Wenn Alltrain für sich entschieden hat, die Kernkompetenzen "Entwicklung von Menschen im Bereich des Wissens und Verhaltens" auszubauen und zu vertiefen, hat das in aller Regel unmit-telbare Auswirkungen auf die Aufbau- und Prozessorganisation dieses Unterneh-mens. Zum Beispiel ist es naheliegend, organisatorische Einheiten zum Ausbau der Kernkompetenzen zu schaffen und deren Einfluss auf das Unternehmen zu sichern.
– **Art der zu erfüllenden Aufgaben** - je größer die Wiederholungshäufigkeit, Gleich-förmigkeit und Vorhersehbarkeit der Aufgaben sind, desto eher sind Standardisie-rungen und detaillierte organisatorische Regelungen möglich.
– **Leistungsfähigkeit und Leistungswilligkeit der Aufgabenträger** - leistungsfähige und leistungswillige Mitarbeiter erlauben ein größeres Maß an Delegation, Autono-mie und Partizipation.
– **Wirtschaftliche Situation** – bestimmte organisatorische Lösungen setzen ausrei-chende personelle und finanzielle Mittel voraus. Andererseits ist immer wieder zu beobachten, dass einschneidende organisatorische Änderungen nur dann akzeptiert werden, wenn der "Leidensdruck" ausreichend groß ist.
– **Technische Ausstattung** – die Verfügbarkeit von Hard- und Software kann maß-geblich organisatorische Lösungen beeinflussen. Wird in der Alltrain Software zur Spracherkennung eingesetzt, kann die klassische Arbeitsteilung zwischen Trainern

und Sekretariat verändert werden, da die Trainer nun selbst in der Lage sind, Seminarmanuskripte zu erfassen und zu bearbeiten.

- **Alter und Entwicklungsstadium der Unternehmung** – junge Unternehmen wie die Alltrain sind in der Regel weniger strukturiert und eher für Veränderungen aufgeschlossen als etablierte Einrichtungen, in denen es eine Fülle von Verfahren, Regelungen und Besitzständen gibt. Je älter eine Unternehmung, desto stärker werden Lösungen vom vorgefundenen Ist-Zustand geprägt.

Externe Rahmenbedingungen

- **Wettbewerbssituation** – je stärker die Wettbewerbssituation, desto höher müssen die Kundenziele gewichtet werden. Damit haben Lösungsansätze eine bessere Chance, die den Kundenanforderungen besonders gut gerecht werden.
- **Kundenstruktur/Marktstruktur** – die Struktur der Kunden, ihre relative Bedeutung, ihre regionale Verteilung beeinflussen die Organisation der kundennahen Bereiche – wie z.B. den Vertrieb – möglicherweise aber auch rein interner Abwicklungseinheiten. Wenn die Alltrain neue Kunden in Europa gewinnt, und dazu Sprachkompetenz aufbauen muss, ist es denkbar, dass die interne Organisation nach Sprachbereichen gegliedert wird.
- **Verfügbare Technik** – von der am Markt verfügbaren Technik können erhebliche Einflüsse auf die betriebliche Organisation ausgehen. Wenn beispielsweise immer mehr Unternehmen Lernserver einsetzen, um ihren Mitarbeitern das selbstgesteuerte Lernen am Arbeitsplatz zu ermöglichen, muss die Alltrain mit ihrem Angebot darauf eingehen. Das setzt entsprechende interne Strukturen voraus, um solche Leistungen erbringen zu können.
- **Gesellschaftliche und kulturelle Bedingungen** – neben den formellen Regelungen und Gesetzen wirken sich auch allgemein anerkannte Normen auf die betriebliche Organisation aus – so kann die Neubewertung der Arbeit im Verhältnis zu anderen Lebensbereichen dazu führen, dass immer mehr Teilzeit- oder Jahresarbeitszeitmodelle eingeführt werden, die durch organisatorische Regelungen betrieblich abgesichert werden müssen.

Zusammenfassend kann festgestellt werden, dass sich organisatorische Lösungen zwar an bestimmten Zielen orientieren, dass zusätzlich jedoch selbst gesetzte oder durch Dritte vorgegebene Restriktionen wie auch die situativen Bedingungen beachtet werden müssen, die den Rahmen darstellen, innerhalb dessen organisiert wird.

3. Elemente, Beziehungen und Dimensionen der Organisation

Im Folgenden soll die Aufbauorganisation in ihre Bestandteile (Elemente), Verknüpfungsformen (Beziehungen) und Eigenschaften (Dimensionen) zerlegt werden, um den Einstieg in das Thema zu systematisieren. Zur Orientierung soll der schon skizzierte Würfel beitragen, dessen Seiten Schritt für Schritt behandelt werden.

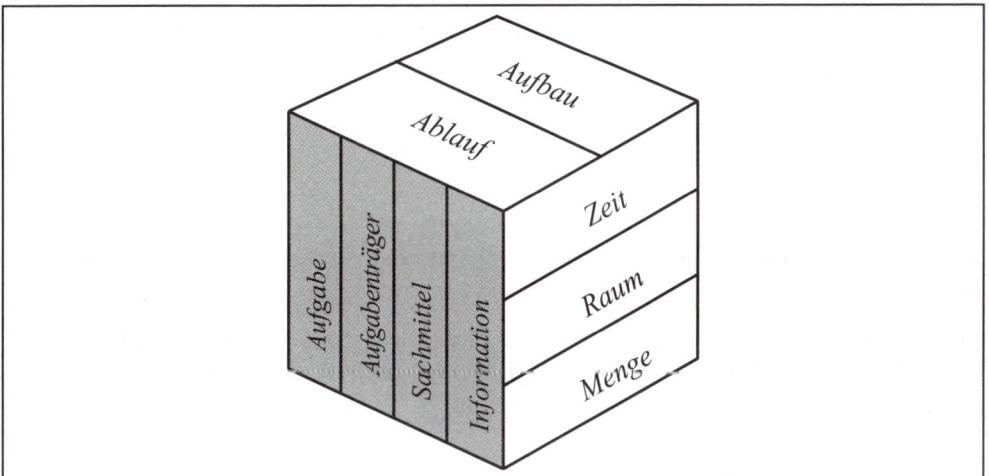

Abb. 3.1 Organisationswürfel

3.1 Elemente der Organisation

Organisatorische Lösungen werden immer aus den gleichen Baumaterialien hergestellt. Diese Materialien sollen hier als Elemente bezeichnet werden.

3.1.1 Aufgaben

Ganz gleich, ob eine Gesamtunternehmung oder Verwaltung neu aufgebaut, eine bestehende Unternehmung oder Verwaltung reorganisiert oder nur eine kleine Einheit organisatorisch bearbeitet werden soll, jede Organisationseinheit lässt sich durch ihre Aufgaben beschreiben. Die Aufgaben des Bereiches, der organisatorisch neu gestaltet werden soll, sind das Fundament aller aufbau- und ablauforganisatorischen Lösungen.

Aufgaben stehen damit **im Mittelpunkt** der **Organisationsarbeit. Organisieren** bedeutet letztlich, **Regelungen** zu finden, die sicherstellen, dass **Aufgaben** bestmöglich **erfüllt** werden. Nur wenn ein System Aufgaben erfüllt, hat es eine Daseinsberechtigung. Das gilt für öffentlich-rechtliche Systeme ebenso wie für privatwirtschaftliche. Erst wenn ein System Aufgaben erfüllt, kann es erwarten, dass der Markt im Gegenzug bereit ist, dafür auch einen Preis zu zahlen.

Die Aufgaben der Alltrain bestehen primär darin, Seminarkonzepte zu entwickeln und die entsprechenden Veranstaltungen anzubieten und durchzuführen. Das sind die eigentlichen Leistungsaufgaben. In produzierenden Unternehmungen zählen dazu z.B.

- Forschung und Entwicklung,
- Einkauf,
- Produktion,
- Vertrieb,
- Kundendienst.

Für diese Leistungen (Marktleistungen) "belohnt" der Kunde eine Unternehmung mit dem Preis.

Daneben sind aber noch **interne Aufgaben** zu erfüllen, die die Funktionsfähigkeit eines Systems aufrecht erhalten. Diese Aufgaben werden auch als **Verwaltungs- und Steuerungsaufgaben** bezeichnet. Beispiele dafür sind

- Finanzierung,
- Rechnungswesen/Controlling,
- Revision,
- Personalwesen,
- Sozialverwaltung,
- Sachanlagenverwaltung,
- Organisation,
- allgemeine Hilfsdienste (z.B. Botendienst, Hausdruckerei, Registratur).

Leistungsaufgaben (branchenspezifisch)			Steuerungs- und Verwaltungsaufgaben/weitgehend branchenneutral
Leistungs-versorgung	Leistungs-erstellung	Leistungs-verwertung	
Industrie Beschaffung/ Einkauf	Produktion	Vertrieb	
Handel Einkauf/ Beschaffung	Lagerung/ Bearbeitung	Verkauf	Finanzwesen Controlling/Rechnungswesen
Versiche-rungen Beschaffung	Schadens-regulierung	Vertragsanbahnung, Vertragsab-schluss	Revision Personalwesen Sozialversicherung
Kredit-institute Beschaffung	Aktivgeschäft Passivgeschäft Dienstleistungen	Marketing, darüber hinaus Bestandteil der Leistungser-stellung (Beratung)	Sachanlagenverwaltung Organisation Allgemeine Hilfsdienste

Tab. 3.1 Leistungs-, Steuerungs- und Verwaltungsaufgaben

Während die Leistungsaufgaben teilweise branchenspezifisch sind, gibt es die Verwaltungsaufgaben in nahezu allen Systemen gleichermaßen. Die Abbildung 3.2 zeigt weitere branchenspezifische Leistungsaufgaben.

Die herausgehobene Rolle der **Aufgaben** wird auch noch durch eine andere Überlegung deutlich. Die Eignung eines **Aufgabenträgers** oder eines **Sachmittels** kann nur vor dem Hintergrund der zu erfüllenden Aufgaben beurteilt werden. Ein Aufgabenträger oder ein Sachmittel ist nicht "an sich" ungeeignet, sondern nur im Hinblick auf die zu erfüllende Aufgabe. Auch kann der **Informationsbedarf** nur ermittelt werden, wenn bekannt ist, welche Aufgaben zu erledigen sind.

3.1.2 Aufgabenträger

Aufgabenträger sind Menschen. Sie stellen ihre Arbeitskraft zur Verfügung und werden dafür entlohnt. Ihre Gegenleistung besteht darin, Aufgaben zu erfüllen. Umgangssprachlich werden Aufgaben auch als Funktionen bezeichnet. Daraus hat sich der Begriff

Funktionär entwickelt, bei dem es sich also um eine Person handelt, die bestimmte Aufgaben übernommen hat. So gesehen ist jeder Mitarbeiter ein Funktionär.

Aufgabenträger sind in Organisationsvorhaben insofern besonders wichtig, als die "beste" organisatorische Lösung scheitert, wenn sie von den Betroffenen nicht akzeptiert wird oder wenn es keine Möglichkeit gibt, organisatorisch geschaffene Stellen zu besetzen. Damit interessieren in Organisationsprojekten bezüglich des Aufgabenträgers zwei Themenbereiche, die

- fachliche und persönliche **Qualifikation** von Aufgabenträgern sowie die
- Annahmen über die **Leistungsmotivation**, d.h. was einen Menschen dazu bewegt, Leistung abzugeben, und unter welchen Bedingungen ein Mensch mit seiner Arbeit zufrieden ist (**Arbeitszufriedenheit**). Annahmen darüber, was für einen Menschen motivierend ist oder nicht, hängen von dem Bild ab, das man sich über "die Menschen" macht (**Menschenbild**). Unterschiedliche Menschenbilder können deswegen zu unterschiedlichen organisatorischen Lösungen führen.

Die **fachlichen und persönlichen Anforderungen** an Aufgabenträger hängen von den organisatorischen Lösungen ab. Üblicherweise wird beim Entwurf organisatorischer Lösungen von bestimmten Berufsbildern (der Einkäufer, der Personalkaufmann, der Verkäufer, der Finanzbuchhalter etc.) ausgegangen, oder es wird unterstellt, dass die benötigten Qualifikationen "entwickelt" werden können.

Die fachliche und persönliche Qualifikation von Bewerbern für eine Stelle ermittelt normalerweise der Fachvorgesetzte, u.U. unterstützt durch die Personalabteilung. Die dafür geeigneten Bewertungs- und Auswahlverfahren müssen die Spezialisten des Personalbereichs beherrschen. Deswegen gehört die Stellenbesetzung (der Einsatz von Mitarbeitern) nicht zu den organisatorischen Aufgaben.

Wenn organisatorische Lösungen erfolgreich sein sollen, benötigen die Organisierenden solide Kenntnisse über "den Menschen". Der Analyse des Menschen haben sich die sozialwissenschaftlichen Disziplinen angenommen (Psychologie, Betriebspsychologie, Sozialpsychologie, Soziologie, Betriebssoziologie).

In den folgenden Abschnitten werden immer wieder bestimmte Annahmen über "den Menschen" zugrunde gelegt, so z.B. die Annahmen, dass Autonomie (Gelegenheit zum selbständigen Handeln) ebenso leistungsfördernd ist wie die Beteiligung an der Entscheidungsfindung (Partizipation) oder eine umfangreiche Information. Diese Annahmen sind normalerweise richtig. Im Einzelfall kann jedoch durchaus eine gegenteilige Wirkung auftreten, etwa wenn sich ein Mitarbeiter durch zu große Autonomie überfordert fühlt, oder wenn er Gruppenarbeit verabscheut und deswegen Sitzungen zur gemeinsamen Problemlösung innerlich ablehnt.

3.1.3   Sachmittel

Organisatorische Lösungen erfordern auch den Einsatz von Sachmitteln. Dabei ist nicht nur an die Informationstechnik zu denken, sondern auch an "einfachere" Sachmittel wie Vordrucke, Telefon, Drucker, Kopiergeräte sowie Büroräume und das Mobiliar der einzelnen Arbeitsplätze. Zu den organisatorischen Aufgaben gehört damit auch die Auseinandersetzung mit Sachmitteln, d.h. die Auswahl, der Einsatz und die Unterstützung beim Einsatz von Sachmitteln.

Nach welchen Kriterien werden Sachmittel analysiert? Auf der einen Seite stehen Kriterien wie

– Leistung
   – quantitativ
   – qualitativ

(dazu zählen auch als Unterpunkte Kriterien wie Verfügbarkeit, Störanfälligkeit, Reparatur-/Wartungsservice etc.) und auf der anderen Seite die

– Kosten
   – Anschaffungskosten
   – laufende Betriebskosten.

Wegen der Fülle unterschiedlicher Sachmittel, zu denen beispielsweise neben der Hardware auch Standardsoftware, Netzwerke usw. gehören, soll diese Thematik hier nur eingeordnet, nicht aber ausführlich behandelt werden. Dazu steht umfangreiche Spezialliteratur zur Verfügung.

3.1.4   Informationen

Als letztes organisatorisch bedeutsames Element soll die Information behandelt werden. Wie schon erwähnt wurde, dienen Informationen hauptsächlich der Erfüllung von Aufgaben. So benötigt ein Trainer von Alltrain beispielsweise Informationen über

– Teilnehmer als Zielgruppe,
– Seminarorte,
– Seminarziele,
– Inhalte,
– usw.

Nur wenn er diese Informationen besitzt, kann er die ihm übertragenen Aufgaben auch erledigen.

Für die Aufbauorganisation müssen **Informationen analysiert** werden. Unter einer Informationsanalyse wird hier das Ordnen oder Aufbereiten von Informationen oder Daten verstanden. Sie hat das Ziel, den **Informationsbedarf** und die dazu notwendigen Eingangs- und Ausgangsinformationen zu erkennen.

Die Gestaltung des Informationssystems wird in Kapitel 6 behandelt.

3.2   Beziehungen der Organisation

3.2.1   Aufbaubeziehungen

In der Aufbauorganisation können mehrere Teilgebiete unterschieden werden, die in dem Würfel dargestellt und in den folgenden Kapiteln im Überblick behandelt werden.

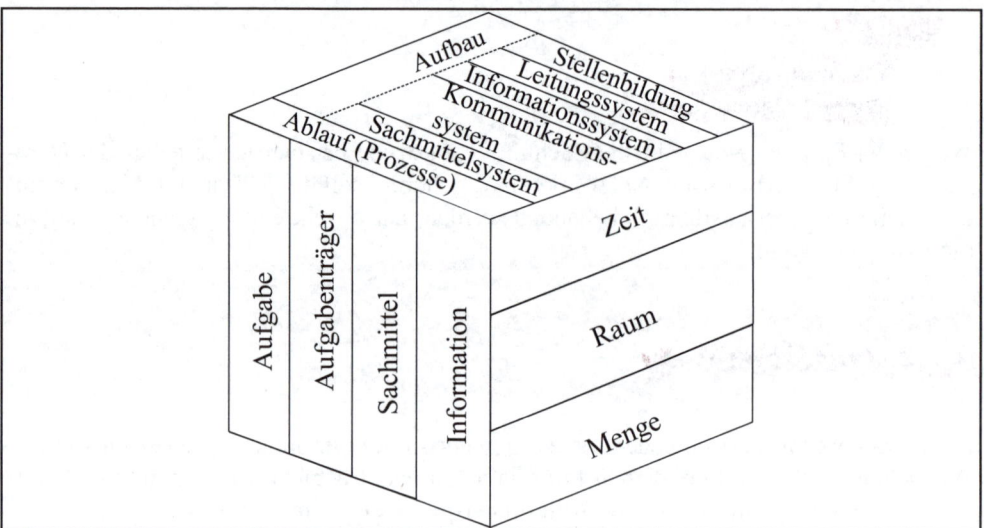

Abb. 3.2 Organisationswürfel - Aufbaubeziehungen

3.2.1.1   Stellenbildung

Die Gesamtheit der einem einzelnen Menschen übertragenen Aufgaben wird als **Stelle** bezeichnet. Hinter der Stelle steht also immer die Kapazität einer – gedachten oder tatsächlichen – Person. Die Stellenbildung wird im Kapitel 4 ausführlich behandelt.

Eine Stelle ist jedoch erst dann vollständig definiert, wenn die weiteren Elemente (Sachmittel, Informationen) zugeordnet sind und die Einordnung der Stelle in das Gesamtsystem (Hierarchie) erfolgt ist. Diese zusätzlichen Regelungen kann man sich als die schrittweise Gestaltung bestimmter Regelungsinhalte vorstellen, die hier zwar getrennt behandelt werden, bei deren Ausgestaltung jedoch vielfältige gegenseitige Abhängigkeiten berücksichtigt werden müssen. Um eine Lösung zu optimieren, müssen alle diese Sachverhalte geplant, wechselseitig berücksichtigt und aufeinander abgestimmt werden (iteratives Vorgehen).

3.2.1.2 Leitungssystem

Im Leitungssystem werden die Über- und Unterstellungsverhältnisse und der Umfang der gegenseitigen Rechte und Pflichten festgelegt. Die Gesamtheit der Leitungsbeziehungen - normalerweise als Hierarchie dargestellt - werden als das Leitungssystem bezeichnet, das im Kapitel 5 detailliert behandelt wird.

3.2.1.3 Informationssystem

Das Informationssystem dient dazu, den Aufgabenträgern alle die Informationen zur Verfügung zu stellen, die sie für die Erledigung ihrer Aufgaben benötigen. Die benötigten Informationen stehen jedoch nicht unverbunden nebeneinander. Sie sind vielmehr Elemente eines Teilsystems, das die gesamte Unternehmung überlagert. Dazu ein Beispiel: Der Mitarbeiter in der Administration der Alltrain Auftragsannahme benötigt Informationen über Seminartermine, -teilnehmer, -orte, über die Auslastung von Seminaren, um Anfragen beantworten zu können. Die Trainer benötigen ebenfalls Informationen über ihre eigenen Seminartermine, -teilnehmer und -orte. Darüber hinaus müssen sie die Inhalte und die Lernziele kennen. Diese Informationen benötigen auch die Mitarbeiter des Marketing, um die Werbeaussagen entsprechend aufbereiten zu können. Der Finanzbereich benötigt Informationen über das gesamte Seminarprogramm, über die voraussichtlichen und tatsächlichen Teilnehmerzahlen, über die Seminarpreise usw. usf.

Das Beispiel zeigt, dass der Informationsbedarf nicht isoliert aus der Sicht einer Stelle ermittelt werden kann. Mehrfach benötigte Informationen sollten nur einmal bereitgestellt werden. Sie sind dann allen zur Verfügung zu stellen, die sie benötigen. Außerdem müssen Informationen, die an verschiedenen Stellen anfallen, nach bestimmten Merkmalen verdichtet, sortiert o.ä. werden. In einem **Informationssystem** werden Informationsbedarf und Informationsangebot geregelt und, soweit möglich und wirtschaftlich sinnvoll, aufeinander abgestimmt.

3.2.1.4 Kommunikationssystem

Das Kommunikationssystem ist ein weiteres Teilsystem der Aufbauorganisation. Es dient dazu, Informationen von einem Ort zu einem anderen zu transportieren. Solche Transporte sind immer dann notwendig, wenn Informationen nicht an dem Ort verfügbar sind, an dem sie benötigt werden.

Bestandteile des Kommunikationssystems sind

– **technische Einrichtungen** wie Leitungen, Transportsysteme etc.,

- **Berichtswege** (z.B. gibt der Außendienst einmal monatlich eine Auswertung seiner Besuchsberichte an die Marketingabteilung),
- Gremien, die als Plattform der Kommunikation eingerichtet werden (z.B. Seminarplanungsausschuss, Finanzplanungsausschuss).

Das Informationssystem und das Kommunikationssystem haben viele wichtige Berührungspunkte; so muss die Kapazität des Weges mit den zu übermittelnden Informationsmengen abgestimmt werden. Wenn diese beiden Themen hier dennoch nacheinander behandelt werden, so hat das im Wesentlichen den Grund, die komplexe Materie überschaubar zu halten. In großen Unternehmungen wird zudem das Kommunikationssystem von anderen Aufgabenträgern gestaltet (meistens sind es Ingenieure und Informatiker) als das Informationssystem (hier sind es oft Mitarbeiter der Fachbereiche, Organisatoren, DV-Analytiker, Führungskräfte usw.). Das Kommunikationssystem wird in Kapitel 7 behandelt.

3.2.1.5 Sachmittelsystem

Hier wird ein weit gefasster **Sachmittelbegriff** zugrunde gelegt. Zu den Sachmitteln gehören beispielsweise:

- Vordrucke,
- Schreibgeräte,
- Karteien, Registraturen,
- Räume und Möbel,
- Computer, Drucker, Scanner (Informationstechnik),
- EDV-Programme (soweit Standardsoftware).

Das Sachmittelsystem ist ein weiteres aufbauorganisatorisches Teilsystem. Zur Verdeutlichung ein Beispiel: Wird der Trainer mit einem Notebook ausgestattet, ist dieses Notebook für ihn ein Element seines Arbeitsplatzes. Aus der gesamtbetrieblichen Perspektive ist dieses Sachmittel jedoch ein Element eines übergreifenden Systems. Das Notebook hat eine Schnittstelle zu einem Server, darüber evtl. zu einem zentralen Rechner, zu anderen dezentralen PC, zu sonstigen Endgeräten wie Drucker usw. Wenn der Einsatz eines Sachmittels geplant wird, ist dieses Sachmittel einzubetten in das gesamte Sachmittelsystem. Es sind Abhängigkeiten, Verträglichkeiten usw. zu berücksichtigen. Die punktuelle Betrachtung wird ersetzt durch eine Querschnittsbetrachtung, die Beziehungen rücken in den Vordergrund. In diesem Fall sprechen wir von einer Teilsystembetrachtung. Elemente des Teilsystems "Sachmittel" sind die Sachmittel selbst. Beziehungen sind etwa technische Schnittstellen, Vernetzungen oder Abhängigkeiten zwischen verschiedenen Sachmitteln. Derartige Beziehungen können aber auch darin bestehen, dass die Möbel eines Programms nach den Abmessungen, den verwendeten Materialien, den Farben etc. "zusammenpassen".

Die isolierte Betrachtung des Sachmittelsystems darf jedoch nicht dazu führen, dass die Abhängigkeit von anderen Teilsystemen, etwa dem Informationssystem, übersehen wird. So dienen beispielsweise bestimmte Sachmittel zur Speicherung von Informationen. Sie sind also gleichzeitig Bestandteile des Informationssystems (z.B. Optical Discs). Einige kurze Ausführungen zum Sachmittelsystem werden im Kapitel 8 gemacht.

3.2.2 Ablaufbeziehungen (Prozesse)

In Prozessen werden Folgebeziehungen zwischen Aufgaben – auf einer höheren Betrachtungsebene auch zwischen Stellen oder Abteilungen – dargestellt.

Hier werden insgesamt sechs verschiedene Grundformen von Ablaufbeziehungen unterschieden (Kette, Und-Verzweigung, Und-Verknüpfung, Oder-Verzweigung, Oder-Verknüpfung und Oder-Rückkopplung). Dabei ist zu beachten, dass es sich sowohl um Folgen von Verrichtungen – z.B. annehmen, prüfen, ergänzen, bestätigen von Anmeldungen – oder auch um Folgen von Objekten handeln kann – z.B. Auftrag 1, Auftrag 2, Auftrag 3 bearbeiten. Auf die Gestaltung von Ablaufbeziehungen wird im **Kapitel 9 Prozessorganisation** vertieft eingegangen.

3.3 Dimensionen der Organisation

Im Würfel "schneiden" die Dimensionen die Elemente und die Beziehungen. Das geschieht mit gutem Grund. Sowohl die Elemente wie auch die Beziehungen beinhalten die Dimensionen. Was muss man sich darunter vorstellen?

Die **Dimensionen** der Elemente können auch als **Eigenschaften der Elemente** umschrieben werden. Das kann am Beispiel des Elements "Aufgabe" gezeigt werden. Eine Aufgabe entsteht zu einem bestimmten Zeitpunkt, ganz gleich ob dieser Zeitpunkt vorausgesehen werden kann oder nicht. Die Erfüllung der Aufgabe beansprucht Zeit, erfordert also einen Zeitraum. Die Aufgabe entsteht an einem Ort bzw. in einem Raum. Dieser Ort kann gleich bleiben (z.B. Geschäftsstelle) oder wechseln (z.B. externer Einsatz eines Trainers). Schließlich fällt eine bestimmte Menge von Aufgaben in einem Zeitraum an.

Ähnliches kann für Aufgabenträger gelten. Sie sind nur für acht Stunden am Tag, maximal in der Zeit von 7.00 bis 18.00 Uhr an sechs Tagen in der Woche verfügbar, sie bieten nur an bestimmten Orten ihre Arbeitsleistung an und sie stehen unter Umständen auch nur in einer begrenzten Anzahl zur Verfügung. Für die Sachmittel und die Informationen gibt es analoge Beispiele.

Auch die aufbau- und ablauforganisatorischen Lösungen haben diese Dimensionen. Dimensionen der Ablauforganisation sind z.B. die zeitliche Folge der Bearbeitungsschritte, der Weg, den ein Ablauf räumlich nimmt oder die Menge von Aufgaben, die als Gruppe (Losgröße) gemeinsam bearbeitet werden.

Die folgende Tabelle zeigt die Dimensionen und ihre Ausprägungen und gibt dazu einige
Beispiele.

Dimensionen			Beispiele
Zeit	wann	– Zeitpunkt der Aufgabenerledigung	Öffnen der Geschäftsstelle um 8.00 Uhr
		– Zeitliche Folge der Aufgabenerfüllung	Erst Anmeldung annehmen, dann Auslastung prüfen, dann bestätigen
	wie lange	– Zeitraum der Bearbeitung	Unterricht geben von 9.00 – 17.30 Uhr
		– Dauer der Aufgabenerfüllung	Vorgabezeit für die Bearbeitung einer Anfrage 12 Minuten
Raum	wo	– Standort	Arbeitsplatz Verwaltung in Parterre Standort Drucker im Raum X
	woher/ wohin	– Transportwege	Abholen der Post vom Posteingang (örtlich) Übermittlung der Rechnungsdaten an Buchhaltung über vorhandenes Datennetz
Menge	wieviel	– Anzahl	Pro Tag müssen bis zu 100 Anfragen bewältigt werden
		– Gruppierung	Anmeldebestätigungen sind in Stapeln ≥ 10 zu bearbeiten

Tab. 3.2 Dimensionen der Organisation

4. Stellenbildung

4.1 Begriff

Der Trainer soll zukünftig für die gesamte Bearbeitung von Seminarmanuskripten, die Durchführung der Trainings und für die Akquisition von Kunden in einer bestimmten Region zuständig sein. Er kann innerhalb bestimmter Grenzen auch über die Gebühren für den Kunden verbindlich entscheiden. Er berät, nimmt Auftragsdaten entgegen und gibt sie ein, erstellt einen Vertrag usw. Diese von ihm wahrzunehmenden Aufgaben bilden das Fundament seiner Stelle. Um diese Aufgaben erfüllen zu können, benötigt er Informationen und Sachmittel. Abstrakt gesprochen geht es bei der Stellenbildung um die Verknüpfung der organisatorischen Elemente unter Berücksichtigung der Dimensionen. Die gerasterten Flächen des Würfels sind somit angesprochen. Eine Stelle ist dann vollständig beschrieben, wenn alle zugehörigen Elemente und die Dimensionen geregelt sind. Sie wird folgendermaßen definiert: **Eine Stelle ist ein nach Art und Menge abgegrenzter Aufgabenkomplex für einen Aufgabenträger, dem zur Aufgabenerfüllung Informationen und Sachmittel zur Verfügung gestellt werden.**

Bei der Stellenbildung wird von einer bestimmten **qualitativen und quantitativen Kapazität** eines **Aufgabenträgers** ausgegangen. Quantitativ können ihm so viele Aufgaben übertragen werden, wie er mit einem normalen **Leistungsgrad** bewältigen kann. Der **Schwierigkeitsgrad** sollte das qualitative Leistungsniveau des Aufgabenträgers nicht übersteigen.

Eine Stelle besteht somit aus einem Aufgabenpaket, das von **einem** - gedachten oder konkreten - **Aufgabenträger** erfüllt werden kann. Die Betonung liegt dabei auf "einem".

In dem Konzept des **Job-Sharing** bzw. der **Teilzeitarbeit** wird vorgesehen, dass sich zwei oder mehr Personen eine oder mehrere Stellen teilen. Die Mitarbeiter leisten in diesem Fall weniger als die in Tarifverträgen festgelegte Normarbeitszeit von beispielsweise 40 Wochenstunden. Arbeiten zwei Kreditberaterinnen jeweils nur 20 Stunden in der Woche, kann auch in diesem Fall von zwei (Teilzeit-) Stellen gesprochen werden, auch wenn diese Aufgaben ursprünglich von einer Vollzeitkraft wahrgenommen wurden. Die Kapazität dieser Mitarbeiterinnen beträgt 20 Stunden. Auf diese Kapazität ist das Aufgabenvolumen abzustimmen.

4.2   Prinzipien der Stellenbildung

4.2.1   Einheit von Aufgabe, Kompetenz und Verantwortung

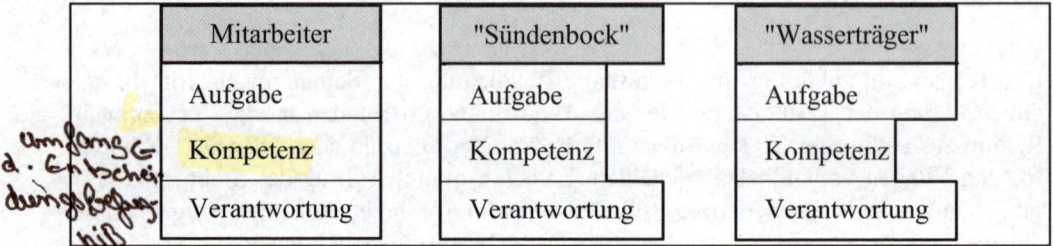

Abb. 4.1 Einheit von Aufgabe, Kompetenz und Verantwortung

4.2.2   Freie oder gebundene Stellenbildung

In der Alltrain gibt es einen Mitarbeiter, der eine Lehre in einer Druckerei gemacht hat und der außerdem sehr geschickt ist bei Einsatz von Hard- und Software der individuellen Datenverarbeitung. Um diesen Mitarbeiter seinen Fähigkeiten entsprechend zu nutzen, hat Herr Appel dessen Stelle so gebildet, dass er für die folgenden Aufgaben zuständig ist:

– Formatieren von Manuskripten,
– Erstellen von Grafiken,
– Installation von Hard- und Software,
– Benutzerservice in der individuellen Datenverarbeitung für alle Mitarbeiter.

Diese Regelung kann durchaus sinnvoll sein. Wenn Qualifikationen und Neigungen vorhandener Mitarbeiter berücksichtigt werden - **gebundene Organisation** - können sich folgende **Vorteile** ergeben:

– Gute **Nutzung der Fähigkeiten** vorhandener Personen,
– Hohe **Leistungsbereitschaft** der Mitarbeiter, wenn sie ihrer Eignung und Neigung entsprechend eingesetzt werden,
– **Kostengünstige Lösung** (so würde sich bei Alltrain ein Spezialist für den Benutzerservice als Hauptaufgabe nicht lohnen).

Tendenziell nimmt die Bereitschaft zu, Lösungen auf konkrete Personen zuzuschneiden, wenn

– dadurch Kosten in nennenswertem Umfang eingespart werden können.
– es um knappe und teuere Qualifikationen geht - hochkarätige Spezialisten.
– die betroffenen Mitarbeiter in der Hierarchie weit oben stehen - sie können maßgeschneiderte Lösungen für sich leichter durchsetzen.
– aus der Sicht der Unternehmenskultur die Arbeitszufriedenheit stark gewichtet wird.

Da eine oder mehrere dieser Bedingungen relativ häufig vorliegen, wird oft bewusst gegen den klassischen organisatorischen Grundsatz verstoßen, **sachorientiert (ad rem)** statt **personenorientiert (ad personam)** zu organisieren.

Unbestreitbar gibt es auch **Vorteile einer "ungebundenen Organisation",** bei der man sich an vorhandenen **Berufsbildern** wie den Bankkaufmann, den Einkäufer, den Buchhalter usw. orientiert:

– Leichtere Besetzung von Stellen,
– erleichterte Stellvertretungsregelungen,
– weniger Reorganisationsaufwand beim Ausscheiden oder bei der Versetzung eines Mitarbeiters, für den eine Lösung maßgeschneidert wurde.

4.2.3   Zentralisation und Dezentralisation   *Von Aufgaben und Verrichtungen*

Bei Alltrain werden derzeit alle Manuskripte mit ihren Abbildungen im Sekretariat von entsprechend spezialisierten Mitarbeitern angefertigt. Wenn ein Trainer eine Grafik benötigt, skizziert er seine Ideen und legt sie dem Sekretariat vor, das sie dann reproduktionsreif herstellt. Nun wird eine andere Lösung diskutiert. Da alle Trainer selbst über Notebooks und leistungsfähige Grafiksoftware verfügen, könnten - nach entsprechender Einweisung - auch die Trainer die benötigten Grafiken erstellen. Aus einer Zentralisation würde dann eine Dezentralisation.

Von **Zentralisation** wird gesprochen, wenn Aufgaben an einem **Mittelpunkt** (im Beispiel das Sekretariat) **zusammengefasst** werden. Zur exakten Beschreibung müssen sowohl der Mittelpunkt (Ziel) - z.B. Stelle, Abteilung, Person, Raum - als auch die Aufgabenart, die zentralisiert werden soll - wie z.B. Erstellen von Grafiken nach Vorlagen - angegeben werden. **Dezentralisation** bedeutet allgemein gesagt die Verteilung **gleicher Aufgaben auf verschiedene Stellen**, also ein Streben weg vom Mittelpunkt.

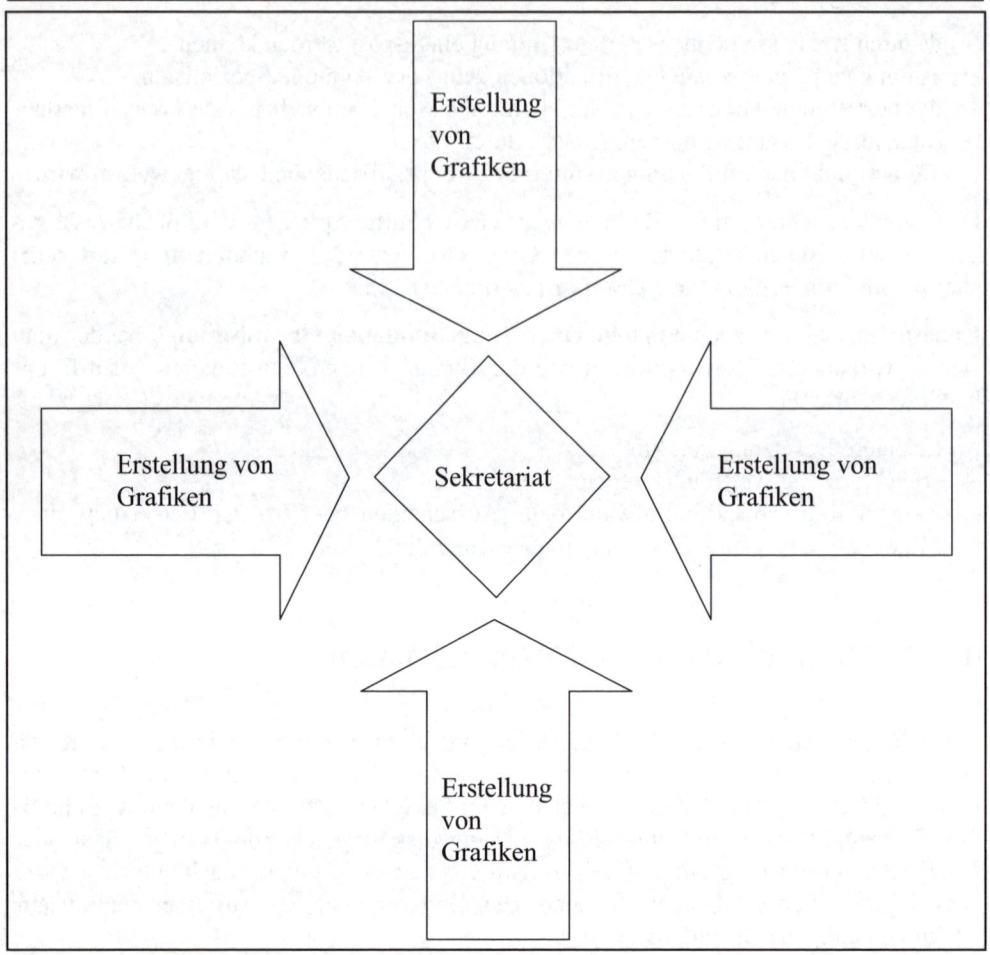

Abb. 4.2 Zentralisation

Aus einem anderen Blickwinkel wird hier auch die **Art-** und die **Mengenteilung** unterschieden. Das soll wiederum am Beispiel von Herrn Appel verdeutlicht werden.

Insgesamt arbeiten 25 Trainer für Alltrain. **Jeder Trainer hat die gleichen Aufgaben**. Keiner ist auf irgendwelche Teilaufgaben spezialisiert. Das große Auftragsvolumen führte zu dieser Lösung, die als **Mengenteilung** bezeichnet wird. Mengenteilung ist die Zuordnung gleichartiger Aufgabenkomplexe auf mehrere Stellen. In der folgenden Abbildung ist auch die Administration nach der Mengenteilung gebildet (mehrere gleiche Stellen in der Verwaltung).

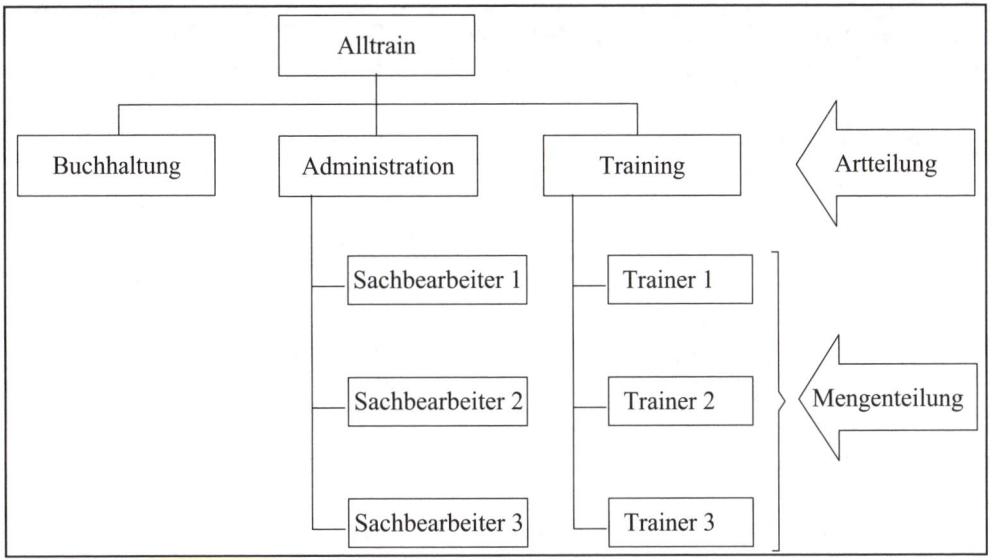

Abb. 4.3 Mengen- und Artteilung in der Stellenbildung

Anders sieht die organisatorische Lösung bei einem Mitbewerber aus. Hier wurden drei Gruppen von Trainern gebildet, die sich jeweils auf bestimmte Themen spezialisiert haben. Die Trainergruppen haben also ungleiche Aufgaben. In diesem Fall spricht man von Artteilung. **Artteilung ist die Zuordnung ungleichartiger - spezialisierter - Aufgabenkomplexe auf verschiedene Stellen.**

Die **Artteilung** ist gleichzeitig ein Beispiel für eine **Zentralisation** der Verrichtungen Buchhaltung, Administration und Training.

4.3   Stellenarten

Stellen können nach verschiedenen Gesichtspunkten klassifiziert werden. Nach ihrer **hierarchischen Einordnung (Rangaspekt)** - lassen sich Leitungs- und Ausführungsstellen unterscheiden. Nach der **Art der überwiegenden Aufgaben** unterscheidet man verrichtungs- und objektorientiert gebildete Stellen. Die folgende Abbildung zeigt eine Übersicht der Stellenarten, die noch näher behandelt werden.

Stellenarten					
Rangaspekt				**Aufgabenaspekt**	
Leitungsstellen = Instanzen		**Ausführungsstellen**		**Verrichtungsorientierte Stellenbildung nach dem Merkmal:**	**Objektorientierte Stellenbildung nach dem Merkmal**
Singular-instanzen	Plural-instanzen	Realisa-tions-stellen	Stabs-stellen	– Entscheidungs-vorbereitung – Entscheidung – Realisation – Kontrolle	– Prozess – Produkt – Raum – Kunde

Tab. 4.1 Stellenarten

Diese Stellenarten und deren Vor- und Nachteile werden nun behandelt.

4.3.1   Rangaspekt der Stellenbildung

4.3.1.1   Leitungsstellen

Herr Appel hat eine Leitungsstelle inne. Ihm sind direkt XX Mitarbeiter unterstellt. Was bedeutet das nun aus organisatorischer Sicht? Leitungsstellen sind **Stellen mit Fremdentscheidungsbefugnissen**. Herr Appel darf für andere verbindliche Entscheidungen fällen. Er kann ihnen Aufgaben übertragen, er kann ihre Urlaubsgesuche akzeptieren oder ablehnen, er kann ihnen vorschreiben, wie bestimmte Abläufe zu behandeln sind usw. Aus dem Recht zur Fremdentscheidung leitet sich unmittelbar das **Anordnungsrecht** ab; eine unabdingbare Voraussetzung, wenn die fremdentschiedenen Sachverhalte auch durchgesetzt werden sollen. So kann er mündliche oder schriftliche Weisungen erteilen, welche für die Mitarbeiter verbindlich sind. Der Inhaber einer Leitungsstelle kann auch zur Verantwortung gezogen werden für Handlungen oder Unterlassungen seiner Mitarbeiter. Diese Verantwortung gilt - wie oben bereits erwähnt - jedoch nur insofern, als er seine Auswahl-, Anleitungs-, Informations- und Kontrollaufgaben vernachlässigt hat. Der Leitungsstelleninhaber besitzt auch ein **Fremdverantwortungsrecht**, da er seine Mitarbeiter zur Rechenschaft ziehen kann, d.h. er kann von ihnen Antwort verlangen zu Fragen über Handlungen und Unterlassungen und **Fehlverhalten sanktionieren**. Die Sanktionsmöglichkeiten reichen von informellen Gesprächen, in denen lediglich **Kritik** geübt wird, über formelle sogenannte **Abmahnungen**, in denen weitere Konsequenzen angedroht werden bis hin zu Entlassungen. Dazu müssen allerdings bestimmte Voraussetzungen gegeben sein, die von der jeweiligen Rechtsordnung abhängig sind.

Eine **Leitungsstelle** ist immer nur **von einer Person besetzt**. Instanzen können sowohl aus einer Stelle (Singularinstanz) als auch aus mehreren Stellen (Pluralinstanz) bestehen.

Wenn Alltrain weiter wächst, ist es durchaus denkbar, dass die Einmann-Leitung (Singularinstanz) des Herrn Appel ersetzt wird durch ein Leitungskollegium, in das dann weitere Mitglieder (z.B. heutige Bereichsleiter) mit aufgenommen werden (Pluralinstanz).

Bei **Singularinstanzen** (Leitung nach dem Direktorialprinzip) ist der Inhaber der Leitungsstelle allein für seinen abgegrenzten Aufgabenbereich zuständig. In einer **Pluralinstanz** gibt es immer bestimmte **Aufgaben**, die das **Gremium gemeinsam erledigen** muss, z.B. Entscheidungen über Investitionen, Einstellung leitender Mitarbeiter oder Aufnahme neuer Produkte. Daneben kann jedes einzelne Mitglied auch noch einzelverantwortlich einen Bereich leiten. Hier wird von einer ressortgebundenen Geschäftsleitung gesprochen. In diesem Fall muss in einem sogenannten **Geschäftsverteilungsplan** geregelt sein, welche Sachverhalte von der Pluralinstanz gemeinsam und welche Entscheidungen von den Mitgliedern einzeln getroffen werden dürfen.

Bei den gemeinsam zu treffenden Entscheidungen in einer Pluralinstanz ist **die Form der Willensbildung** zu regeln, ob also beispielsweise Einstimmigkeit notwendig ist, ob Mehrheitsentscheidungen gefällt werden können, ob einzelne Mitglieder Vetorechte haben usw. Zur organisatorischen Regelung dieser Sachverhalte sind verschiedene Formen der Willensbildung entwickelt worden, die später gesondert behandelt werden.

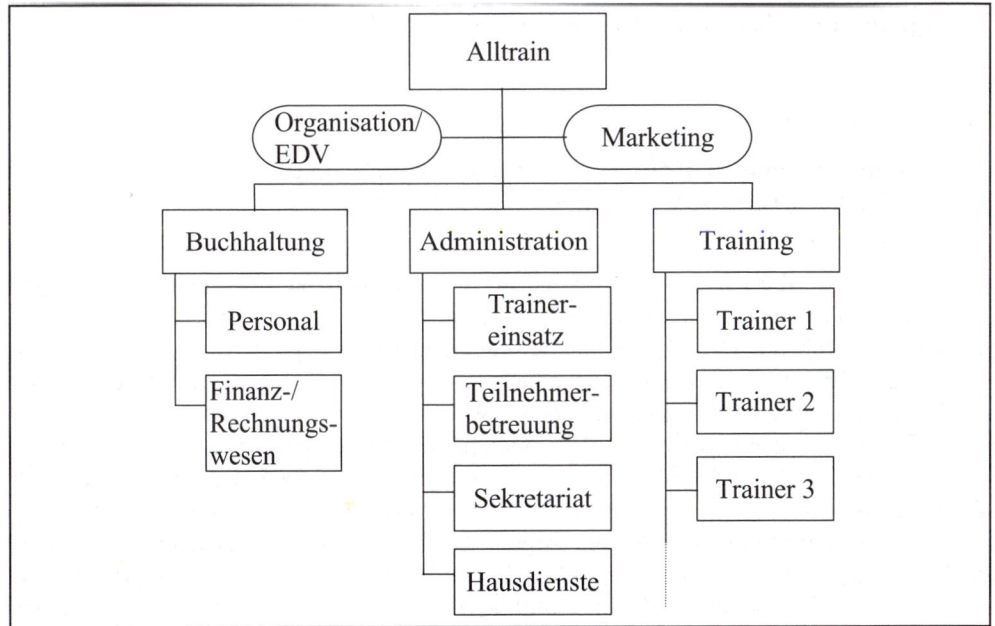

Abb. 4.4 Organigramm Alltrain

4.3.1.2 Ausführungsstellen mit Realisationsaufgaben

Ausführungsstellen bilden die unterste Ebene der Hierarchie. Ihnen sind keine Mitarbeiter und damit keine fachlichen Weisungsrechte gegenüber Dritten zugeordnet. Im Beispiel etwa die Mitarbeiter der Administration oder die Trainer.

4.3.1.3 Stabsstellen

In der Abbildung 4.4 finden sich Stabsstellen für Organisation/EDV und Revision. **Stäbe unterstützen die Instanzen**, denen sie zugeordnet sind, hier also die Geschäftsleitung unmittelbar. Stäbe können auf nahezu allen Ebenen einer Hierarchie eingerichtet werden.

Stäbe übernehmen die **Entscheidungsvorbereitung** bzw. die **auf eine Entscheidung der Instanz folgenden Abwicklungs- oder Überwachungsaufgaben**. So fertigt die Marketingabteilung ein Vertriebskonzept für ein neues Seminar an (Entscheidungsvorbereitung). Die Geschäftsleitung entscheidet sich für eine bestimmte Lösung. Marketing sorgt dann dafür, dass dieses Konzept umgesetzt wird - Herstellung von Werbematerial, Schaltung von Anzeigen, Schulung der Trainer usw.

Normalerweise werden immer dann Stäbe eingerichtet, wenn eine **Instanz** mengenmäßig und/oder qualitativ überlastet ist. Für den Fall einer **mengenmäßigen Überlastung** werden zumeist

– **generalisierte Stabsstellen** - Stäbe mit allgemeinen Aufgaben, wie z.B. der Direktionsassistent oder
– **adjutantive Stabsstellen** - Stäbe mit allgemeinen Aufgaben wie, z.B. die Sekretärin

eingerichtet.

Bei qualitativer Überlastung eignen sich

– **spezialisierte Stabsstellen** - Stäbe mit fundierten Detailkenntnissen in einem abgegrenzten Fachgebiet, z.B. Organisation/EDV, Revision, Unternehmensplanung, Marketing oder Recht.

Mit Stäben wird die Kapazität und damit auch die **Macht der Entscheider erweitert**. Die Entscheider müssen ihre Macht nicht mit anderen teilen. Da gleichzeitig durch den Einsatz von Stäben auch die Zahl der Entscheidungsträger begrenzt wird, kann die Koordination erleichtert werden, da es weniger Abstimmungsprozesse gibt. Dadurch wird die Tendenz gefördert, Befugnisse an wenigen Stellen zu konzentrieren, statt "zeitgemäßere" Formen der gemeinsamen Willensbildung wie z.B. Projektarbeit oder Workshops einzuführen. Kritiker behaupten deswegen, dass **Stäbe ein überholtes zentralistisches Führungsmodell** - alle Macht liegt an der Spitze - **festigen**. Darüber hinaus geraten Stäbe immer wieder in die Kritik als praxisferne, kostenaufwendige **Wasserköpfe**, die sich mehr mit sich selbst als mit ihren Aufgaben beschäftigen. Gerade auch Entwicklungen zu schlanken Unternehmen - **Lean Management** - haben dazu geführt, dass **zentrale Stäbe deutlich ausgedünnt** wurden.

4.3.2 Aufgabenorientierte Stellenbildung

4.3.2.1 Stellenbildung nach Verrichtungen

Insbesondere in der Vergangenheit wurden Stellen oft nach **Verrichtungen** gebildet, d.h. die Verrichtungen wurden zusammengefasst, **zentralisiert**. Den Stellen in der Seminaradministration der Alltrain, Trainereinsatz, Teilnehmerbetreuung, Sekretariat und Hausdienste usw. sind spezialisierte Verrichtungen (Tätigkeiten) übertragen. Auch Stabsstellen sind sehr oft nach Verrichtungen gebildet wie zum Beispiel Organisation, Revision, Unternehmensplanung, Marketing usw.

Hier werden **reine** und **gemischte Formen der Stellenbildung** beschrieben. Um den Blick für die Eignung organisatorischer Lösungen zu schärfen, werden im folgenden Kapitel dann die Vor- und Nachteile dieser Formen behandelt.

Um Stellen bilden zu können, müssen die Aufgaben bekannt sein. Diese Aufgaben werden mit Hilfe einer **Aufgabenanalyse** ermittelt. In der Aufgabenanalyse werden unterschiedliche **Phasen einer Aufgabe** unterschieden. Für jede dieser Phasen müssen die Zuständigkeiten geregelt, d.h. auf Stellen übertragen werden.

Planung		Realisation	Kontrolle
Entscheidungs-vorbereitung	Entscheidung		

Abb. 4.5: Phasengliederung

Stellen mit Entscheidungsvorbereitungsaufgaben

Ehe in der Alltrain eine Anzeige geschaltet wird, findet eine Entscheidungsvorbereitung statt. Es werden Informationen über das zu bewerbende Seminar, über geeignete Medien (Zeitschriften) und deren Reichweite, über die Anzeigenpreise usw. eingeholt, Lösungsvarianten erarbeitet und präsentiert. Herr Appel, als direkter Vorgesetzter des Mitarbeiters Marketing entscheidet dann über den Vorschlag und gibt die benötigten Mittel frei. Solche Entscheidungsvorbereitungaufgaben können auch die Trainer übernehmen, etwa wenn sie einen Vorschlag für ein neues Seminarangebot unterbreiten.

Auch **Leitungsstellen** (Instanzen) haben neben ihrer Entscheidungsaufgabe immer auch gleichzeitig Aufgaben der Entscheidungsvorbereitung. Ehe sie entscheiden, bereiten sie diese Entscheidungen vor.

Der Prozess der Entscheidungsvorbereitung lässt sich grob in die folgenden Schritte gliedern:

−   Anstoß - Auslösung eines Entscheidungsproblems (incl. Auftrag),

- Erhebung und Analyse (Sammlung und Ordnung von Informationen zum Ist-Zustand und zur voraussichtlichen Entwicklung des Ist-Zustandes),
- Würdigung (Ermittlung von Stärken und Schwächen, Chancen und Risiken des Ist-Zustandes - Erarbeitung von Zielen aus den Ergebnissen der Würdigung),
- Lösungsentwurf (Entwicklung von Alternativen zur Lösung des Problems).
- Bewertung der Alternativen und Empfehlung.

Stellen mit Entscheidungsaufgaben

In dem obigen Beispiel wird sichtbar, dass Herr Appel eine Leitungsstelle besitzt, die mit Entscheidungsaufgaben ausgestattet ist. **Leitungsstellen** haben immer auch **Entscheidungsaufgaben**. Es kann aber auch sein, dass **Ausführungsstellen** derartige Befugnisse erhalten können, etwa wenn ein Trainer innerhalb bestimmter Grenzen über die Seminargebühren mit entscheiden darf. Allgemein hängt die Zuordnung von Entscheidungsaufgaben auf eine konkrete Stelle unter anderem von folgenden Faktoren ab:

- Von der **Reichweite** der zu treffenden Entscheidungen (z.B. abteilungs-, bereichs- und unternehmensrelevant),
- von der **Bedeutung** etwa hinsichtlich der möglichen wirtschaftlichen Auswirkungen (Risiken und Chancen),
- vom **zeitlichen Horizont** (kurz-, mittel-, langfristig wirksame Entscheidungen),
- vom **Informationsstand** des Stelleninhabers, d.h. letztlich von den Möglichkeiten und Kosten der Bereitstellung von Informationen (gerade die zunehmende Leistungsfähigkeit moderner Informationssysteme hat gravierende Einflüsse auf die Verlagerung von Entscheidungsbefugnissen auf tiefere Ebenen und auf die Verbindung von Entscheidungsvorbereitungs- und Entscheidungsaufgaben),
- von der **Qualifikation** des Stelleninhabers,
- vom Vorhandensein von **Stäben,**
- von der **Dringlichkeit**, mit der Entscheidungen normalerweise zu fällen sind - tendenziell müssen dringliche Entscheidungsaufgaben "realisationsnah", d.h. auf relativ niedrigen hierarchischen Ebenen angesiedelt werden,
- von der **Komplexität** der Entscheidung. Auf den oberen Ebenen der Hierarchie sind die Entscheidungsaufgaben normalerweise komplexer als auf den unteren Ebenen.

Stellen mit Realisationsaufgaben

Nach der Entscheidungsvorbereitung und Entscheidung für eine Anzeige muss diese Anzeige getextet und grafisch aufbereitet werden, es muss ein Auftrag erteilt, Korrekturen gelesen werden usw. Das sind Realisationsaufgaben. Die **Realisation folgt der Planung**, die Planung wird in die Tat umgesetzt.

Alle Stellen in einer Unternehmung haben auch Realisationsaufgaben. Selbst ein Mitglied der Geschäftsleitung realisiert, beispielsweise wenn er einem Großkunden eine Leistung "verkauft", einen Besuchsbericht anfertigt oder einen Vortrag hält. Der Anteil der Realisationsaufgaben nimmt normalerweise zu, je näher man der Basis einer Hierarchie kommt.

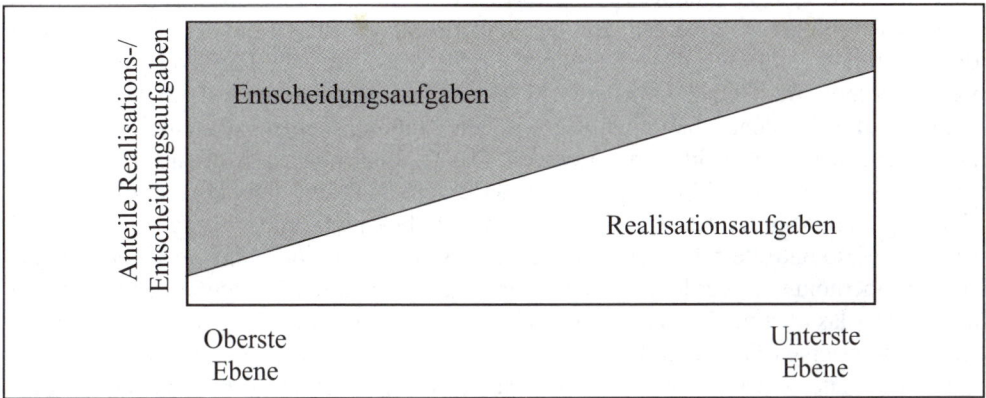

Abb. 4.6 Anteile Realisations- und Entscheidungsaufgaben

Stellen mit Kontrollaufgaben

Die vom Mitarbeiter Marketing bearbeiteten Vorgänge werden in der Form von Stichproben von der Revision kontrolliert. Dabei wird zum einen überprüft, ob bestimmte Verfahrensvorschriften eingehalten wurden - z.B. wurden mehrere Angebote eingeholt - und zum anderen, ob die Zahlungen zum Ausgleich der Rechnungen sachlich richtig waren.

Durch Kontrollen werden Ist-Größen mit den zugehörigen Vorgaben (Soll-Größen) verglichen. Solche Kontrollen bedeuten nicht nur einen Blick zurück. Die Ergebnisse von Kontrollen können auch in die Planung eingehen. So werden z.B. Vorgaben geändert, wenn sich die bisherige Planung als unrealistisch erwiesen hat.

Wenn Herr Alltrain wöchentlich die Seminarbeurteilungen analysiert und mit den Planwerten vergleicht, kontrolliert er auf diesem Wege die Ergebnisse der Trainer (**Ergebniskontrolle**). Stellt er beispielsweise fest, dass bei einem Trainer mehrfach die Sollwerte nicht erreicht wurden, kann er das zum Anlass nehmen, sich die Arbeit des zuständigen Mitarbeiters einmal näher anzusehen. Er überprüft, wie der Mitarbeiter seine Veranstaltungen vorbereitet und durchführt. Er verschafft sich also ein Bild darüber, wie diese Ergebnisse zustande gekommen sind. In diesem Fall wird von einer **Verfahrenskontrolle** gesprochen.

Ergebnisorientierte Kontrollen betreffen eingetretene Resultate. Typische Fälle sind Qualitätskontrollen in der Produktion oder im Wareneingang oder auch der Vergleich von Zielvorgaben mit tatsächlichen Ergebnissen. **Verfahrensorientierte Kontrollen** vergleichen die tatsächlich durchgeführten Prozeduren mit vorgeschriebenen Verfahren. Verfahrenskontrollen dienen oft auch dazu, Unregelmäßigkeiten wie z. B. die Nichtbeachtung von Sicherheitsvorschriften oder die Verletzung von Gesetzen und Verordnungen zu erkennen bzw. vorbeugend zu verhindern.

Ergebnis- wie auch verfahrensorientierte Kontrollen können als Selbstkontrolle oder als Fremdkontrolle geregelt werden: Bei der **Selbstkontrolle** führen die betroffenen Stellen die Kontrollen durch. Für diese Regelung spricht, dass damit die **Eigenverantwortlichkeit** gefördert wird. Gerade in neueren Ansätzen der Gruppenarbeit werden die Kontrollaufgaben den Gruppen übertragen. So wird die Haltung, Fehler zu vertuschen, ersetzt durch die Einstellung, Fehler zu vermeiden. Das Qualitätsbewusstsein wird dadurch wesentlich gefördert, zumal in Gruppen sehr wirksame Sanktionsmöglichkeiten vorhanden sind, wenn ein Mitglied z.B. Qualitätsnormen nicht beachtet. Ein viel beachtetes Beispiel für die Selbstkontrolle bietet Toyota, das inzwischen auch von anderen Automobilherstellern übernommen wurde. Hier hat jeder Mitarbeiter in der Fertigung das Recht und die Pflicht, das gesamte Fließband anzuhalten - was mit enormen Folgekosten verbunden ist - wenn er einen Fehler entdeckt, den er nicht selbst beheben kann. Dadurch wird jedem Mitarbeiter bewusst, welche weitreichenden Folgen eigene Fehler haben können. Das Qualitätsbewusstsein wird gefördert und Fremdkontrollen werden weitgehend überflüssig.

In der folgenden Übersicht finden sich Beispiele für Stellentypen, die nach den genannten Merkmalen gebildet wurden. Gerade in der Praxis vor allem großer Unternehmen gibt es viele Stellen, die nach dem **Phasenprinzip** gebildet wurden.

Stellentypen = Stellen mit vorwiegend	Praktische Beispiele
Entscheidungsvorbereitungsaufgaben	– Organisation – Unternehmensplanung – Controlling – Recht – Assistent – Arbeitsvorbereitung
Entscheidungsaufgaben	– Leitungsstellen – Entscheidungsgremien
Realisationsaufgaben	– Einkäufer – Verkäufer – Monteur – Expediteur – Sachbearbeiter Rechnungswesen
Kontrollaufgaben	– Wareneingangskontrolle – Fertigungskontrolle – Rechnungskontrolle – Revision/Inspektorat

Tab. 4.2 Phasenorientierte Stellentypen

4.3.2.2 Stellenbildung nach Objekten

Wenn die Trainer nicht für alle Themen zuständig sind oder wenn sie sich auf bestimmte Kunden aufgrund unterschiedlicher Anforderungen an die Sprache auf bestimmte Sprachregionen spezialisieren, wird von einer **produktorientierten Stellenbildung** gesprochen.

Ein Trainer ist für französischsprachige Seminare in Belgien, Frankreich und der welschen Schweiz zuständig. Diese Lösung wird als eine **regionale bzw. raumorientierte Stellenbildung** bezeichnet. Einige Trainer sind ausschließlich für Bankkunden zuständig. Diese **Stellen** sind **nach Kunden gebildet**. Wenn sich einige Trainer auf Seminare zur Kundenberatung und andere auf die Schulung von Standardsoftware spezialisiert haben, sind diese **Stellen nach Produkten gebildet**.

Stellentypen	Beispiele
Produktorientierte Stellen	– Trainer für Standardsoftware – Trainer für Verhaltenstrainings – Trainer für Produktschulungen
Kundenorientierte Stellen	– Bankkunden – Versicherungskunden – Privatkunden
Raumorientierte Stellen	– Trainer Region F, B, CH – Trainer Region D-Nord – Trainer Region D-Süd

Tab. 4.3 Objektorientierte Stellentypen

Selbstverständlich gibt es neben diesen reinen Formen auch noch **Mischformen**. So können Trainer in einer Region nur für bestimmte Produkte tätig sein.

Auch sind Mischformen der verrichtungs- und der objektorientierten Stellenbildung häufig. So gibt es Einkaufsspezialisten (verrichtungsorientierte Stellenbildung), die für bestimmte Produkte, z.B. für Hard- und Software (produktorientierte Bildung) zuständig sind. Diese letzten Beispiele zeigen, dass Stellen sowohl nach dem Verrichtungs- wie auch gleichzeitig nach dem Objektprinzip gebildet werden können. Die Einkäufer sind sowohl Einkaufsspezialisten als auch Produktspezialisten. Solche Lösungen sind jedoch nur bei Unternehmen möglich, in denen das Aufgabenvolumen eine entsprechende Arbeitsteilung ermöglicht. Derartige Optionen gibt es in kleineren Unternehmen meistens nicht.

4.3.3   Bewertung der Verrichtungs- und Objektzentralisation

Im Folgenden sollen die Vor- und Nachteile der verschiedenen Formen der Verrichtungs- und Objektzentralisation einander gegenübergestellt werden. Aus dieser Übersicht wird deutlich, dass jede Lösung immer gleichzeitig Stärken und Schwächen hat. Zum besseren Verständnis werden konkrete Stellentypen genannt, für die diese Vor- bzw. Nachteile gelten.

In der Praxis müssen die möglichen Lösungen der Stellenbildung anhand der verfolgten Ziele und anhand der Bedeutung der Ziele (Zielgewichte) bewertet werden.

4.3.3.1   Bewertung der Verrichtungszentralisation

Zentralisation der Entscheidungsvorbereitung am Beispiel einer zentralen Organisationsabteilung	
Vorteile	**Nachteile**
– **Spezialisierung**/Einsatz von Spezialisten – **einheitliches Vorgehen** bei der Projektbearbeitung (Standardisierung) – erleichterte **Koordination** – Eingrenzung des **Bereichsegoismus**.	– Probleme bei der **Informationsbeschaffung** (leicht manipulierbar) – **Manipulation** von Entscheidern – negative Beeinflussung der **Motivation** bei den Betroffenen – zentrale Planungsstellen entwickeln leicht eine **Eigendynamik**.

Zentralisation der Entscheidung - geringere Delegation - am Beispiel eines Vertriebsleiters	
Vorteile	**Nachteile**
– **Einheitliche** Entscheidungen gegenüber allen Kunden – **Spezialisierung** auf Entscheidungen – qualitativ bessere Entscheidungen – hohe **Autorität** von Entscheidern, bei denen viele Befugnisse angehäuft sind.	– **Risiko** bei Fehleinschätzungen – **Abhängigkeit** von einem Entscheider, Vertretungsproblematik – **Nachfolgeprobleme** – **Entfernung von der Front** – **Schwerfällige Entscheidungen** – Entscheidungen können auf dem Weg von oben nach unten **verwässert** bzw. verfremdet werden – Beeinträchtigung der **Motivation** der Mitarbeiter.

| Zentralisation der Realisation am Beispiel Schreibkraft in einem Sekretariat ||
Vorteile	Nachteile
– **Spezialisierung** führt zu höherer Schreibleistung, weniger Fehlern, geringeren Kosten – es lohnt sich der Einsatz von **Spezialgeräten** – besser ausgenutzte **Kapazitäten** – einheitliches Erscheinungsbild nach außen – leichtere **Ausbildung** für die Spezialaufgaben.	– Fehlende **Flexibilität** der Spezialisten – **Monotonie**, einseitige Belastung – **Motivationsprobleme** – die Lösung ist **störanfällig**, wenn es nur einen oder wenige Spezialisten (und/oder Spezialgeräte) gibt.

| Zentralisation der Kontrolle am Beispiel eines Revisors ||
Vorteile	Nachteile
– Spezialisierung (Fachwissen) – einheitliche Kontrollmaßstäbe, größere Objektivität – größere Unabhängigkeit des Revisors – besserer Überblick – Neutralität.	– Einseitigkeiten, z.B. Überbetonung formaler Regeln und extremes Sicherheitsdenken – Förderung einer hohen Formalisierung – anfällig für Manipulationen.

4.3.3.2 Bewertung der Objektzentralisation

| Zentralisation nach dem Produkt am Beispiel eines Trainers für Standardsoftware ||
Vorteile	Nachteile
– Spezialisierung auf das Produkt – erleichterte **Koordination** im Einsatz der Software – leichtere **Steuerung des Informationsflusses.** Die das Produkt betreffenden Informationen müssen ausschließlich dem/den Spezialisten zugeleitet werden – **erleichterte Ausbildung** – **Identifikation** mit dem Produkt – **eindeutige Ansprechpartner** für die Anwender.	– **Entspezialisierung.** Beherrscht keine anderen Produkte – verminderte **Flexibilität** im Einsatz – hohe **Abhängigkeit** vom Spezialisten – **Produkt-(Abteilungs-) patriotismus.**

Zentralisation nach dem Kunden am Beispiel eines Trainers für Bankkunden	
Vorteile	**Nachteile**
– **Spezialisierung** auf die Kundengruppe – **Koordination** aller Aktivitäten hinsichtlich der Kunden – Aufbau einer **vertrauensvollen Beziehung** zu den Kunden – **Identifikation** mit "seinen" Kunden – **Flexibilität** der Mitarbeiter im Einsatz – **eindeutige Ansprechpartner** für die Kunden.	– **Entspezialisierung** besonders im Hinblick auf die Produkte – Steigerung des **Risikos** – **Abhängigkeit** vom Mitarbeiter – schwierige **Ausbildung** – erschwerte **Koordination** auf Produkte oder Regionen – aufwendige **Informationsversorgung**.

Zentralisation nach dem Raum am Beispiel eines Trainers für die Region Frankreich	
Vorteile	**Nachteile**
– Spezialisierung auf dem Markt – Sprachkenntnisse – Mentalitätskenntnis – erleichterte regionale Koordination – kurze Wege zum Kunden – intensive Betreuung des Gebiets – eindeutige Ansprechpartner für den Kunden.	– Entspezialisierung nach den Produkten und Kunden – Abhängigkeit – Filtermöglichkeiten von Informationen über "seinen" Markt – Zerschneiden von Kundenbeziehungen wenn ein Kunde in mehreren Gebieten ansässig ist – regionale Autonomiebestrebungen – schwierige Ausbildung.

4.4   Regelung der Arbeitsteilung

Die Arbeitsteilung und ihre möglichen Folgen werden plastisch in dem berühmten Stecknadelbeispiel des bekannten Nationalökonomen Adam SMITH beschrieben. Er vergleicht im 18. Jahrhundert die klassische Produktionsweise in den alten Zünften, in denen ein Mitarbeiter einen Gegenstand ganzheitlich bearbeitet, mit der revolutionären Neuerung einer arbeitsteiligen Herstellung von Stecknadeln, indem der Prozess in 18 einzelne Schritte aufgegliedert und spezialisierten Mitarbeitern übertragen wurde.

Ohne irgendeine wesentliche technische Neuerung ist nahezu ausschließlich durch organisatorische Maßnahmen - nämlich durch die Arbeitsteilung - eine **Produktivitätssteige-**

rung von mehreren tausend Prozent möglich geworden. Derartige Erkenntnisse führen zur sogenannten **industriellen Revolution**, die schließlich das Ende der alten Zunftordnung und den Übergang zur **Massenproduktion** einläutet.

Wesentliche Anstöße hat dazu Anfang des 20. Jahrhunderts der amerikanische Ingenieur Frederick Winslow TAYLOR gegeben, einer der wichtigsten Väter der sogenannten **wissenschaftlichen Betriebsführung** (scientific management). Zur Rationalisierung der Produktion führt TAYLOR zahlreiche Zeitstudien durch und ergänzt die vorhandenen Lohn- und Anreizsysteme durch leistungsorientierte Lohnformen. Er führt die **Arbeitsteilung** auf der ausführenden Ebene konsequent fort und erweitert sie auf die **steuernde Ebene**. Dazu schlägt er sogenannte **Funktionsmeister** vor (je ein spezialisierter Meister für Schulung, Arbeitsgeschwindigkeit, Versorgung mit Werkzeugen usw.). Die Mitarbeiter an der Front sind nur noch ausführende Stellen, denen jede Verantwortung entzogen, jedes Mitdenken verboten ist. Diese Lösung wird in reiner Form nie umgesetzt. Ihre praktische Konsequenz besteht in Fertigungsunternehmen zum Teil bis heute darin, dass Arbeitsvorbereitung und Materialdisposition als Steuerungseinheiten der Produktion eingerichtet werden.

In den zwanziger Jahren dieses Jahrhunderts setzt Henry FORD dann konsequent die Arbeitsteilung in der Produktion von Automobilen um, und ergänzt sie durch das **Fließprinzip**. Er fördert die **Mechanisierung der Fertigung und der Transporte**. Es entsteht das Fließband, das mit einer hochgradigen Arbeitsteilung verbunden wird. Damit können auch ungelernte Mitarbeiter eingesetzt werden. Das Fließband gibt die **Arbeitsgeschwindigkeit** vor. Die Koordination der Mitarbeiter erfolgt über vorgeplante Bearbeitungsprozesse. Deswegen sind wesentlich weniger zentrale Koordinationseinheiten notwendig als beim Ansatz nach TAYLOR. FORD ist mit diesem Weg äußerst erfolgreich. Das Luxusgut Auto wird zu einem für breite Kreise erschwinglichen Gebrauchsartikel. Die Folgen für die beteiligten Arbeiter sind - zwar überzeichnet aber letztlich doch treffend - in dem Film **Moderne Zeiten** sichtbar.

Beschränkt sich die hochgradige Arbeitsteilung anfangs auf die Fertigung, wird sie seit den zwanziger Jahren und dann - besonders gefördert durch das Aufkommen der EDV (z.B. spezialisierte Erfasser) - auch in die Büros hinein getragen. Die letzte Spezialisierungswelle läuft in den achtziger Jahren aus, als in Wirtschaft und Verwaltung unzählige spezialisierte Schreibdienste eingerichtet werden, um die Vorteile der damaligen Textsysteme und der noch relativ teuren Textverarbeitung auf dem Computer ausnutzen zu können.

Die **Vorteile** einer hochgradigen Arbeitsteilung ergeben sich im Wesentlichen aus folgenden Gründen:

– Spezialisierungseffekte führen zu mehr Menge und zu besserer Qualität,
– verringerte Rüstzeiten,
– Einsatz leistungsfähiger spezialisierter Sachmittel,
– gut ausgenutzte Sachmittel und Mitarbeiter,
– leichtere Koordination und Überwachung der Mitarbeiter,
– einheitliche Arbeitsergebnisse,

– leichtere Ausbildung, Wechsel vom Lehrberuf zum Anlernberuf.
– leichtere Stellvertretung durch gleichartig tätige Mitarbeiter usw.

Art und Umfang der **Arbeitsteilung** werden jedoch trotz der unbestreitbaren Vorteile seit einigen Jahrzehnten heftig diskutiert, nachdem nicht nur in der Fertigung die mit der Arbeitsteilung verbundenen Nachteile sichtbar wurden. Die in dieser Diskussion vorherrschenden Begriffe und Schlagworte wie **Humanisierung der Arbeitswelt, Verbesserung der Qualität des Arbeitslebens oder Neue Formen der Arbeitsgestaltung, Einführung von Teamarbeit** kennzeichnen Bestrebungen, bestimmte, einseitig die Spezialisierung fördernde Prinzipien der Stellenbildung einzuschränken oder aufzuheben. Einseitige Belastungen sollen ebenso reduziert werden wie Entfremdung von der Arbeit. In neuerer Zeit wird die Forderung nach einer Entspezialisierung wieder weniger aus humanen Gründen denn aus Gründen der organisatorischen Effizienz erhoben. Prozessorientierte Organisation, so wie sie oben schon an verschiedenen Stellen beschrieben wurde, führt zu geringerer Arbeitsteilung. Damit gibt es unter anderem weniger Schnittstellen, weniger Abstimmungsprobleme, eindeutigere Ansprechpartner für die Kunden usw., alles wirtschaftliche Erwägungen, die allerdings in vielen Fällen mit den Forderungen nach Humanisierung verträglich sind. Derartige prozessorientierte Tendenzen finden sich heute sowohl in den Werkstätten wie auch in den Büros. In der Industrie wird die hochgradige Arbeitszerlegung durch neue Formen der Gruppenarbeit teilweise rückgängig gemacht, allerdings gibt es hier auch schon wieder gegenläufige Entwicklungen.

Die schon erwähnten **Nachteile einer hochgradigen Arbeitsteilung** sollen hier noch einmal kurz zusammengefasst werden:

– Fehlende Flexibilität der Spezialisten und Spezialmaschinen,
– Fehlende Identifikation mit der Arbeit, da es kaum sichtbare Arbeitsergebnisse gibt - das behindert fehlerfreie, qualitativ hochwertige Arbeit,
– Viele Schnittstellen führen zu Abstimmproblemen und langen Durchlaufzeiten,
– Erschwerte Transparenz,
– Störanfälligkeit (wenn ein Spezialist oder eine Spezialmaschine ausfällt, kann damit der ganze Betrieb ins Stocken kommen, es sei denn, es gibt ausreichende Kapazitäten),
– Motivationsprobleme durch die mit der Spezialisierung verbundene Monotonie,
– Einseitige geistige oder körperliche Belastung.

Wegen dieser möglichen negativen Wirkungen werden schon seit Jahrzehnten neue Verfahren der Arbeitsteilung diskutiert und ausprobiert. Einige dieser Ansätze, die hauptsächlich in Fertigungsbetrieben entwickelt wurden, sollen nun vorgestellt und erörtert werden.

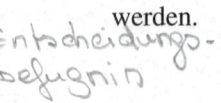

4.4.1 Aufgabenwechsel (Job Rotation)

Der Aufgabenwechsel wurde hauptsächlich in Produktionsbetrieben und hier wiederum vorrangig bei der Produktion von Automobilen und Maschinen eingeführt. Bei einem **Aufgabenwechsel (Job Rotation)** lösen sich die Mitarbeiter in einem bestimmten zeitlichen Rhythmus ab. A übernimmt die Aufgaben von B, B die Aufgaben von C und C die Aufgaben von A. Dieser Wechsel kann nach Stunden - so z.B. bei sehr einseitigen Belastungen im Produktionsbereich - oder auch nach Tagen oder Wochen stattfinden.

In unserem Beispiel könnte die Lösung wie folgt aussehen.

Abb. 4.7 Aufgabenwechsel

Dadurch können u.U. einige Nachteile der Spezialisierung wie z.B. einseitige Belastung der Arbeitnehmer, fehlende Flexibilität, Störanfälligkeit und Monotonie beseitigt werden. Nachteilig sind der erhöhte Anlernaufwand, die normalerweise höheren Personalkosten (höhere Qualifizierung der Mitarbeiter) sowie Übergabe- oder Schnittstellenprobleme, wenn der Nachfolger nicht über die Sachverhalte Bescheid weiß, die vom Vorgänger bearbeitet wurden.

4.4.2 Aufgabenerweiterung (Job Enlargement)

Aufgabenerweiterung liegt dann vor, wenn Mitarbeiter zusätzlich vor- oder nachgelagerte Aufgaben erledigen. Damit vergrößert sich das Aufgabenspektrum. Die Spezialisierung wird teilweise rückgängig gemacht.

Wenn in Alltrain das ursprünglich auf reine Schreibarbeiten spezialisierte Sekretariat zusätzlich für Teile der Seminaradministration zuständig gemacht wird, liegt eine Aufgabenerweiterung vor. Die ehemalige Schreibkraft wird zu einer Sachbearbeiterin. Dieses Modell lässt sich folgendermaßen darstellen:

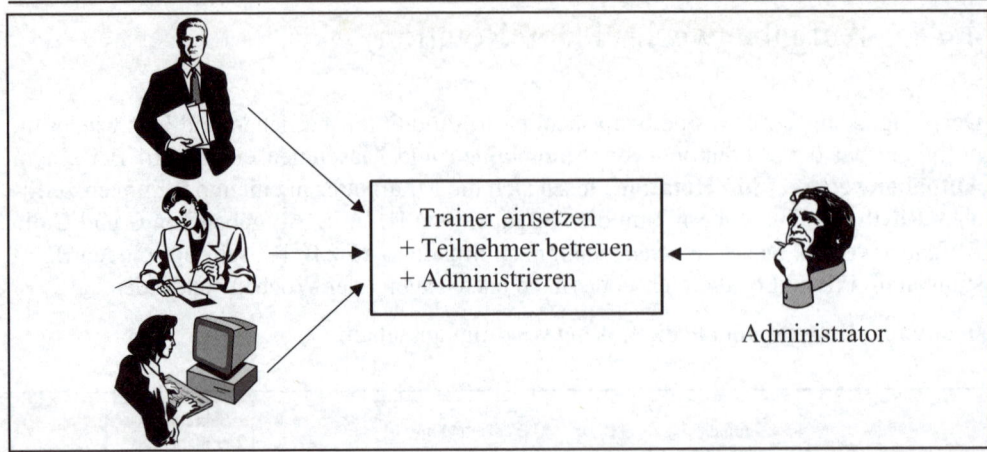

Abb. 4.8 Aufgabenerweiterung

Durch das Konzept des **Job Enlargement** soll vor allem die mit der Spezialisierung verbundene Entfremdung vom Arbeitsergebnis teilweise wieder aufgehoben, d.h. ein Bezug
zu den Ergebnissen der eigenen Arbeit erleichtert werden. Damit kann auch die Leistungsmotivation gesteigert werden. Zusätzlich verringern sich die Monotonie der Arbeit
und schädliche Auswirkungen einseitiger Belastung.

4.4.3   Aufgabenbereicherung (Job Enrichment)   *Betrifft einzelne MA*

In der Alltrain erhält bisher der Trainer ein fertiges Produkt (Seminarkonzept mit Manu-
skript und Trainerleitfaden, mit Folien und allen notwendigen Unterlagen zur Seminar-
durchführung. Wird ein Trainer jetzt zusätzlich damit beauftragt, für Kunden individuelle Veranstaltungen zu planen, die zugehörigen Unterlagen zu erstellen und evtl. noch
weitere Trainer darauf vorzubereiten und deren Arbeit dann auch zu überwachen, liegt
eine Aufgabenbereicherung vor.

Während im Wege des **Job Enlargement** eine Aufgabenerweiterung dadurch erfolgt,
dass vergleichbare oder ähnliche Aufgabenelemente hinzugefügt werden, die Qualität
der Arbeit aber im Prinzip unverändert bleibt, führt **Job Enrichment** zu einer **qualitativen Aufwertung der Stellen**. Wie im Job Enlargement werden verschiedenartige Aufgabenelemente zusammengefasst. Darüber hinaus - und das macht das Wesen der Berei-
cherung aus - werden die Realisationsaufgaben um Planungs- (Entscheidungsvorberei-
tungs- und Entscheidungsaufgaben) und Kontrollaufgaben erweitert. Dazu werden den
Mitarbeitern Entscheidungskompetenzen eingeräumt.

Die Autonomie wird erweitert, um ganzheitliche Prozesse bearbeiten zu können. Damit
werden Schnittstellen vermieden, Durchlaufzeiten verkürzt und Prozesse transparenter,
da sie von dem Trainer koordiniert werden, der damit auch immer auf dem Laufenden

ist. Das fördert sachgerechte Ergebnisse und steigert die Identifikation des Trainers mit seinem Produkt und mit seinem Kunden. Die erweiterte Autonomie fördert die Motivation und damit die Bereitschaft, möglichst perfekt zu arbeiten, Termine einzuhalten usw.

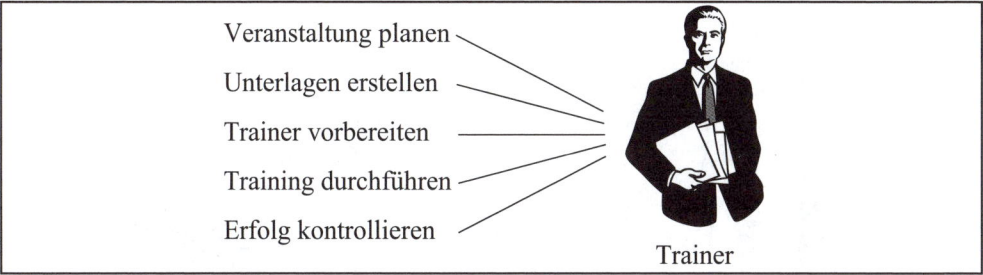

Veranstaltung planen

Unterlagen erstellen

Trainer vorbereiten

Training durchführen

Erfolg kontrollieren

Trainer

Abb. 4.9 Aufgabenbereicherung

4.4.4 ~~Teil-~~ Autonome Arbeitsgruppen

job Enrichment auf Gruppenebene

Die Entwicklung eines neuen Seminarkonzeptes wurde einer Gruppe übertragen, die sich aus mehreren Trainern unterschiedlicher Fachgebiete und einem Mitarbeiter der Verwaltung zusammensetzt. Die Gruppe erhält eine Zielvorgabe, bis wann welche spezifizierte Leistung zu erbringen ist. Wie die Gruppe dabei vorgeht, ist ihr freigestellt. Eine solche autonome Arbeitsgruppe ist nahezu identisch mit einer Projektorganisation. Allerdings gibt es keine Instanz, die Zwischenergebnisse abnehmen muss. Kontrolliert wird erst das fertige Ergebnis.

Die autonomen Arbeitsgruppen stellen eine **logische Fortentwicklung des Konzeptes der Aufgabenbereicherung** dar. Deswegen gelten auch alle Aussagen über die Wirkungen der Aufgabenbereicherung. Zusätzlich ist die Gruppe auch noch frei, ihre eigene **Arbeitsteilung**, die **Arbeitsverfahren, Zeiteinteilung**, die **Gruppenstruktur** usw. festzulegen. Die Fremdsteuerung beschränkt sich auf die vorgegebenen Leistungen, die im Idealfall auch mit der Gruppe abgestimmt werden. Den Weg zur Leistung bestimmt die Gruppe selbst. Darüber hinaus ist die Gruppe auch noch dafür zuständig, Arbeitsverfahren zu verbessern, geeignete technische Hilfen einzusetzen oder zu entwickeln etc. Solche autonomen Arbeitsgruppen sind damit ein wesentlicher Bestandteil einer sogenannten **lernenden Organisation**.

Autonome bzw. **teilautonome Arbeitsgruppen** sind in jüngster Zeit in großem Umfang in **Fertigungsunternehmen** eingeführt worden. Die Gruppengröße liegt meistens zwischen 8 und 15 Mitgliedern. Facharbeiter und angelernte Arbeiter werden üblicherweise gemischt. In der folgenden Abbildung 4.10 werden die Aufgaben einer teilautonomen Arbeitsgruppe (TAG) allgemein dargestellt. Es bleibt jeder Gruppe überlassen, sie für sich zu spezifizieren.

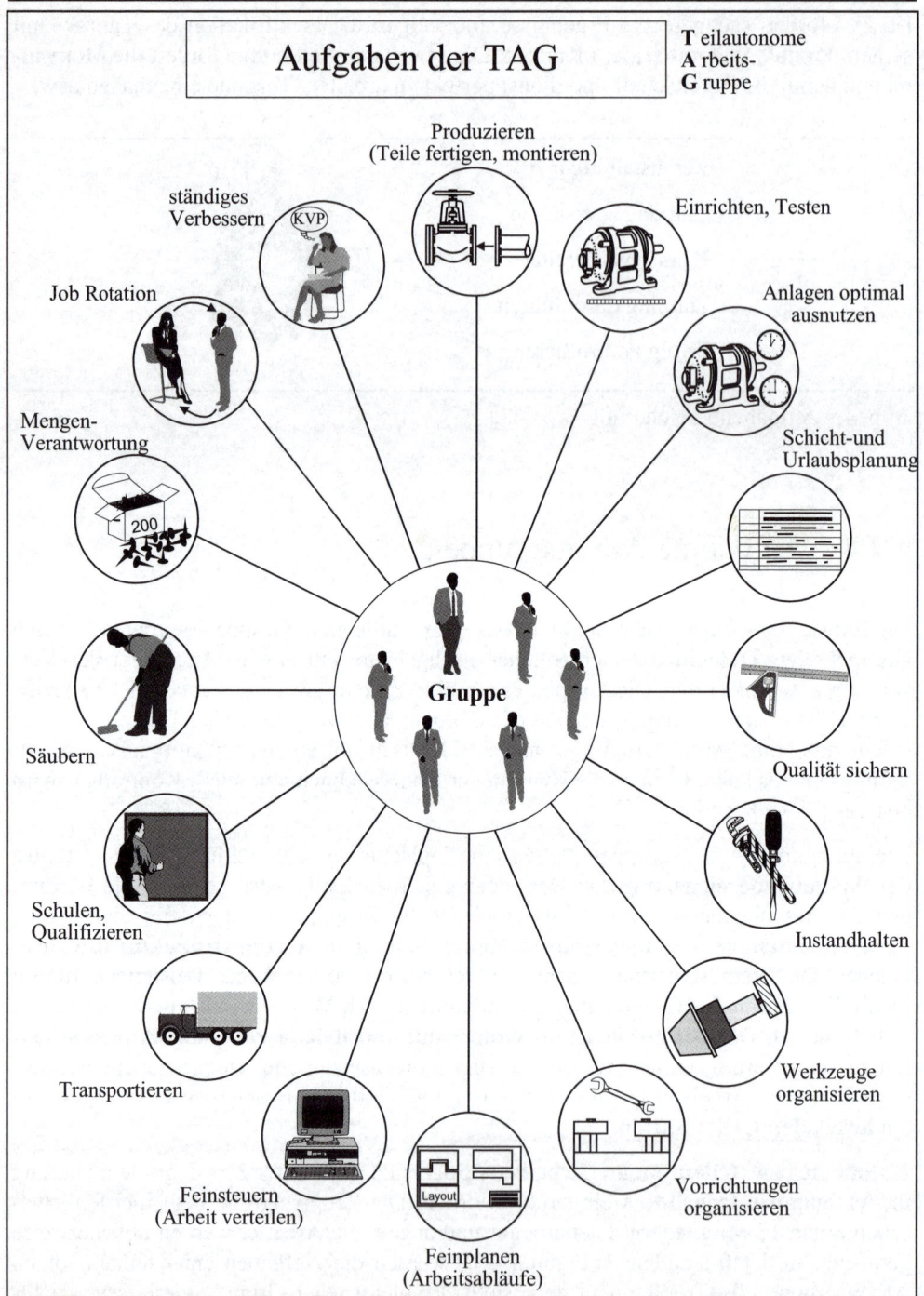

Aufgaben der TAG

T eilautonome
A rbeits-
G ruppe

Produzieren
(Teile fertigen, montieren)

ständiges
Verbessern   KVP

Einrichten, Testen

Job Rotation

Anlagen optimal
ausnutzen

Mengen-
Verantwortung

Schicht-und
Urlaubsplanung

200

Gruppe

Säubern

Qualität sichern

Schulen,
Qualifizieren

Instandhalten

Transportieren

Werkzeuge
organisieren

Feinsteuern
(Arbeit verteilen)

Layout

Vorrichtungen
organisieren

Feinplanen
(Arbeitsabläufe)

Abb. 4.10 Aufgaben einer teilautonomen Arbeitsgruppe im Maschinenbau

Einige Fertigungsunternehmen haben sich völlig von ihren klassischen Organisations-einheiten (Abteilungen, "klassische" Gruppen) verabschiedet. Die Arbeit an Kundenauf-trägen, an Neuentwicklungen usw. findet nur noch in Gruppen statt. Diese Gruppen ste-hen untereinander in Lieferanten/Abnehmer - Beziehungen. Das wird auch als **fraktale Organisation** bezeichnet.

Mit der Freiheit, die Arbeit selbst so verteilen zu können, wie es die Gruppe für richtig hält, hat sich in der Praxis der Prozess des Job Enlargement oft wieder zurück entwi-ckelt. In den autonomen Arbeitsgruppen wurde oft **freiwillig** zu einer **Spezialisierung** zurückgekehrt. Wenn dieses freiwillig geschieht, besteht im Bewusstsein der Betroffe-nen ein wesentlicher Unterschied gegenüber der klassisch arbeitsteiligen Arbeit. Jeder Mitarbeiter der Gruppe übernimmt solche Aufgaben, für die er aus der Gruppensituation heraus besonders geeignet erscheint. Dadurch steigt das Selbstwertgefühl der Mitglieder. Jeder übernimmt die Aufgaben, die der Gruppe besonders gut helfen, ihre Ziele zu errei-chen.

In autonomen Arbeitsgruppen ergeben sich soziale Beziehungen und Verhaltensnormen, die sich auf die Leistungsbereitschaft der Einzelnen auswirken können. Der **Einzelne ordnet sich den Normen der Gruppe unter**, weil er andernfalls riskiert, von der Grup-pe bestraft zu werden. Die Liste möglicher Maßnahmen ist lang. Sie beginnt mit der Art der Begrüßung, geht weiter über vorsichtige Ermahnungen und reicht bis zu den stärk-sten Maßnahmen wie Missachtung oder die Empfehlung, die Gruppe zu verlassen. Die Sanktionsmöglichkeiten einer Gruppe gegenüber ihren Mitgliedern sind sehr wirksam - sogar wirksamer als das Instrumentarium eines formalen Vorgesetzten - da Menschen normalerweise sehr darauf angewiesen sind, insbesondere von Kollegen und Kolleginnen anerkannt zu werden.

Wenn eine Gruppe als Ganzes bestimmte **Leistungen** erbringen muss, dabei Termine einzuhalten und Qualitätsnormen zu erfüllen hat, werden diese **Vorgaben auch für alle einzelnen Mitglieder wirksam**. Wenn jemand einen Tag fehlt, fehlt er nicht dem Unter-nehmen sondern den Kollegen in der Gruppe, die sein Fehlen ausgleichen müssen. Wenn jemand Fehler macht, muss die Gruppe die Fehler nacharbeiten. Wenn jemand Über-stunden oder hohe Arbeitsintensität verweigert, muss die Gruppe die Folgen tragen. In **autonomen Arbeitsgruppen** achtet jeder Mitarbeiter darauf, dass die Gruppe nicht in vermeidbare Schwierigkeiten kommt. Diese Lösung funktioniert selbstverständlich nur dann, wenn die Gruppe als Ganzes die Vorgaben des Unternehmens akzeptiert und als angemessen empfindet. Sonst könnte sich eine Gruppe auch gegen das Unternehmen so-lidarisieren.

Mit der **Einführung** der Gruppenarbeit können allerdings auch **Probleme** verbunden sein, die hier nicht verschwiegen werden sollen. Die Menschen in den Unternehmen sind oft nicht gewohnt, in Gruppen zu arbeiten. Sie haben Schwierigkeiten, sich sprachlich unmissverständlich auszudrücken. Missverständnisse können sich schnell zu Konflikten auswachsen. Viele Menschen haben es auch nicht gelernt, mit aufgetretenen Konflikten konstruktiv umzugehen. Diese Probleme treten in Produktionsbetrieben verschärft auf, wenn Sprachbarrieren bestehen und wenn unterschiedliche Kulturen aufeinandertreffen.

Dann funktioniert eine Gruppe oft nicht als Gruppe sondern nur als Ansammlung von Mitarbeitern.

Unternehmen in der Wirtschaftspraxis mussten feststellen, dass weniger die Organisation und die technische Ausstattung bei der Einführung der Gruppenarbeit Probleme bereiten, sondern eben die **fehlende soziale Kompetenz** der betroffenen Mitarbeiter.

Deswegen wird die **Einführung der Gruppenarbeit** heute in vielen Produktionsunternehmen **begleitet von Hilfen zur Entwicklung der notwendigen sozialen Kompetenz**. Kommunikationsverhalten, Umgang mit Konflikten, Regeln und Rollen der Gruppenarbeit sind Inhalte derartiger Entwicklungsmaßnahmen. Der Wettbewerb entscheidet sich zukünftig immer mehr an der Qualifikation der Mitarbeiter, und dazu zählt auch deren soziale Kompetenz. Die Bedeutung der sozialen Kompetenz wurde in der Vergangenheit wesentlich unterschätzt; das gilt auch für die Auswahl von Vorgesetzten, Projektleitern und Projektmitarbeitern.

4.5   Stellvertretung   *brauchen wir nicht %*

Im Zusammenhang mit der Stellenbildung ist auch die **Stellvertretung** (eigentlich Stellenvertretung) zu regeln. Im Falle der Stellvertretung **nimmt der Vertreter** des Stelleninhabers fremde Stellenaufgaben wahr und erfüllt damit die Aufgaben desjenigen, den er vertritt. Die **mit der Stelle verbundenen Befugnisse**, auch das Recht, Anordnungen zu geben, **gehen auf den Stellvertreter über**. Er handelt im Namen und im Sinne des Vertretenen, aber in eigener Verantwortung.

Diese Aussage gilt zumindest für die sogenannte **unbegrenzte Stellvertretung**. In der Praxis haben sich jedoch einige weitere Formen herausgebildet, die alle eines gemeinsam haben: Sie sollen **Vorsorge** treffen für den Fall, dass **der Stelleninhaber nicht selbst handeln kann** - z.B. wegen Urlaub, Krankheit, dienstlicher Abwesenheit - oder nicht selbst handeln will. Welche Form der Stellvertretung zu wählen ist, hängt von verschiedenen **Einflussgrößen ab**, von denen hier nur einige beispielhaft genannt werden sollen:

– Häufigkeit der Abwesenheit eines Stelleninhabers,
– Dringlichkeit der anfallenden Geschäftsfälle,
– Bedeutung der Geschäftsfälle,
– Anzahl der Geschäftsfälle, die das Unternehmen rechtlich binden,
– Anzahl der direkt unterstellten Mitarbeiter,
– Umfang der Mitarbeit in Ausschüssen, Kollegien usw.

4.6   Stellenbildung und Personalbemessung

Ein wesentlicher Aspekt der Stellenbildung ist die sogenannte **Personalbemessung**. Dabei geht es um die **quantitative** Seite des **Personalbedarfes**, d.h. die Zahl der benötigten Teil- oder Vollzeitstellen. Die qualitative Seite wird in dem sogenannten Anforderungsprofil der Stellenbeschreibung festgelegt, bzw. ist sie in den meisten Branchen durch sogenannte Berufsbilder definiert. Die quantitative Personalbemessung ist immer dann besonders brisant, wenn

[handschriftlich: ist historisch]

- die **Bemessung** "gewachsen" ist, wie im ersten Teil des Beispiels, und Personalkosteneinsparungen gefordert werden - oft greift man dann zu der sehr willkürlichen **Rasenmähermethode** - dabei kommen diejenigen gut weg, die sich ein personelles Polster für solche Fälle zugelegt haben.
- eine völlig **neue Organisation** gewählt wird, für die es noch keine Erfahrungswerte gibt.

Für eine systematische Personalbemessung müssen die Nachfrage - der Bedarf - ermittelt und das erforderliche Angebot bereitgestellt werden. Darüber hinaus sind Maßnahmen zu ergreifen, mit deren Hilfe kurzfristig Bedarfsspitzen abgedeckt werden können.

Der Personalbedarf hängt von drei Faktoren ab

- Art der Aufgaben,
- Menge und Zeit des Anfalls der Aufgaben,
- Zeit je Aufgabenerfüllung.

Im Prinzip ist die Formel einfach: Aufgabe(n) * Menge * Zeit je Aufgabenerfüllung = quantitativer Personalbedarf. Aber eben nur im Prinzip, wie noch zu zeigen ist.

Die **Art der Aufgaben** geht aus der jeweiligen organisatorischen Lösung hervor bzw. kann relativ einfach bei den Betroffenen z. B. durch Aufgabeninterviews erhoben werden. Hier gibt es methodisch kaum Probleme.

Die Ermittlung der **Menge und der Zeit des Anfalles der Aufgaben** kann demgegenüber zum Teil gravierende methodische Schwierigkeiten bieten, und zwar aus folgenden Gründen:

- Die **Zahl** der Aufgaben **schwankt** zum Teil erheblich im Zeitablauf.
- Neben **bekannte Einflüsse** wie z.B. monatliche und jahreszeitliche Schwankungen treten noch **unbekannte Einflüsse** wie Konjunktur, Gesetzgebung und Kundenverhalten.
- Je nach der Art der Aufgaben sind Schwankungen mehr oder weniger gravierend. Es gibt gut **lagerbare Aufgaben** (z.B. nicht eilbedürftige interne Abrechnungen), **teilweise lagerbare Aufgaben** (z.B. Aufgaben im Zahlungsverkehr, die zwar tagfertig erledigt werden müssen, bei denen es aber Spielräume gibt, wann die Arbeit getan wird) und **nicht lagerbare Aufgaben** (z.B. steht ein Kunde am Schalter und möchte umgehend bedient werden).

Vergangenheitszahlen lassen sich meistens relativ leicht ermitteln, etwa durch Posten-statistiken, DV-Auswertungen, Rechnungsnummern usw. aber auch durch Befragungen oder Selbstaufschreibungen der Betroffenen. Selbst wenn gute Zahlen über die Vergangenheit vorliegen, besteht bei der Personalbemessung ein **Prognoseproblem**, das nicht ohne weiteres zu lösen ist. Zahlen und Trends der Vergangenheit können nicht immer einfach in die Zukunft verlängert werden. In jedem Fall bleibt hier ein **Ermessensspielraum**, der nur dadurch entschärft werden kann, dass das Mengenvolumen laufend erfasst und bei Veränderungen der Personalbestand entsprechend angepasst wird.

Noch größere Probleme kann es bereiten, die **Zeit je Aufgabenerfüllung** zu ermitteln. Selbst in den Fällen, wo es scheinbar relativ einfach ist, richtige Werte zu ermitteln, tauchen Probleme auf. So hängt der Zeitwert bei einer vorwiegend manuellen Tätigkeit ganz entscheidend von der **Intensität** ab, mit der gearbeitet wird. Ungeübte Beobachter können zu sehr verzerrten Werten kommen, wenn sie nicht darin trainiert sind, den **Leistungsgrad** zu bestimmen, mit dem der beobachtete Mitarbeiter tätig ist. Bei vorwiegend geistigen Tätigkeiten – z.B. Planungsaufgaben – ist es nahezu unmöglich, "richtige" Zeitvorgaben zu ermitteln.

5. Leitungssystem

5.1 Definition

Stellen werden durch Weisungsbeziehungen miteinander verbunden. Über diese Kanäle fließen verbindliche Anordnungen oder Weisungen grundsätzlich nur in einer Richtung. Diese Kanäle werden auch als **Dienstweg** bezeichnet. Dienstwege sind Kanäle, auf denen Weisungen erteilt werden können. Daneben gibt es noch weitere Kanäle, auf denen Nachrichten in jeder beliebigen Richtung fließen können.

Weisungswege wie auch die allgemeinen Kommunikationswege dienen zur **Koordination**. Durch sie sollen die Leistungen Einzelner auf die Ziele des Unternehmens oder der Verwaltung ausgerichtet werden. Dieser Tatbestand sollte nicht aus den Augen verloren gehen, auch wenn es modern geworden ist, die Hierarchie als Machtinstrument generell in Frage zu stellen. Bereits in kleinen Einheiten von 5 - 10 Mitarbeitern bildet sich formell oder informell eine Hierarchie heraus, weil auf diesem Wege leichter und schneller die notwendige Koordination erreicht werden kann. Ein **Leitungssystem** (Hierarchie) ist somit die Gesamtheit der Stellen und ihrer Verbindungen durch Weisungsbeziehungen.

Ein Leitungssystem wird im sogenannten **Organigramm** abgebildet.

5.2 Leitungsspanne und Leitungstiefe

Die äußere Form des Leitungssystems wird unter anderem bestimmt durch

- **Leitungsspanne** (Anzahl der einem Vorgesetzten direkt zugeordneten Mitarbeiter),
- **Leitungstiefe** (Anzahl der Hierarchieebenen eines Unternehmens oder einer Verwaltung, einschließlich der ausführenden Ebene).

Aus der Abbildung 5.1 wird deutlich, dass breite Leitungsspannen zu flachen Hierarchien führen. Generelle Aussagen über die "richtige" Größe einer Leitungsspanne sind nicht möglich. Sie hängt unter anderem ab von

- Koordinationsbedarf der Mitarbeiter,
- Umfang der Delegation von Entscheidungsbefugnissen,
- Qualifikation und Motivation der Mitarbeiter,
- Qualitäten des Vorgesetzten,

– Freiraum des Vorgesetzten für Leitungsaufgaben (Ausmaß, in dem er eigene Fachaufgaben hat).

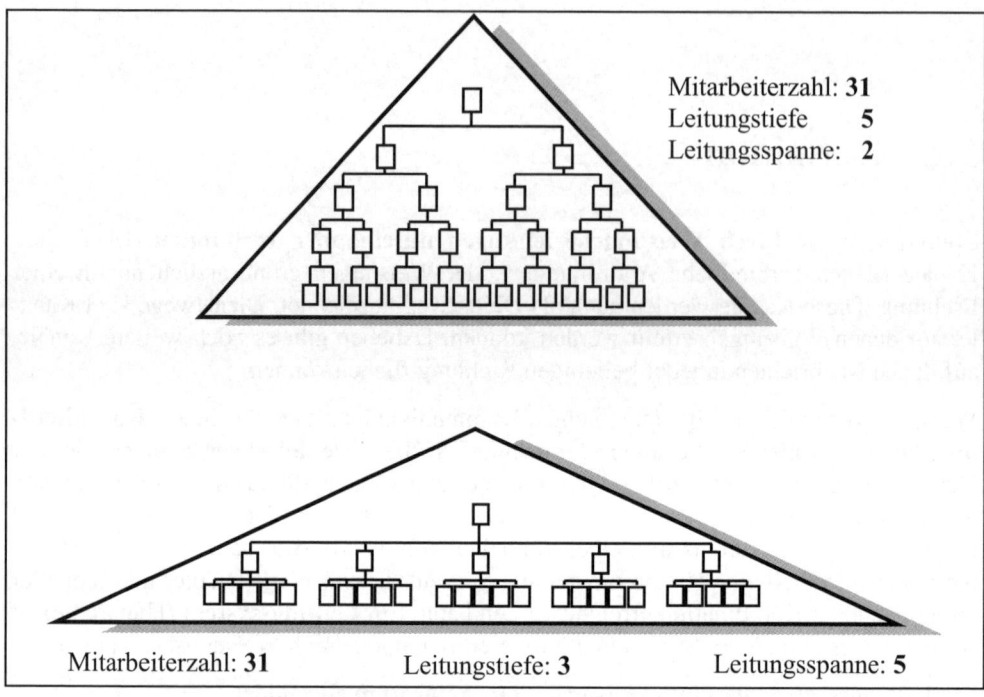

Abb. 5.1 Leitungsspanne und Leitungstiefe

Allgemein werden heute flache Hierarchien gefordert, das bedeutet dann aber auch relativ breite Leitungsspannen. Zweifellos weisen flache Hierarchien erhebliche Vorteile
auf. Allerdings müssen dann unter Umständen auch Nachteile in Kauf genommen werden, wie die folgende Übersicht zeigt.

Vorteile einer	
flachen Hierarchie (breite Spannen)	**tiefen Hierarchie (schmale Spannen)**

– Kurze Kommunikationswege
  – schneller Informationsfluss
  – weniger Filterstellen, bessere In-
    formation oberer Ebenen
– größere Flexibilität
– mehr Autonomie unterer Ebenen
– frontnähere Entscheidungen.
	– Bessere Koordination auf gemeinsame
	  Ziele
	– erleichterte Kontrollen
	– mehr Zeit für die Mitarbeiter.

Leitungsbreite und Leitungstiefe müssen situativ beurteilt werden. Abhängig von den jeweiligen Bedingungen können sehr flache aber auch eher tiefe Hierarchien angemessen sein.

5.3   Grundmodelle des Leitungssystems

Grundmodelle des Leitungssystems werden danach unterschieden, ob einzelne Mitarbeiter von einer Stelle (Einliniensystem) oder von mehreren Stellen (Mehrliniensystem) Weisungen bekommen können. Das **Einliniensystem** ist ein Leitungssystem, bei dem jede nachgeordnete Stelle nur von einer vorgesetzten Stelle Weisungen erhält.

Das Einliniensystem wird also charakterisiert durch die Einheit der Auftragserteilung. Es führt zu eindeutigen Über- und Unterordnungsverhältnissen und verhindert auf diesem Wege Kompetenzstreitigkeiten und einander widersprechende Anweisungen. Das Einliniensystem ähnelt einer Pyramide (Leitungshierarchie). Werden einzelnen Stellen noch Stäbe zugeordnet, spricht man von einem Stab-Linien-System. Dabei bleibt aber der Charakter eines Einliniensystems erhalten. In der Abbildung 4.4 auf Seite 41 findet sich ein Beispiel für ein Einliniensystem mit Stabsstellen.

Das Bild einer Pyramide verdeutlicht optisch einen organisatorisch bedeutsamen Sachverhalt: Während die oberste Leitungsebene noch die Gesamtziele im Auge behalten muss, wird der Entscheidungsspielraum der nachfolgenden Ebenen stufenweise eingeengt. Es verbleiben bei den nachfolgenden Ebenen noch eigene Planungs- und damit auch Entscheidungsbefugnisse, aber nur innerhalb vorgegebener Grenzen. So können die Einzelentscheidungen immer im Hinblick auf übergeordnete Ziele gefällt werden.

Einliniensystem	
Vorteile	**Nachteile**
– Klare Zuständigkeiten – eindeutige Bezugsperson für Mitarbeiter – einheitlicher Wille ist durchsetzbar – weniger Konflikte, kein Abstimmaufwand.	– Hohe Beanspruchung der Hierarchie – bei jedem Mitarbeiter wird unmittelbar nur eine Koordinationsrichtung wirksam (das, wofür der Vorgesetzte verantwortlich ist, andere Belange treten zurück). Das kann zum Bereichsegoismus führen – lange Informations- und Entscheidungswege – Gefahr der Filterung von Informationen (kommen oben verfälscht an).

Erhalten einzelne Mitarbeiter von mehr als einer Stelle verbindliche Anweisungen, wird von einem **Mehrliniensystem** gesprochen.

Taylor entwickelte das sogenannte **Funktionsmeistersystem**, bei dem ein Mitarbeiter in der Fertigung bis zu 7 Vorgesetzte haben konnte. Dieses Modell wurde in reiner Form nie realisiert. Allerdings sind zweifache Unterstellungen z.B. in der sogenannten Matrix-Organisation oder dreifache Unterstellungen eines Mitarbeiters in der Praxis mit unterschiedlichen Erfolgen erprobt worden. Generell kann festgestellt werden, dass echte Doppel- oder Dreifachunterstellungen sehr selten praktiziert werden. Normalerweise gibt es eine Hauptkoordinationsrichtung, die über volle Weisungsbefugnisse verfügt. Die übrigen "Vorgesetzten" müssen sich dann mit dem Hauptvorgesetzten arrangieren, wenn es zu Konflikten kommen sollte.

Mehrliniensystem	
Vorteile	**Nachteile**
– Spezialisierung der Vorgesetzten – kurze Kommunikationswege, bessere und schnellere Information – höhere Flexibilität – der Zwang zur Abstimmung fördert die Qualität der Vorgaben.	– Kompetenzkonflikte – Verunsicherung von Mitarbeitern – hoher Aufwand zur Abstimmung der Vorgesetzten – Gefahr fauler Kompromisse – bei Pannen gegenseitiges Zuschieben des "schwarzen Peters".

5.4   Primärorganisation

Die folgenden Lösungsansätze werden zur Primärorganisation gezählt. Die Primärorganisation ist dadurch gekennzeichnet, dass

– Stellen in die Hierarchie eingeordnet sind,
– Stellen normalerweise hauptamtlich wahrgenommen werden,
– Stellen und deren hierarchische Verbindung in Organigrammen und Stellenbeschreibungen dokumentiert werden.

5.4.1   **Funktionale Organisation**

Alltrain ist auf der Ebene unterhalb der Geschäftsleitung nach Verrichtungen gegliedert. Die Struktur sieht folgendermaßen aus:

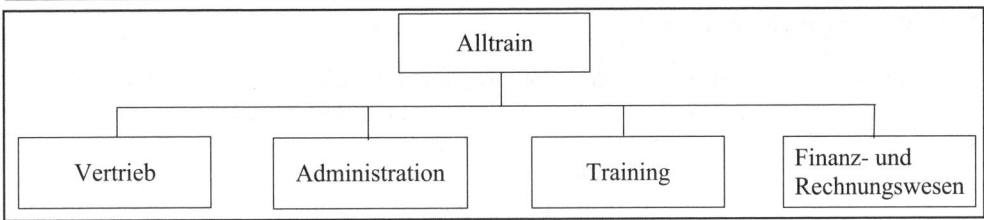

Abb. 5.2 Funktionale Organisation eines Seminaranbieters

Eine solche Lösung ist in vielen kleinen und mittleren Unternehmen anzutreffen, etwa wenn unter der Geschäftsführung nach "Entwicklung", "Einkauf", "Fertigung", "Vertrieb" und "Verwaltung" gegliedert wird. Solche Lösungen finden sich sogar in großen Unternehmen. Die **Hauptrichtung der Koordination sind die Funktionen** bzw. Verrichtungen. Eine solche Lösung hat zwingend zur Folge, dass die Koordination nach Produkten, Kunden oder Märkten zurücktreten muss, d.h. frühestens auf den nachfolgenden Ebenen möglich ist. Dazu werden gleich noch einige Beispiele gezeigt. Zuvor soll die funktionale Organisation "gewürdigt" werden.

Funktionale Organisation	
Vorteile	**Nachteile**
– Spezialisierung der Vorgesetzten – Größenvorteile (so kann der Einkauf für alle Produkte erfolgen) – bessere Auslastung (im Vergleich dazu, wenn es z.B. mehrere Einkaufsabteilungen gäbe) – der Einsatz von Spezialmaschinen/ Automaten/Spezialisten lohnt sich, sie können besser ausgelastet werden.	– Hoher Koordinationsbedarf wegen der Schnittstellen zwischen den Funktionen – Bereichsegoismen – Denken in Funktionen statt in Kundenanforderungen, Produkten oder Märkten – erschwerte Anpassungsfähigkeit – Modell zwingt zur Zentralisation, damit gibt es weniger Eigenverantwortlichkeit auf unteren Ebenen – bei Pannen gegenseitiges Zuschieben des "schwarzen Peters".

5.4.2 Objektorientierte Organisation

Objekte, nach denen aufbauorganisatorisch gegliedert werden kann, sind

– Kunden,
– Produkte,
– Regionen.

Dazu wieder einige Beispiele:

Die eingesetzten Trainer waren bisher nach Regionen eingeteilt. Das hatte vor allem den Vorteil, dass sie weniger Reisezeiten in Kauf nehmen mussten. Jeder Trainer musste in seiner Region alle Themen abdecken und alle Kunden bedienen. Oberste Koordinations-richtung im Trainingsbereich war damit die Region. Diese Lösung erwies sich als nicht allzu zugkräftig. Es ergaben sich insofern Probleme, als die Trainer nicht alle Inhalte gleich gut beherrschten und sich deswegen in der Akquisition immer besonders um ihre Themen kümmerten. Außerdem fühlten sich Trainer mit Erfahrungen in der Automobil-branche weniger wohl, wenn sie Bankkunden betreuen sollten und bemühten sich des-wegen um diese Zielgruppe auch weniger. Auch war nicht immer klar, wer sich in wel-chem Umfang um die Weiterentwicklung von Trainingsangeboten zu kümmern hatte. Deswegen lag eine Lösung nahe, in der jeder Trainer eine bestimmte Themengruppe be-treut, von der Entwicklung bis zur Vermittlung der Inhalte. Vier Gruppen von Trainern wurden dazu eingerichtet:

– Allgemeines Management,
– Marketing,
– Controlling,
– Persönlichkeitsentwicklung.

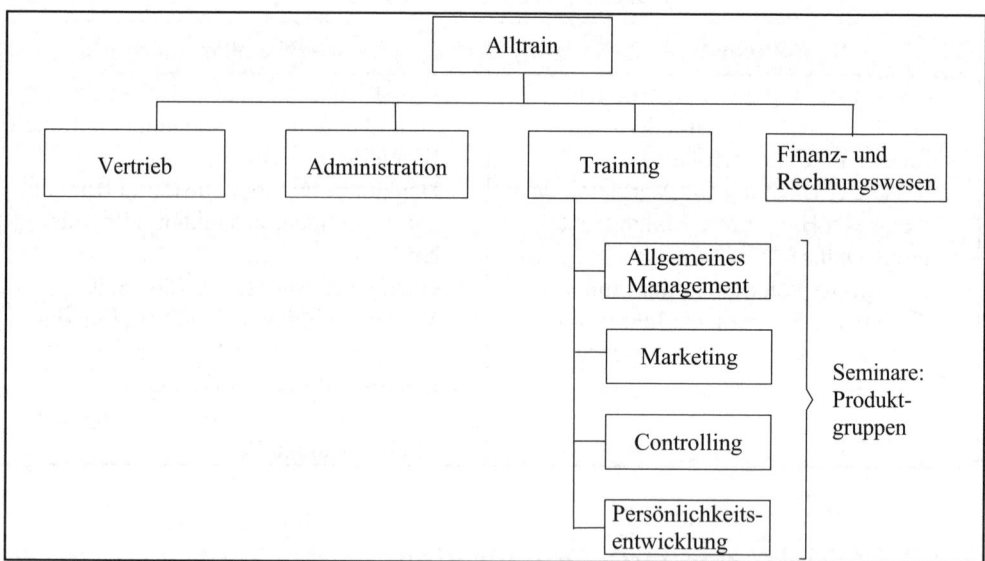

Abb. 5.3 Produktorientierter Trainingsbereich

Zwischenzeitlich hatte Herr Appel auch einmal erwogen, das gesamte Unternehmen in vier selbständige Teilbereiche zu gliedern, die den genannten Produktgruppen entspre-chen sollten. Er erhoffte sich dadurch eine gezieltere Förderung der Produkte, wobei gleichzeitig die Gewinnverantwortung auf die Ebene der einzelnen Teilbereiche verla-gert worden wäre. Von dieser Lösung sah er dann aber doch ab, weil das Unternehmen seiner Ansicht nach dafür noch zu klein sei. Insbesondere bei den Gemeinkosten hätten sich erhebliche Nachteile ergeben können, wenn jeder Produktbereich eine eigene Seminaradministration und Verwaltung betrieben oder getrennt beschafft hätte. Die Verselbständigung von Produktbereichen wird als Divisionalisierung oder Spartenorganisation bezeichnet. **Divisionalisierung = Spartenorganisation** ist die Aufgliederung eines Unternehmens in produktorientiert gebildete, weitgehend selbständige, gewinnverantwortliche Einheiten.

Die Divisionalisierung ist heute in der Wirtschaft weit verbreitet. Insbesondere durch die Notwendigkeit, schnell auf veränderte Anforderungen zu reagieren und die Motivation auf den mittleren Ebenen zu fördern, hat sie sich in den letzten Jahren in vielen großen Unternehmen durchgesetzt. Dabei dominieren Divisionen, die nach Produkten gebildet werden, und Divisionen, die nach Kunden abgegrenzt werden.

Auch wurde eine **Spezialisierung** der Trainer **auf** bestimmte **Kundengruppen** wie Banken und Versicherungen, Industrie, öffentliche Verwaltung usw. erwogen. Der Vorteil einer guten Kenntnis der jeweiligen Kundengruppe liegt auf der Hand. Diese Lösung bot sich aber schon deswegen nicht an, weil 80% aller Leistungen für die Industrie und Banken und Versicherungen erbracht werden. Für die übrigen Kundengruppen wären kaum noch spezialisierte Trainer übrig geblieben. Außerdem ist die überwiegende Mehrheit der Themen branchenneutral, setzt also keine speziellen Branchenkenntnisse voraus. Eine solche Kundengliederung ist jedoch immer dann vorteilhaft, wenn die Kunden deutlich unterschiedliche Anforderungen stellen, wenn Spezialwissen über die Kunden ein wichtiger Wettbewerbsvorteil ist und wenn eine individuelle Betreuung auch zu einer intensiven Bindung des Kunden an das Unternehmen führen kann. Alle diese Bedingungen lagen im konkreten Fall nicht vor, so dass die Produktspezialisierung im Verkauf vorgezogen wurde.

Generell haben die objektorientierten Lösungen - insbesondere im Vergleich mit den verrichtungsorientierten Gliederungen - folgende Vor- und Nachteile:

Objektorientierte Organisation	
Vorteile	**Nachteile**
– Ungeteilte Konzentration auf Produkte oder Kunden oder Regionen – sehr gute Kenntnisse der Produkte oder Kunden oder Regionen – bessere Koordination der Verrichtungen auf ihr jeweiliges Objekt – umfassende Verantwortung für das Objekt führt normalerweise zu einer hohen Identifikation und Motivation – leichte Steuerung über betriebswirtschaftliche Kennzahlen.	– Gefahr von Doppelspurigkeiten (mehrfach benötigte Funktionen, Verlust von Größenvorteilen) – Bereichsegoismen, unerwünschtes Konkurrenzdenken – erschwerte Kapazitätsauslastung – erschwerte Integration neuer Produkte, Kunden oder Märkte (etwa bei Diversifizierung).

Herr Appel stellt fest, dass die Verkaufsbemühungen der Trainer nicht sehr ausgeprägt sind. Eher zufällig ergeben sich Kontakte. Meistens reagieren die Trainer auf Anfragen von Kunden. So beschließt er, einen eigenständigen Vertrieb einzurichten. Dazu werden mehrere auf die Produkte spezialisierte Verkäufer eingestellt, die selbst nicht als Trainer tätig werden, damit sie sich voll auf den Verkauf konzentrieren können. Diese Verkäufer verbringen einen großen Teil ihrer Arbeitszeit bei den Kunden. Sie werden auch erfolgsabhängig vergütet. Diese Verkäufer sollen neben dem reinen Verkauf auch noch weitere Aufgaben zur Betreuung und Weiterentwicklung ihrer Produkte erledigen, die normalerweise als Funktionen eines **Produktmanagement** bezeichnet werden. Dazu zählen unter anderem:

– Produktbezogene interne und externe Informationen sammeln (Marktbeobachtung, Konkurrenzanalyse, Lebenszyklus der Produkte etc.).
– Ideen zur Förderung des Produkterfolges entwickeln und durchsetzen.
– Marktprognosen und Wettbewerbsstrategien erarbeiten.
– Alle Teilplanungen des Unternehmens aus der Sicht ihrer Produkte beeinflussen.

Es stellte sich jedoch heraus, dass die Verkäufer – wohl auch wegen des Anreizsystems – ihrer Planungs- und Steuerungsfunktion nie ganz gerecht wurden. Immer dominierte das Tagesgeschäft, die Reaktion auf Kundenanfragen, die Akquisition neuer Kunden usw. Die Aufgaben, die unter dem Begriff Marketing zusammengefasst werden können, kamen regelmäßig zu kurz.

Weil Herr Alltrain die Hoffnung aufgegeben hatte, dass sich an dieser Situation noch etwas ändern könnte, diskutierte er gemeinsam mit dem Leiter Training und dem Leiter Vertrieb eine andere Struktur. Die Verkäufer werden auf Kundengruppen spezialisiert und zusätzlich werden spezialisierte Produktmanager für die vier Produktgruppen eingestellt, denen die oben genannten Aufgaben, darüber hinaus aber auch noch die Werbung für die Produkte, die Aus- und Weiterbildung der Trainer sowie die Erstellung von verkaufsfördernden Unterlagen übertragen wurden. Diese Produktmanager sollen die Verkäufer und die Trainer unterstützen, sind aber selbst nicht im Verkauf oder im Training tätig. Sie sind für den Erfolg ihrer Produkte verantwortlich.

Der Leiter Vertrieb ist der Auffassung, dass die **Produktmanager keinerlei Weisungsbefugnisse** benötigen. Er sähe am liebsten eine direkte Unterstellung unter sich, wobei die Produkt-Manager als **Stabsstelle** zu konzipieren wären. Sie hätten dann nur Vorschlags-, Empfehlungs- und Informationsrechte, ohne jedoch den Verkäufern oder den Trainern Anordnungen erteilen zu können. Dieser Fall wird die Stabs-Produkt-Organisation genannt. Die **Stabs-Produkt-Organisation** ist ein Leitungssystem, in dem produktorientiert gebildete, nicht weisungsberechtigte Stellen für die Koordination aller produktbezogenen Maßnahmen zuständig sind. Die Organisation würde dann folgendermaßen aussehen:

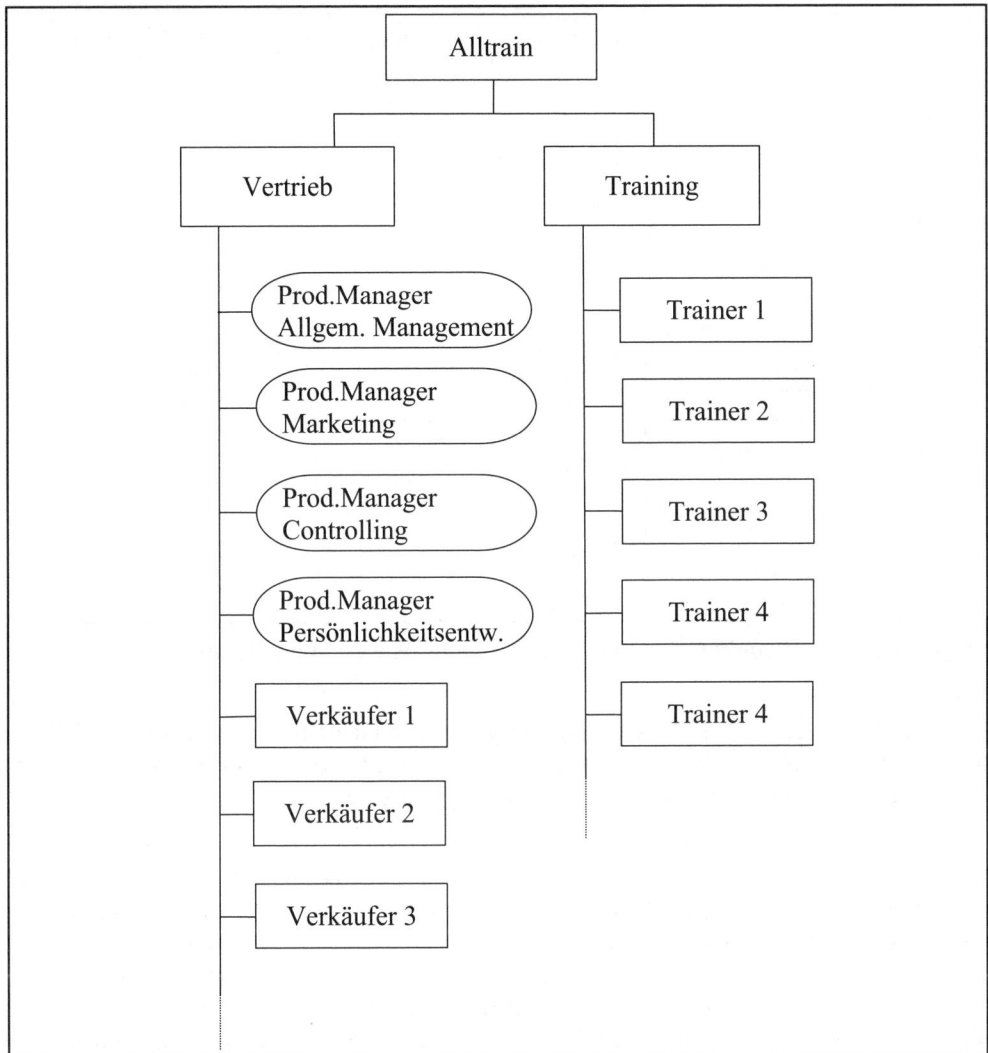

Abb. 5.4 Produktmanager als Stäbe

Demgegenüber fordern die Produktmanager Weisungsrechte. Sie argumentieren, dass man sie ja schließlich nicht für den Erfolg ihrer Produkte verantwortlich machen könne, wenn sie keinen "entscheidenden" Einfluss hätten. Diese Argumentation ist zwar oft zu hören, ist aber nicht zwingend richtig. Selbstverständlich können die Produktmanager nicht allein für den Erfolg verantwortlich gemacht werden. Sie werden nur dafür zur Rechenschaft gezogen, dass sie zur rechten Zeit geeignete Vorschläge machen. Wenn diese Vorschläge nicht akzeptiert werden, sind die Produktmanager aus der Verantwortung.

Die Produktmanager bleiben bei ihrer Forderung, Weisungsrechte gegenüber den Stellen Verkauf und Training zu erhalten. Sie schlagen die folgende Lösung vor:

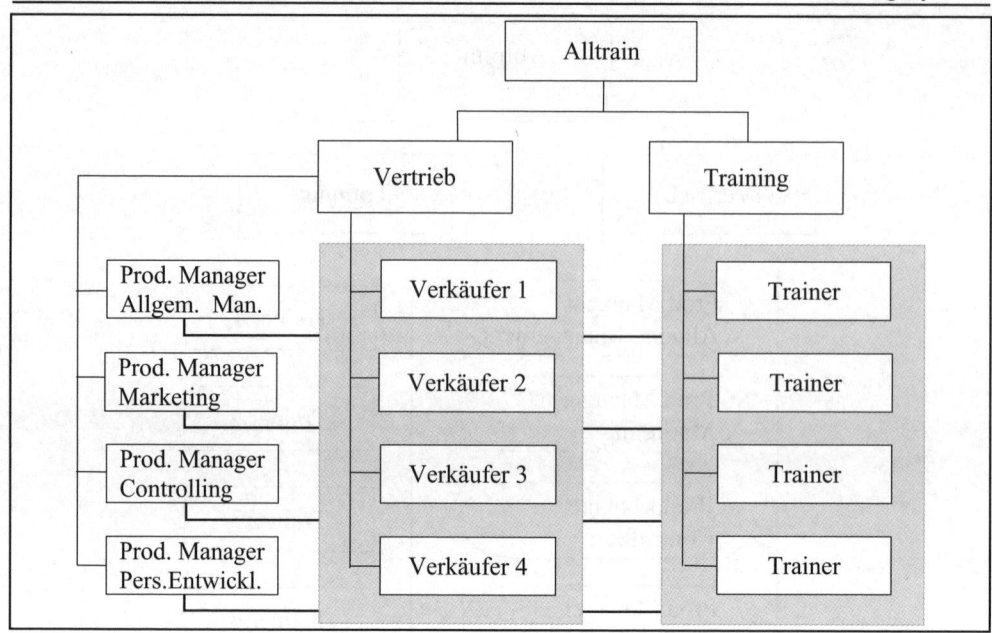

Abb. 5.5 Matrix-Produkt-Organisation im Trainingsbereich von Alltrain

Diese Lösung stellt eine Matrix-Produkt-Organisation innerhalb des Vertriebs und Trainings von Alltrain dar. Sie kann gelegentlich als Organisationsform des Vertriebs von Markenartikeln angetroffen werden. Sie ist eine Form eines "Mehrliniensystems".

Der Stelleninhaber "Produktmanager Marketing" könnte beispielsweise versuchen, die Trainer zu Fortbildungsmaßnahmen für sein Thema „einzubestellen", was den Interessen der Trainer oder der Gruppenleiter Training zuwiderlaufen könnte. Oder er könnte auf dem direkten Weg versuchen, die Verkäufer dazu anzuweisen, bestimmte Marktinformationen zu erheben oder verkaufsfördernde Maßnahmen zu ergreifen. Dieses Modell ist offensichtlich sehr konfliktträchtig. Konflikte können sich einmal zwischen den Produktmanagern selbst – jeder sieht sein Produkt an erster Stelle – und zwischen den Produktmanagern einerseits und den Verkäufern beziehungsweise den Trainern andererseits ergeben. Diesen Konfliktquellen - die manchmal erwünscht sein mögen - steht jedoch die Chance gegenüber, dadurch besser die Belange der Produkte in den Griff zu bekommen, weil die Produktmanager bei dieser Lösung eine stärkere Stellung besitzen. Die **Matrix-Produkt-Organisation** ist ein Mehrlinienleitungssystem, bei dem sich eine verrichtungsorientierte (Verkauf, Training) und eine objektorientierte Hierarchie (Produktgruppen) überlagern. In Wahrheit ist die Komplexität und damit auch die Konfliktträchtigkeit noch größer, weil die Produktmanager ja nicht nur jeweils gegenüber einem Verkäufer oder einem Trainer weisungsberechtigt wären sondern gegenüber allen Verkäufern und allen Trainern, die für dieses Produkt zuständig sind.

Herr Appel ist überzeugt, dass diese Lösung ins totale Chaos mündet. Er verweist außerdem darauf, dass dieser Weg - im Gegensatz zur häufig anzutreffenden Stabslösung -

seines Wissens nirgendwo in dieser Branche beschritten wurde. Die Produktmanager (PM) treten daraufhin die "Flucht nach vorne" an und fordern, den gesamten Vertriebs- und Trainingsbereich in **produktorientierte Gruppen** umzuordnen; so könnten sie wirklich voll das Produktergebnis beeinflussen. Außerdem würde sich in den Produktgruppen ein Teamgeist, also ein Geist des Miteinander und nicht des Gegeneinander entwickeln, der letztlich allen zugute käme. Die **produktorientierte Vertriebsorganisation** ist ein Einlinienleitungssystem, bei dem produktverantwortlichen Leitern die zugehörigen Verrichtungsspezialisten voll unterstellt sind.

Diese Lösung sähe wie folgt aus:

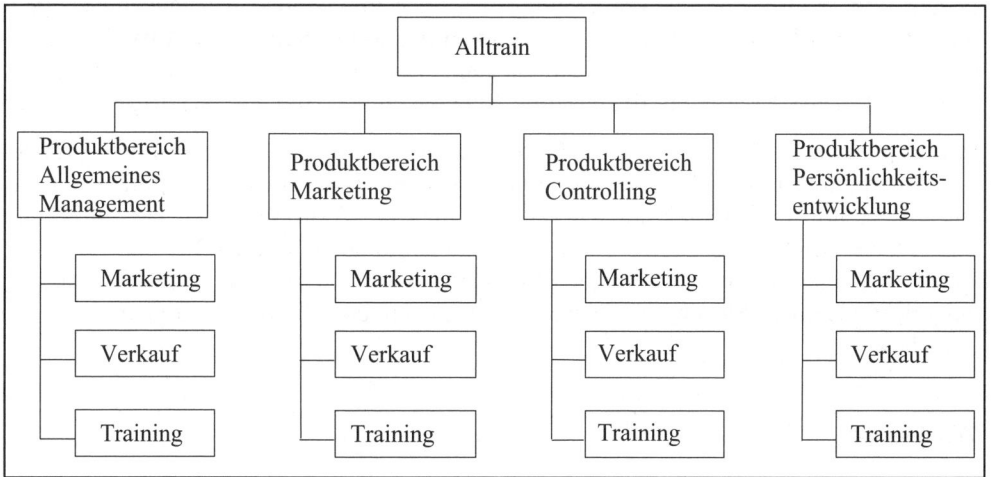

Abb. 5.6 Reines Produktmanagement (Produktorientierte Organisation)

Herr Appel hält die mit dieser Lösung verbundene Stellenvermehrung für absolut indiskutabel. Der Ansatz wird verworfen bzw. zurückgestellt mit der Bemerkung, evtl. würde man ja einmal in eine entsprechende Betriebsgröße hineinwachsen.

5.5   Sekundärorganisation

Die bisher behandelten Lösungsansätze werden zur **Primärorganisation** gezählt. Die Primärorganisation wird durch die sogenannte **Sekundärorganisation** überlagert. Die Sekundärorganisation ist durch folgende **Merkmale** gekennzeichnet:

–   Sie liegt wie ein Netzwerk über der Grundstruktur.
–   Mitarbeiter sind oft nur nebenamtlich oder zeitlich befristet darin tätig.
–   Sie unterliegt einem schnelleren Wandel als die Primärorganisation.

Beispiele für die Sekundärorganisation sind

- Kollegien,
- Ausschüsse,
- Workshops,
- Projektgruppen.

Kollegien und Ausschüsse

Kollegien sind **zeitlich befristete** Gruppierungen von Stellen zur **Bearbeitung von Auf-trägen** (z.B. Kollegium zur Vorbereitung des Firmenjubiläums). Demgegenüber sind **Ausschüsse** auf Dauer eingerichtet, zur **Bearbeitung wiederkehrender Aufgaben** (z.B. Investitionsplanungsausschuss). Beiden ist gemeinsam, dass sie keinen Leiter haben – hierarchiefrei sind - und **nicht die gesamte Arbeitszeit** der Mitglieder **beanspruchen.**

Ein Beispiel für ein Kollegium ist ein **Qualitätszirkel**. Hier setzt sich eine kleine Gruppe von Mitarbeitern unterer Ebenen über einen längeren Zeitraum hinweg immer wieder zusammen, um über organisatorische oder technische Verbesserungen nachzudenken. Durch diese Beteiligung soll das Mitdenken und damit auch die Identifikation gefördert werden. Qualitätszirkel können in allen Bereichen einer Unternehmung oder Verwaltung eingerichtet werden. Sie sind ein wichtiger Ansatz, um eine "Lernende Organisation" zu erreichen.

Workshops

Um übergreifende Aufgabenstellungen zu bearbeiten und durch eine Mitwirkung auch Motivation und Akzeptanz zu schaffen, haben sich Workshops rasch in der Praxis ver-breitet. Workshops können einige Stunden bis einige Tage dauern. Normalerweise wer-den **Workshops bei Bedarf** eingerichtet, wenn **konkrete Probleme** zu **bearbeiten** sind oder auch, wenn es um die Frage geht, welche Probleme überhaupt und in welcher Prio-rität angegangen werden sollen. Bei lokalen Vorhaben werden Mitarbeiter eines Berei-ches, bei übergreifenden Themen Vertreter unterschiedlicher Bereiche zusammengezo-gen und meistens durch einen geübten Moderator unterstützt. So hatte Herr Appel vor der Entscheidung für das Stabs-Produkt-Management alle bisherigen Verkäufer, den Gruppenleiter Verkauf, den Gruppenleiter Training und einige Trainer sowie alle Pro-duktmanager für einen Tag in ein Hotel eingeladen, um gemeinsam über Lösungsvari-anten zu diskutieren. In der sehr offenen Diskussion verständigte man sich gemeinsam, die Stabslösung zu probieren. **Workshops** sind also zeitlich befristete, einmalige, hierar-chiefreie Zusammenkünfte zur Bearbeitung abgegrenzter Problemstellungen.

Projektgruppen

Projektarbeit hat eine relativ lange Tradition in zentralen Organisationseinheiten wie z.B. Organisation und Datenverarbeitung. In den letzten Jahren werden zunehmend auch für solche Vorhaben Projekte eingerichtet, die früher über die Linie koordiniert wurden. Die **Schwerfälligkeit einer hierarchischen Koordination** führte zu Zeitverzögerungen und zu Problemen in der Zusammenarbeit zwischen Abteilungen oder Bereichen. Um der steigenden **Dynamik** gerecht zu werden, werden immer öfter **Projekte** eingerichtet.

Herr Appel hat vor kurzem eine Projektgruppe eingerichtet, mit einem Produktmanager als Projektleiter, die sich mit der Frage beschäftigt, wie das Internet als Plattform für ein neues Seminarangebot genutzt werden kann. Eine andere Projektgruppe geht der Frage nach, wie der Erfolg von durchgeführten Seminaren besser gemessen werden kann.

Projektgruppen sind **zeitlich befristet**. Sie lösen sich auf, wenn sie das gesteckte Ziel erreicht haben. Typischerweise werden sie bei **umfangreichen, komplexen Aufträgen** eingesetzt, die **verschiedene Teilbereiche** bzw. Abteilungen betreffen und deren Koordination auf dem normalen Dienstweg zeitraubend und störanfällig wäre. Sehr große und wichtige Projekte werden oft von einem hauptverantwortlichen Projektleiter gesteuert. Diesem Projektleiter werden Mitarbeiter zugeordnet. Die Mitarbeiter können für einen bestimmten Zeitraum ganz oder teilweise (zu x %) für das Projekt freigestellt werden. In der Praxis wird oft erwartet, dass die Leistungen für das Projekt nebenbei mit erbracht werden. Die Mitarbeiter stehen dann in dem Konflikt, ihr Tagesgeschäft oder das Projekt zu vernachlässigen. Hier liegt eine Erklärung dafür, weshalb Projekte meistens länger dauern als ursprünglich angenommen.

Ein **Projekt** ist ein in dieser konkreten Form einmaliges Vorhaben.

Eine **Projektorganisation** ist damit eine zeitlich befristete Organisation für einmalige Vorhaben. Zur Projektorganisation gehören Projektaufträge, Regelungen über die Aufbauorganisation (Projektleiter, Projektmitarbeiter, Entscheider, Informationsempfänger) und Regelungen über die Ablauforganisation (Phasen, Meilensteine etc.).

5.6   Aufbauorganisatorische Entwicklungen

Hier folgt eine kurze Auflistung aufbauorganisatorischer Lösungsansätze, die vorwiegend in der Wirtschaftspraxis entwickelt wurden. Einige Ansätze werden aktuell diskutiert, andere zählen schon lange zum Lösungsinstrumentarium der Aufbauorganisation. Folgende Themen sollen erörtert werden:

– Strategische Geschäftseinheiten,
– Holdingstrukturen,
– Cost- und Profit-Center,
– Abbau von Hierarchie,
– Kundenorientierte Organisation,
– Prozessorientierte Aufbauorganisation,
– Lean-Management.

Strategische Geschäftseinheiten

Strategische Geschäftseinheiten sind für strategische Geschäftsfelder zuständig. Unter einem strategischen Geschäftsfeld wird eine **abgegrenzte Produkt-Markt-Kombination** verstanden. Herr Appel hat den Leiter Training mit dem strategischen Geschäftsfeld Internet-basiertes Lernen betraut. In diesem Fall bleibt der Trainingsleiter für seine operativen und planerischen Aufgaben zuständig. In der strategischen Geschäftseinheit hat er sich zusätzlich mit der Entwicklung und Umsetzung einer Strategie für das abgegrenzte Geschäftsfeld auseinander zu setzen. Er zieht bei Bedarf weitere Mitarbeiter zusammen, um mit ihnen Vertriebskonzepte, Produkte usw. zu diskutieren. Der Leiter Training kann Workshops einberufen, einzelne Fragestellungen als Projekte organisieren, Kollegien einrichten, kurz er kann sich des ganzen Spektrums von Lösungsmöglichkeiten der Sekundärorganisation bedienen. Allgemein formuliert sind **Strategische Geschäftseinheiten** für bestimmte, definierte **strategische Geschäftsfelder** zuständig. Die Aufgaben werden in der Form der Sekundärorganisation **zusätzlich zu den Primäraufgaben** wahrgenommen.

Holdingstrukturen

Leistungsfähige Unternehmen wachsen dank ihrer Leistungskraft entweder von innen heraus oder indem sie weitere Unternehmen aufkaufen. Es entwickeln sich dann unter Umständen sehr große Einheiten, die auch als "Palastorganisation" bezeichnet werden. Derartige Paläste haben ihre Vorteile, wenn stabile Umfelder gegeben sind. Je größer die Dynamik wird, desto offensichtlicher wird ihre Schwerfälligkeit. Das hat mit langen Entscheidungswegen ebenso zu tun wie mit mangelhafter Information der Spitze, mit hoher Konzentration auf sich selbst statt auf den Kunden aber auch mit verringerter Motivation der Mitarbeiter, die sich als Rädchen in einem großen Getriebe empfinden.

Sollen große Unternehmen flexibel und leistungsfähig werden, kann die **Divisionalisierung -** sie wurde bereits behandelt - und **rechtliche Verselbständigung der Divisionen** und ihre **rechtliche Eingliederung in eine Obergesellschaft (Holding)** sinnvoll sein. Hier sollen drei Formen der Holding unterschieden werden, die

- Finanzholding,
- Strategische Management-Holding,
- Operative Management-Holding.

Sie unterscheiden sich hauptsächlich in dem **Ausmaß der Einflussnahme** durch die Holding.

Holding		
Finanzholding	**Strategische Manage-ment-Holding**	**Operative Management-Holding**
Die Obergesellschaft steuert lediglich den Kapitalfluss. Sehr große Autonomie der Gesellschaften.	Die Obergesellschaft steuert den Kapitalfluss und entscheidet über strategische Sachverhalte. Sie versucht, Synergieeffekte aus der Zusammenarbeit der einzelnen Gesellschaften zu nutzen.	Die Obergesellschaft steuert wie die Strategische Management-Holding und greift darüber hinaus auch noch in das operative Tagesgeschäft ein.

hohe Autonomie/

Flexibilität der Gesellschaften

geringe Autonomie/

Flexibilität

Abb. 5.7 Erscheinungsformen der Holding

Holdings sind damit **Konzernstrukturen**, in denen eine **Obergesellschaft Anteile** an **rechtlich selbständigen organisatorischen Einheiten** (Untergesellschaften/Divisionen) besitzt und bestimmte **Aufgaben zentral wahrnimmt**.

Cost- und Profit-Center

Als Cost- oder Profit-Center werden Organisationseinheiten abgegrenzt und **für bestimmte betriebswirtschaftliche Größen wie Kosten, Gewinn oder Rentabilität verantwortlich** gemacht. Untergesellschaften von Holdings sind grundsätzlich auch Profit-Center. Es können aber auch Gruppen, Abteilungen oder Unternehmensbereiche zu solchen Centers gemacht werden. Voraussetzung ist in jedem Fall, dass sie ihre Kosten bzw. ihren Gewinn auch beeinflussen können. Wenn Herr Appel die produktorientierten Trainergruppen als Profit-Center führen wollte, müsste er diesen Gruppen die Freiheit lassen, selbst über die Kosten aber auch über die Erlöse (Preise) zu entscheiden. Das könnte sinnvoll sein, wenn die Gruppen ganz eigene Märkte bearbeiten würden. **Cost- und Profit-Center** sind somit Prinzipien zur finanziellen Steuerung von Organisationseinheiten und setzen sinnvoll abgegrenzte organisatorische Einheiten voraus.

Abbau von Hierarchie

Durch flache Hierarchien sollen hauptsächlich Flexibilität und Motivation gefördert werden. Diese Thematik wurde bereits im Abschnitt 5.2 Leitungsspanne und Leitungstiefe behandelt. Deswegen wird hier nicht weiter darauf eingegangen.

Kundenorientierte Organisation

Viele Unternehmen sind unterhalb der Geschäftsführung nach Verrichtungen gegliedert. Diese Lösung wurde oben als Funktionale Organisation bezeichnet. Die Vorteile der Verrichtungsspezialisierung werden oft mit dem Nachteil erkauft, dass die **Interessen der Kunden weniger stark gewichtet** werden als die Interessen der funktionalen Einheiten. Es besteht die Neigung, sich mehr mit sich selbst und mit den Problemen in der Zusammenarbeit mit den anderen Abteilungen zu beschäftigen, als mit den Belangen des Kunden. So beschwerten sich Kunden von Alltrain immer wieder, dass sie bei Rückfragen von einer Abteilung in die andere mehrfach weiter vermittelt wurden, bis sie endlich denjenigen gefunden hatten, der über den aktuellen Stand Bescheid wusste. Kundenorientierte Organisation bedeutet, dass ein Unternehmen unterhalb der Geschäftsleitung oder zumindest im Vertrieb nach Kunden oder Kundengruppen gegliedert ist. In letzter Konsequenz sollte **jeder Kunde nur noch einen Ansprechpartner** haben, der jederzeit erreichbar und auskunftsbereit sein muss. Das setzt selbstverständlich voraus, dass leistungsfähige Informationssysteme vorhanden sind, um diese Auskunftsbereitschaft zu gewährleisten.

Solche Lösungen werden immer dann erwogen, wenn der Wettbewerb am Markt härter wird und wenn somit die Belange des Kunden sehr hoch gewichtet werden müssen.

Prozessorientierte Aufbauorganisation

In der Theorie wie in der Praxis wurde bisher die Aufbauorganisation als das zentrale Thema angesehen. Wenn grundlegende Fragen der Struktur von Unternehmen oder Verwaltungen behandelt werden, ging und geht es immer auch um Fragen des Einflusses, der Macht. Diese Entscheidungen behalten sich normalerweise die Mächtigen vor, evtl. unterstützt durch externe Berater. Wenn dann die Bereiche und Abteilungen abgegrenzt sind, werden innerhalb der vorgegebenen Grenzen die Abläufe optimiert. Das kann zu vielen Schnittstellen, Reibungen im Tagesgeschäft, langen Durchlaufzeiten, Hin- und Herschieben von Verantwortung usw. führen.

Zwar war in der Theorie schon immer bekannt, dass Aufbau- und Ablauforganisation wechselseitig auf einander abgestimmt werden müssen. Faktisch dominierte früher die Aufbauorganisation. Erst in den letzten Jahren schärfte der Markt das Bewusstsein für die genannten Nachteile.

In einer **prozessorientierten Aufbauorganisation** werden **Kernprozesse** ermittelt, d.h. wichtige Abläufe, von denen der Erfolg eines Unternehmens oder eines Teilbereiches abhängt. Diese Kernprozesse werden dann möglichst **effizient gestaltet**, d.h. **Schnittstellen werden soweit wie möglich vermieden, Zuständigkeiten für Prozesse werden festgelegt**, Verfahren zur Beherrschung von Schnittstellen (Schnittstellen-Controlling) werden entwickelt. Die **Aufbauorganisation richtet sich** bei diesem Ansatz **nach den Kernprozessen**. Organisatorisch hat das fast immer zur Folge, dass

- wichtige Prozesse beim externen oder internen Kunden beginnen und enden und damit kundenorientiert organisiert wird.
- die Arbeitsteilung verringert wird.
- klassische Abteilungsgrenzen abgeschafft oder durchlässig gemacht und dafür Gesamtzuständigkeiten auf Stellen oder Teams übertragen werden.

Viele in Literatur und Praxis diskutierte Konzepte haben einen ähnlichen Ansatz. Dazu zählen beispielsweise "Business Process Reengineering", "Geschäftsprozessorganisation", "Business Process Redesign" etc.

Lean-Management

Das **Lean-Management** ist ein **umfassendes Organisations- und Führungskonzept**, es reicht also weit über organisatorische Tatbestände im engeren Sinn hinaus. Viele der oben bereits einzeln aufgeführten organisatorischen Ansätze sind auch Bestandteile des Lean-Management. Darüber hinaus gehören dazu weitere Prinzipien und Maßnahmen, um die gesamte Wertschöpfungskette effizient zu planen, abzuwickeln und zu kontrollieren. Hauptsächliche Ziele sind kurze Bearbeitungs- und Durchlaufzeiten, hohe Qualität, Kostenreduzierung und Mitarbeitermotivation. Zum Lean-Management gehören:
- Konzentration auf den Menschen als Leistungsträger,
  - Nutzung des Ideenpotenzials,
  - stetes Lernen,
  - "motivierende" organisatorische Lösungen,
- Integration von Kunden und Lieferanten in den Prozess der Leistungserstellung,
- Wandel durch Strategie der kleinen Schritte (Kaizen),
- flache Hierarchien,
- prozessorientierte Aufbauorganisation,
- Förderung der Sekundärorganisation (Teams, die horizontal und vertikal vernetzt sind),
- ausgliedern von Funktionen, die nicht zum Kerngeschäft gehören (Outsourcing).

Wenn das Lean-Management noch um die strategische Komponente erweitert wird, wenn also vor allen Maßnahmen noch eine **Bestandsaufnahme und Überprüfung der Strategie** erfolgt, mit der Frage "Tun wir die richtigen Dinge?" und nicht nur "Tun wir die Dinge richtig?" wird dieser Ansatz auch als **Business Reengineering** bezeichnet. **Lean-Management** ist somit ein umfassendes Organisations- und Führungskonzept, in dem strukturelle, personelle und strategische Ansätze ganzheitlich berücksichtigt werden.

6. Informationssystem

6.1 Grundbegriffe

6.1.1 Nachrichten, Informationen, Redundanz, Daten

In der Alltrain ist Herr Berger zuständig für den Verkauf von Trainingsleistungen. Um diese Aufgaben erfüllen zu können, benötigt Herr Berger Informationen.

Herr Berger kann auf eine ganze Fülle von Material zurückgreifen. Er kann das Angebot an offenen Seminaren abfragen, die aktuelle Auslastung der Seminare, die Preise für die verschiedenen Seminartypen, die eingesetzten Trainer, die Veranstaltungsorte usw. Zudem kann er anhand interner Auswertungen erkennen, wieviele Kilometer die einzelnen Trainer pro Monat und Jahr zurückgelegt haben, wieviele Krankheitstage angefallen sind und wieviel Urlaub von den Trainern bereits genommen wurde. Außerdem kennt er die Selbstkosten für die Durchführung interner Seminare bei den Kunden usw. usf.

All das bedeutet für Herrn Berger **Nachrichten**. Das ist der **umfassende Begriff** für das **Wissen über Zustände und Ereignisse**. Nur **ein Teil** dieser Nachrichten ist für Herrn Berger **Information**. Von Informationen wird bei solchen **Nachrichten** gesprochen, **die der Empfänger für seine Aufgabenerfüllung benötigt**. Alle Teile einer Nachricht, die **keinen Bezug zu** seiner **Aufgabe** haben, werden als **Redundanz** bezeichnet. Herrn Berger stehen damit Nachrichten zur Verfügung, die zum Teil Informationen und zum Teil Redundanz sind.

Nachrichten	
Informationen	**Redundanz**
– Seminarangebot – Termine – Auslastung – Seminarorte – Selbstkosten	– Krankheitstage – Kilometerleistung der Trainer – genommener Urlaub

Tab. 6.1 Information und Redundanz

Ob Information oder Redundanz vorliegen, hängt somit von den **Aufgaben** des jeweiligen Stelleninhabers ab. Nur aus der Sicht der Aufgaben kann beurteilt werden, welche Informationen ein Mitarbeiter benötigt. Das ist einfach, wenn bekannte, gleichförmige (Routineaufgaben) zu erledigen sind. Informationen, die zur Erledigung solcher Aufgaben benötigt werden, sind ohne große Probleme zu bestimmen. Damit ist auch Redundanz leicht zu erkennen. Sehr viel schwieriger wird es, wenn Stelleninhaber Aufgaben zu bewältigen haben, die im Detail schwer vorhersehbar sind. So kann in einer Marketingabteilung aufgrund neuer Entwicklungen der Wettbewerber oder aufgrund veränderter Anforderungen der Kunden ein Informationsbedarf entstehen, der in dieser Form kaum vorhersehbar war. Was derzeit als Redundanz erscheint, kann bei veränderten Bedingungen sehr wohl zur Information werden. Das ist schon ein erster Hinweis auf die Schwierigkeiten, den "richtigen" Informationsbedarf zu ermitteln. Diese Thematik wird später vertieft.

Mit der Unterscheidung in Information und Redundanz soll nicht gesagt werden, dass Redundanz grundsätzlich vermieden werden muss. Zwar sollte der Anteil gering gehalten werden, weil sonst unnötige **Kosten der Bereitstellung von Informationen** entstehen und außerdem der **Informationsempfänger** mit Überflüssigem **belastet** wird. Andererseits spielt Redundanz auch eine sehr wünschenswerte Rolle. Gehen **Teile einer Nachricht verloren**, so kann über eine geschickt aufgebaute **Redundanz** der **Verlust wieder ausgeglichen** werden. Je störanfälliger eine Übermittlung ist, desto gezielter müssen redundante Nachrichtenteile verwendet werden. Da ein mündlicher Nachrichtenaustausch sehr störanfällig ist, wird hier normalerweise sehr viel Redundanz verwendet. Das andere Extrem ist der schriftliche Austausch im Telegrammstil, wo auf jegliches schmückende Beiwerk verzichtet wird.

Ein zweites Argument kann dafür sprechen, einem Mitarbeiter mehr Nachrichten zukommen zu lassen, als er für seine eigentliche Aufgabenerfüllung benötigt. Der **Umfang an Wissen**, sei es über Hintergründe, sei es über Rahmenbedingungen, kann die **Motivation** eines Mitarbeiters beeinflussen. Aus Gründen der Motivation kann es also sinnvoll sein, mehr Nachrichten zu übermitteln als von der Aufgabe her sachlich notwendig wären.

In der Informationstheorie werden solche Nachrichten als **Daten** bezeichnet, die
- **speicherbar sind.** Zahlen, Texte, Grafiken sind speicherbar. Nicht speicherbar sind beispielsweise non-verbale Signale wie Gestik, Mimik oder auch Gerüche. Auch nicht speicherbare Nachrichten können sehr informativ sein. So kann man z. B. anhand der Mimik erkennen, ob jemand zu einer Aussage postiv oder negativ eingestellt ist.
- **reproduziert werden können.** Hier können die gleichen Beispiele verwendet werden. Eine non-verbale Nachricht ist personen-, situations-, stimmungsabhängig. Ihre Reproduktion ist normalerweise nicht möglich.
- **verarbeitet werden können.** Verarbeiten lassen sich z. B. nur solche Nachrichten, die in digitaler Form gespeichert und in dieser digitalisierten Form verändert werden können. Das trifft zu für Zahlen, Texte, Grafiken. Bis heute ist es beispielsweise nicht möglich - von einigen einfachen Modellen einmal abgesehen - Sprache zu ver-

arbeiten. Sprache kann gespeichert und reproduziert werden, analog oder digital, nicht aber verdichtet, sortiert, addiert, multipliziert usw.

Hier soll aus Vereinfachungsgründen von **Daten** gesprochen werden, wenn sie **maschinell verarbeitet werden können**.

Nicht alle Daten sind auch Informationen. Nur wenn Daten einen Zweckbezug haben, werden sie als Information bezeichnet. Der Unterschied zwischen Daten und Informationen tritt in der Praxis immer wieder auf, wenn Berichte produziert werden, mit denen letztlich niemand etwas anfangen kann, oder wenn Daten erfasst und verwaltet werden, auf die niemand zugreift.

Die bisher behandelten Begriffe sollen in der folgenden Übersicht noch einmal zusammengefasst werden.

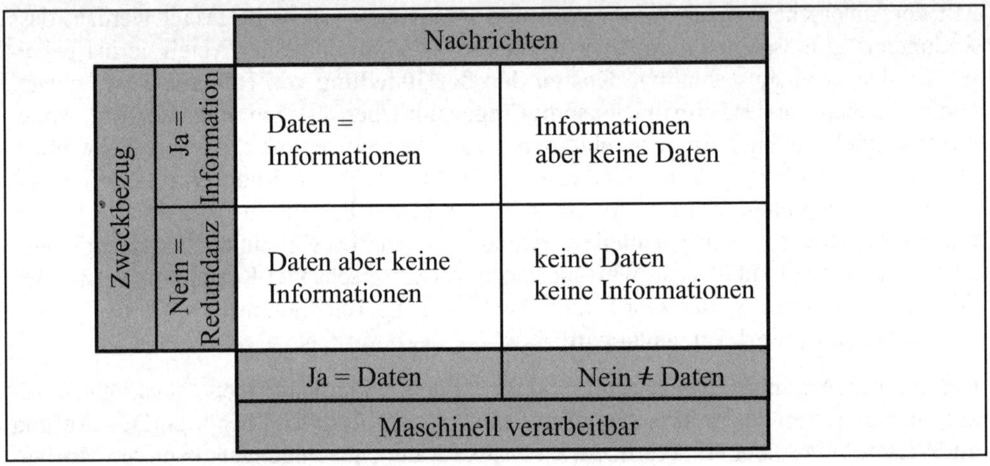

		Nachrichten	
Zweckbezug	Ja = Information	Daten = Informationen	Informationen aber keine Daten
	Nein = Redundanz	Daten aber keine Informationen	keine Daten keine Informationen
		Ja = Daten	Nein ≠ Daten
		Maschinell verarbeitbar	

Abb. 6.1 Nachrichten, Daten und Informationen

6.1.2   Beschreibung des Informationssystems

6.1.2.1 Elemente und Beziehungen eines Informationssystems

Informationssysteme bestehen wie alle Systeme aus Elementen und Beziehungen. Auch hier sind wieder die bekannten **Elemente** der Organisation anzutreffen:

- Aufgabe,
- Aufgabenträger,
- Sachmittel,
- Information.

Diese Elemente werden in einem Informationssystem **miteinander verbunden**.

- **Beziehungen zwischen** den **Informationen** selbst, beispielsweise in einer Datei, in der die Beziehung der Informationselemente zueinander geregelt ist, z. B.
  - ein Satz besteht aus der Verbindung Name, Vorname, Beruf, Straße, Postleitzahl, Ort,
  - die Sätze werden in aufsteigender Folge nach dem Namen miteinander verbunden.
- **Beziehungen zwischen Aufgaben und Informationen**, etwa durch die Bestimmung des Informationsbedarfs zur Erledigung der Aufgaben.
- **Beziehungen zwischen Informationen und Aufgabenträgern** - hier könnte der aufgabenbezogene Informationsbedarf aus Gründen der Motivation erweitert werden um (sachlich nicht unbedingt notwendige) Informationen (Nachrichten) über Hintergründe für Entscheidungen etc.
- **Beziehungen zwischen Sachmitteln und Informationen**, indem beispielsweise geregelt wird, welche Sachmittel zur Informationsaufnahme, Informationsspeicherung, Informationsverarbeitung, Informationsabgabe bereitgestellt werden. Daraus wird deutlich, dass das Informationssystem unlösbar mit dem Sachmittelsystem und dem Kommunikationssystem verbunden ist.

Gedanklich können somit in einem Informationssystem Beziehungen zwischen den Informationen selbst sowie zwischen Informationen und allen übrigen Elementen unterschieden werden.

Darüber hinaus bildet das **Informationssystem** ein die übrigen Systeme der Organisation (z.B. Stellen- und Abteilungen) **überlagerndes** Beziehungsnetz, d. h. ein **Teilsystem** der Unternehmung. Zur Gestaltung eines Informationssystems gehört deswegen neben der **Ermittlung des Informationsbedarfes** auch **die Bereitstellung der benötigten Informationen** und die **Verknüpfung von Bedarf und Angebot**. Dies erfordert die Regelung von Zuständigkeiten und Befugnissen, wer welche Informationen erhält bzw. auf bestimmte Informationen zugreifen darf und wer bestimmte Informationen liefern muss.

Diese Zusammenhänge sollen noch einmal in dem Würfel (Abb. 6.2) verdeutlicht werden.

Der Würfel weist auch die "Dimensionen" Raum, Zeit und Menge auf. Das heißt mit anderen Worten, in einem Informationssystem ist auch zu regeln, wann, wo, welche Anzahl von Informationen bereitzustellen ist. Diese Thematik, d. h. die **zeitliche und räumliche Dynamisierung des Informationssystems**, ist der **Ablauforganisation** zuzuordnen und soll hier nur aus der Sicht eines **Informationsprozesses** behandelt werden.

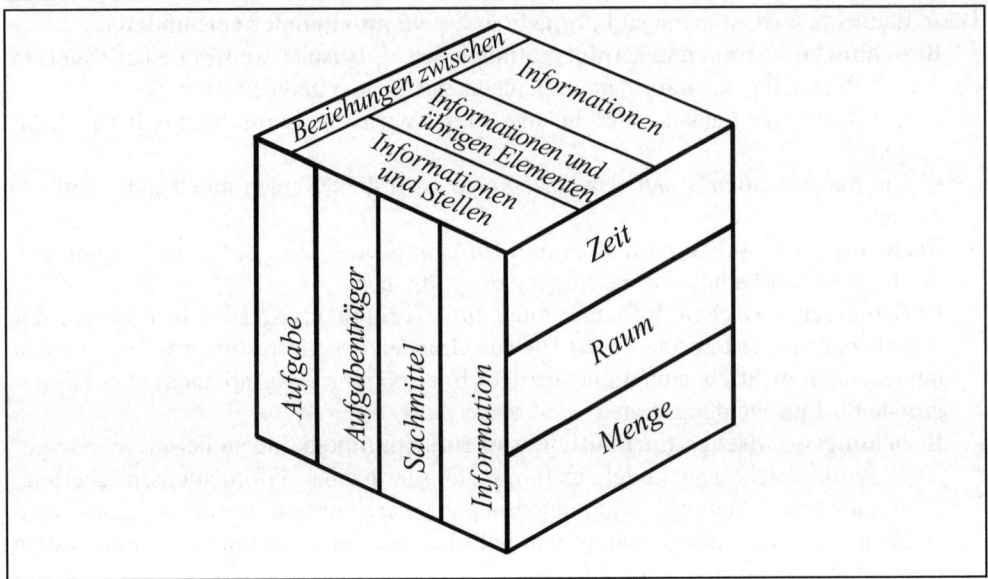

Abb. 6.2 Informationssystem

6.1.2.2 Informationsprozesse

Informationsprozesse sind Bestandteile von Informationssystemen. Zur Verdeutlichung soll wieder ein Beispiel aus Alltrain dienen.

Herr Berger erhält ein Fax mit einer Seminaranfrage. Da er gegenwärtig mit einem Kunden zu tun hat, legt er das Blatt auf den Stapel "Unerledigtes". Sobald er Zeit findet, wendet er sich der Anfrage zu und prüft sie. Dann prüft er die Auslastungssituation der in Frage kommenden Trainer und versucht einen Trainer telefonisch zu erreichen. Da ihm das nicht gelingt, legt er den Vorgang zur Seite. Schließlich kann er den Trainer erreichen, vereinbart mit ihm mögliche Zeiten für ein Seminar und ruft den Kunden an, um das weitere Vorgehen zu besprechen und bestätigt dann schriftlich das Angebot.

Aus dieser Fallbeschreibung lassen sich fünf Phasen des Informationsprozesses erkennen.

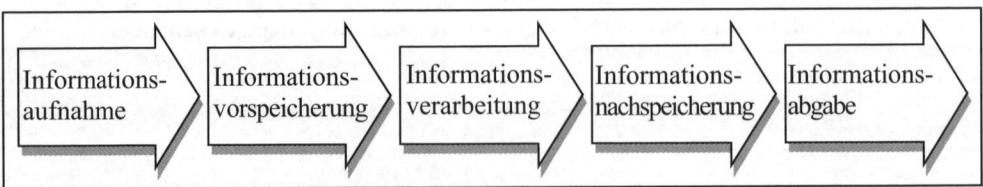

Abb. 6.3 Phasen eines Informationsprozesses

Informationsaufnahme: Die erste Phase des Informationsprozesses umfasst alle Maß-nahmen, mit denen **Informationen gewonnen** bzw. **beschafft** werden, wie z. B. lesen des Fax.

Informationsvorspeicherung: Die Notwendigkeit einer Informationsvorspeicherung entsteht, wenn die Phasen der **Aufnahme und Verarbeitung** von Informationen **nicht** vollkommen aufeinander **abgestimmt** werden können. Häufig fallen Informationen zwangsläufig an, die erst später verwertet werden. Als Speicher gibt es Belege, Loch-karten, Disketten, Magnetbänder, Platten etc. (Herr Berger legt das Fax auf den Stapel "Unerledigtes").

Informationsverarbeitung: Als Maßnahmen der Informationsverarbeitung können das **Umformen, Ordnen und Verknüpfen von Informationen** unterschieden werden.

Umformen: Die Änderung der Darstellungsform kann Zeichen und Zeichenträger be-treffen. Eine Umformung von Zeichen liegt z. B. vor, wenn in Vordrucken erfasste Da-ten in ein EDV-System eingegeben werden. Solche Umformungen sind oft beim Einsatz von Informationstechnik erforderlich. Im Beispiel erfasst Herr Berger die aus dem Fax ersichtlichen Stammdaten des Kunden.

Ordnen: "Ordnen" heißt klassifizieren oder sortieren nach bestimmten Merkmalen (Herr Berger gruppiert alle Anfragen zu dem Thema Controlling).

Verknüpfen: Verknüpfungsvorgänge unterscheiden sich vom Umformen und Ordnen durch den Rückgriff auf arithmetische oder logische Operationen. Eine Verknüpfung ist z. B. die Verdichtung (etwa Mittelwertbildung) oder das Fortschreiben (z. B. Extrapola-tion) von Informationen, d. h. das Ergänzen bestehender Informationen. Eine Verknüpfung kann auch eine Modellrechnung sein, d. h. die eigentliche Planung. Hier werden Informa-tionen nach komplexen Regeln verknüpft; Beispiele sind Prognoserechnungen oder die Bestimmung der optimalen Bestellmenge (Herr Berger ermittelt, welche Kapazitäten bei den in Frage kommenden Trainern noch frei sind).

Informationsnachspeicherung: Wie bei der Informationsvorspeicherung entsteht die Nachspeicherung durch unvollkommene Abstimmung zwischen der Informationsverar-beitung und der Informationsabgabe (Herr Berger legt den Vorgang beiseite).

Informationsabgabe: Mit der Phase der Informationsabgabe, der Weitergabe einer In-formation an einen Informationsempfänger, ist der Informationsprozess beendet. Zu-gleich beginnt der Prozess der Kommunikation, der Prozess des Austausches oder der Weiterleitung von Informationen zwischen Aufgabenträgern (Herr Berger bestätigt schriftlich das Angebot).

6.1.2.3 Informations- und Kommunikationssystem

Ein Informationssystem kann nur gedanklich von dem Kommunikationssystem getrennt werden. In einem **Kommunikationssystem** wird der **Transport der Informationen** ge-regelt. Er lässt sich mit einem Straßennetz vergleichen. Straßen sind Voraussetzung des Transports von Gütern. Durch den Bau von Straßen wird aber nicht gleichzeitig schon geregelt, welche Güter darauf transportiert werden sollen. Das gilt analog auch für ein Kommunikationssystem.

Heute werden - technische - **Kommunikationssysteme** immer mehr zu **Allzweckstraßen**. Form und Leistungsmerkmale von Kommunikationssystemen lösen sich damit immer mehr von den Informationssystemen. Da außerdem Spezialisten diese Kommunikationssysteme - die internen und externen Netze - bauen (Nachrichtentechniker, Ingenieure), die weitgehend unabhängig von den Spezialisten arbeiten, die sich mit der Gestaltung der Informationssysteme (Organisatoren, Systementwickler) beschäftigen, werden hier Informations- und Kommunikationssysteme getrennt behandelt. Selbstverständlich setzt jedes funktionierende Informationssystem eine Informationsaufnahme und –abgabe, und damit auch ein leistungsfähiges Kommunikationssystem voraus.

6.2   Gestaltung des Informationssystems

6.2.1   Zusammenhänge zwischen Informationsbedarf, -angebot und -nachfrage

Wenn ein Mitarbeiter seine Aufgaben effizient und zielorientiert erledigen soll, müssen

– notwendige,
– vorhandene und
– nachgefragte Informationen

deckungsgleich sein. Das dürfte jedoch die nur theoretisch mögliche Ausnahme sein. In der Praxis werden sich eher die folgenden Beziehungen finden.

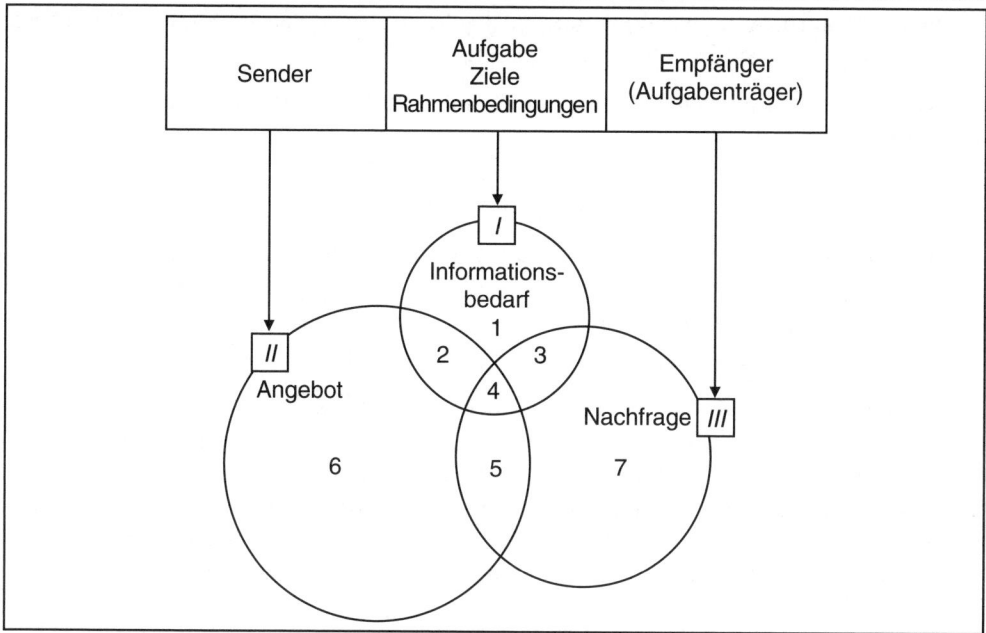

Abb. 6.4: Beziehungen zwischen vorhandenen, notwendigen und nachgefragten Informationen (BERTHEL)

1. Notwendige, nicht nachgefragte und nicht vorhandene Information

Erstreckt sich dieses Segment auf große Bereiche des betrieblichen Informationssystems, so ist die Leistungsfähigkeit der Unternehmung ernstlich gefährdet. Der Fall, dass notwendige Information nicht vorhanden ist und nicht nachgefragt wird, ist etwa dann gegeben, wenn Herr Appel neuere Entwicklungen der Wissensvermittlung nicht verfolgt, die in der Zukunft enorme Auswirkungen für das Seminarangebot haben können (z.B. Lernen im Internet).

2. Vorhandene und notwendige, aber nicht nachgefragte Information

Dieser Fall kann eintreten, wenn ein Mitarbeiter nicht weiß, dass Informationen vorhanden und/oder für seine Planung notwendig sind.

3. Notwendige und nachgefragte, aber nicht vorhandene Information

Diese Konstellation lässt sich nie ganz vermeiden. Immer wieder muss man in der Praxis mit fehlenden oder mit weniger relevanten, schlecht überprüfbaren, wenig genauen und wenig aktuellen Informationen leben. Insbesondere viele gewünschte Informationen über die Zukunft stehen kaum zur Verfügung.

4. Vorhandene, notwendige und nachgefragte Information

Dieses Segment bildet den Idealzustand ab. Aus der Größe dieser Schnittfläche lassen sich Schlussfolgerungen auf die Qualität des betrieblichen Informationssystems ziehen. Auf den ersten Blick liegt es nahe, die Forderung nach Deckungsgleichheit von vorhandener, notwendiger und nachgefragter Information aufzustellen. Diese Forderung lässt sich jedoch praktisch niemals erfüllen.

5. **Vorhandene und nachgefragte, jedoch nicht notwendige Information (Redundanz)**

   Ein klassisches Beispiel ist die Anforderung von Berichten, die nicht ausgewertet werden. Das Ergebnis sind die viel zitierten Zahlenfriedhöfe.

6. **Vorhandene, nicht nachgefragte und nicht notwendige Information**

   Nach der begrifflichen Festlegung handelt es sich im strengen Sinne nicht um vorhandene Informationen, sondern um Redundanz. Die Nachrichten stellen für den oder die Aufgabenträger kein zweckbezogenes Wissen dar.

7. **Nachgefragte, nicht vorhandene und nicht notwendige Information**

   Diese Situation spricht nicht gerade für die Qualifikation eines Mitarbeiters. Er ist nicht imstande, seinen Informationsbedarf zu beurteilen. Es ist allerdings auch möglich, dass er bei voller Kenntnis seines Informationsbedarfs mehr Informationen (eigentlich: Redundanz) nachfragt als er benötigt, z.B. aus Gründen der Neugierde oder weil er ein Sicherheitsmaximierer ist - "man weiß ja nie, wozu man das noch benötigen könnte".

6.2.2   Informationsbedarf

6.2.2.1   Art des Informationsbedarfes

Es wurde bereits erwähnt, dass es **zwei Quellen des Informationsbedarfes** gibt

- Bedarf, der sich aus der Aufgabe ableitet.
- Bedarf, der sich aus den subjektiven Wünschen der Betroffenen ableitet.

Der **sachorientierte Bedarf** hängt unter anderem ab von den Aufgaben (Aufgabeninhalt, Klarheit, Determiniertheit von Aufgaben) und von Art und Ausmaß der Arbeitsteilung und der damit notwendigen Koordination.

Der **personenorientierte Bedarf** hängt u.a. von dem Umfang ab, in dem Informationen als Mittel der Motivation verwendet werden, weiter von den Sicherheitsbedürfnissen der Nachfrager und deren Fähigkeit, den objektiven Bedarf überhaupt zu erkennen.

Ohne näher darauf eingehen zu können, sollen einige Merkmale genannt werden, die bei der Ermittlung des Informationsbedarfs zu beachten sind:

- **Zielsetzung**: Koordinations- und Führungsinformationen,
- **Einflussrichtung**: Rahmen-, Ziel-, Organisations- und Aufgabeninformationen,
- **Detaillierungsgrad**: Detaillierte und globale Informationen,
- **Konkretisierungsgrad**: Konkrete und abstrakte Informationen,
- **Zeithorizont**: Vergangenheits-, Gegenwarts- und Zukunftsinformationen,

- **Herkunft**: Interne und externe Informationen,
- **Qualität**: Relevante, wahrscheinliche, bestätigte, überprüfte, genaue und aktuelle Informationen.

Der Nutzen verfügbarer Informationen hängt von folgenden **Informationseigenschaften** ab:

- Problemrelevanz (werden die Informationen für die Aufgabenerfüllung tatsächlich benötigt?),
- Wahrscheinlichkeit (wie wahrscheinlich ist es, dass die Annahmen tatsächlich eintreten?),
- Überprüfbarkeit (wie zuverlässig sind die Informationen, gibt es Möglichkeiten sie zu verifizieren?),
- Genauigkeit (wie präzise sind die Informationen – wenig genaue Aussagen haben normalerweise eine höhere Wahrscheinlichkeit, dass sie eintreffen?),
- Aktualität (wie zeitnah sind die Informationen?).

Die Auseinandersetzung mit der Qualität der Informationen soll das Bewusstsein fördern, dass mengenmäßig viele Informationen noch lange nicht gleichbedeutend sind mit einem hohen Informationsstand. Aus dieser Tatsache erklärt sich auch der "Mangel im Informationsüberfluss".

Die genannten Merkmale sollen die Ermittlung des Informationsbedarfes unterstützen. Grundlage sind immer die Aufgaben. Auf der Basis der Aufgaben können die Merkmale helfen, den Bedarf an Informationen präziser zu bestimmen.

6.2.2.2 Ermittlung des Informationsbedarfes

Der Informationsbedarf kann auf verschiedenen Wegen ermittelt werden, von denen hier zwei kurz erwähnt werden sollen:

- Ermittlung durch Mitarbeiterbefragung,
- Ermittlung anhand der Aufgaben.

Zur Ermittlung des Informationsbedarfes bieten sich **Interviews** bei den betreffenden Aufgabenträgern an. Dieser Weg ist zumindest bei der **Reorganisation** eines Informationssystems gangbar, denn die **Befragten kennen ihre Aufgaben** und den daraus resultierenden Informationsbedarf am besten.

Ist dieses Vorgehen auch grundsätzlich brauchbar, so weist es jedoch zwei schwerwiegende Mängel auf:

- Die Befragten stufen ihren **Bedarf meistens zu hoch** ein (Statusdenken, Sicherheitsstreben, Neugierde usw.).
- Die Befragten sind sich unter Umständen gar **nicht** darüber **im Klaren**, was sie eigentlich an Informationen berücksichtigen müssten (notwendige aber nicht nachgefragte Informationen).

Bewährt hat sich ein Verfahren, bei dem Informationslieferanten und Informationsnachfrager gemeinsam den Informationsbedarf diskutieren. Die allgemeinen Vorteile einer

Gruppenarbeit (Fehlerausgleich, Ergänzung von Wissen und Erfahrungen) sprechen ebenso für diese Lösung wie der bewusst herbeigeführte Interessenkonflikt; der Nutzen für den Empfänger bedeutet Aufwand für den Lieferanten. Durch eine solche Diskussion kann der subjektiv angemeldete Bedarf auf ein wirtschaftlich vertretbares Maß reduziert werden.

Bei der Ermittlung anhand der Aufgaben werden erst einmal die Aufgaben ermittelt. Dann wird aus den Aufgaben abgeleitet, welche Informationen benötigt werden, um diese Aufgaben zu bewältigen. Darüber hinaus werden generelle Informationen benötigt, z.B. über die zu verfolgenden Ziele, über organisatorische Regelungen usw. Diese Informationen sind ebenfalls zu ermitteln.

6.2.3   Informationsangebot

Die erwähnten Ansätze sollen dazu beitragen, dass Informationsangebot und Informationsbedarf zur Deckung kommen. In der Praxis zeigt sich, dass bei den heute realisierten Informationssystemen einem

– Informationsüberangebot (eigentlich Redundanz) ein
– Informationsmangel

gegenübersteht.

Als **Gründe für** das **Überangebot** kommen in Frage:

– Fehlende Durchforstung des Angebotes.
– Anbieter haben andere Vorstellungen über den Bedarf als die Nachfrager.
– Anbieter neigen zur Perfektion (das trifft vor allem für solche Vergangenheits- und Gegenwartsinformationen zu, die relativ leicht zu beschaffen sind).
– Anbieter wollen auf Nummer sicher gehen.

Der **Informationsmangel** kann auf folgende **Gründe** zurückgeführt werden:

– Objektive Gründe
  – Informationen sind nicht verfügbar,
  – Bedarf wurde nicht erkannt,
  – Kosten der Bereitstellung sind zu hoch.
– Subjektive Gründe
  – Machtausübung,
  – Führungsverhalten.

Der **Informationsbedarf ist nicht immer eindeutig erkennbar**. Das trifft vor allem für solche Stellen zu, die sich hauptsächlich mit Planungsaufgaben beschäftigen, d. h. generell für die **höheren Ebenen der Hierarchie**. So kann das Internet zukünftig den Trainingsmarkt entscheidend verändern. Um das beurteilen zu können, müssten neben der technologischen Entwicklung und der Durchsetzungsgeschwindigkeit der Technik auch

Informationen über die Akzeptanz der Anwender, über die Aktionen der Mitbewerber, über Werkzeuge zur Aufbereitung von Inhalten und vermutlich noch viele andere Informationen bekannt sein, die zum Zeitpunkt einer Entscheidung kaum eindeutig bestimmt werden können. An diesem Beispiel wird deutlich, dass es nicht nur die objektive Schwierigkeit gibt, notwendige Informationen zu beschaffen, sondern die u.U. noch größere Problematik, überhaupt zu wissen, was alles für diese Entscheidung von Bedeutung sein könnte.

Die **Bereitstellung von Informationen verursacht Kosten.** Informationskosten entstehen für die Ermittlung (evtl. Kauf), Erfassung, Verarbeitung, Weiterleitung und Speicherung von Informationen. Selbst wenn bekannt ist, welche Informationen benötigt werden, und wenn diese Informationen auch verfügbar sind, kann dennoch entschieden werden, diese Informationen nicht bereitzustellen, weil die Kosten/Nutzen-Relation ungünstig erscheint.

Neben diesen objektiven Gründen für eine Begrenzung des Informationsangebotes gibt es noch **subjektive Gründe. Information bedeutet** vielfach **Macht.** Der besser Informierte ist dem weniger Informierten überlegen, kann ihn steuern und beeinflussen. Vorgesetzten sind diese Zusammenhänge selbstverständlich bekannt. Ein Vorgesetzter kann deswegen versuchen, seinen Informations- und Machtvorsprung zu halten. Er gibt nur begrenzte Informationen weiter. Dieses Verhalten wird im sogenannten Management by Champignons karikiert. Die Regeln heißen:

Halte die Mitarbeiter im Dunkeln!

Gebe gelegentlich eine Ladung Mist drauf!

Sobald sich die ersten Köpfe zeigen, schlage sie ab!

Führungsverhalten kann das Informationsangebot auch im positiven Sinne beeinflussen. Vorgesetzte informieren ihre Mitarbeiter unter Umständen breiter, als es für die Aufgabe objektiv nötig ist.

Die Mehrheit aller Informationen kann heute aus Informationssystemen entnommen werden, soweit ein Mitarbeiter dafür eine Zugriffsberechtigung besitzt. Wenn er aufgrund seiner Aufgaben erklären kann, weshalb er bestimmte Informationen benötigt, dürfte es schwer sein, diese Forderung zu ignorieren oder zu unterdrücken. Durch Zugriffsberechtigungen auf solche Informationssysteme wird der Informationszugriff immer stärker demokratisiert.

6.2.4   Informationsnachfrage

Der Informationsbedarf lässt sich zumindest theoretisch objektiv ermitteln. Dabei wird von der Annahme ausgegangen, dass sich aus den Aufgaben der Bedarf ableiten lässt.

Die Informationsnachfrage hängt jedoch entscheidend von der subjektiven Einschätzung des Nachfragers ab. Diese subjektive Einschätzung kann dazu führen, dass

- zu viele Informationen (Übernachfrage),
- zu wenige Informationen (Unternachfrage)

nachgefragt werden.

Gründe für die **Übernachfrage** können sein:

- Fehlende Kenntnis des Informationsbedarfes,
- Informationen gelten als Status-Symbole,
- Informationen als Mittel zu Machtausübung,
- Sicherheitsdenken (Je mehr ich weiß, desto weniger kann mir passieren),
- Alibi-Funktion (Ich habe alles versucht!).

Gründe für die **Unternachfrage** können sein:

- Fehlende Kenntnis des Informationsbedarfes,
- fehlende Kenntnis der Informationsquellen,
- fehlende Kenntnis der Beschaffungswege,
- mangelnde Bereitschaft, sich um Informationen zu bemühen; u. U. auch gegen den Widerstand anderer,
- hohe Risikobereitschaft (mal sehen, ob man bei Nebel nicht doch nach Sicht fliegen kann).

Letztlich kann Übernachfrage und Unternachfrage auf drei Ebenen zurückgeführt werden:

- Mangelnde **Schulung** für die übertragene Aufgabe.
- **Persönliche Merkmale**, die mehr dem **psychologischen** Bereich zugeordnet werden können wie Sicherheitsstreben, Machtanspruch o. ä.
- **Persönliche Merkmale**, die mehr dem **Qualifikationspotenzial** zugeordnet werden können (manche Menschen haben den Blick für das Wesentliche, können abstrakt denken usw., was anderen nicht oder nicht in gleichem Umfang vermittelt werden kann).

Nur die erste der drei Ebenen ist durch aktive Maßnahmen beeinflussbar. Darin liegt eine weitere Erklärung, weshalb die völlige Deckung von Informationsbedarf, -angebot und -nachfrage eine rein theoretische Maximalforderung ist.

7.   Kommunikationssystem

7.1   Begriff

Die Abgabe, Übermittlung und Aufnahme von Informationen wird als Kommunikation bezeichnet. Die Kommunikation kann zwischen Personen (Stellen), zwischen Personen und Sachmitteln (z. B. Abfrage eines Bestandes durch einen Sachbearbeiter) und zwischen Sachmitteln (z.B. PC sendet an ein Telefaxgerät) stattfinden. Die Kommunikation soll wiederum verdeutlicht werden am Beispiel von Herrn Berger, dem für den Verkauf in Alltrain zuständigen Mitarbeiter.

Herr Berger kann seine Aufgaben nur dann sinnvoll erfüllen, wenn er beispielsweise

- seine Ziele und Aufgaben kennt.
- allgemeine Rahmenrichtlinien vorgegeben bekommt, z. B. Anweisung zur Erstellung von Angeboten.
- Einzelanweisungen bei Sonderfällen oder definierten Ereignissen erhält.

Ziele, Aufgaben, Rahmenrichtlinien und Einzelanweisungen werden normalerweise auf dem **Dienstweg**, d. h. vom Vorgesetzten an den Mitarbeiter weitergegeben.

Des Weiteren benötigt Herr Berger aber noch **Informationen von Kollegen** des Verkaufs oder aus anderen Bereichen. Dabei handelt es sich u. a. um

- allgemeine Plangrößen wie z. B. Themen, Seminarvolumen, Umsatz usw., die ihm zur Kenntnis gegeben werden, damit er sich darauf einstellen kann.
- aktuelle Informationen über Soll-Werte, Ist-Werte und Planabweichungen etwa über durchgeführte Seminartage, Kosten usw.

Herr Berger selbst gibt auch an andere Stellen Informationen weiter.

Jede **Arbeitsteilung erfordert** also einen **Austausch von Informationen**. Je weiter die Spezialisierung getrieben wird, desto größer ist die Notwendigkeit zur Abstimmung der Beteiligten. Diese Koordination wird durch die Weitergabe oder den Austausch von Informationen (= Kommunikation) gewährleistet; entweder durch **weisungsgebundene Kommunikation** - vom Vorgesetzten zum Mitarbeiter - oder durch **nicht weisungsgebundene Kommunikation** zwischen Kollegen oder anderen Stellen eines Unternehmens.

Elemente des Kommunikationssystems sind wiederum Aufgaben, Aufgabenträger, Sachmittel und Informationen. Auf einer höheren Betrachtungsebene können auch Stellen Elemente des Kommunikationssystems sein, so etwa die Stelle „Verkäufer", die von Herrn Berger besetzt ist und mit der Stelle „Trainer" oder „Marketing" kommuniziert.

Die **Beziehungen** können gekennzeichnet werden

- nach den **Beteiligten** in Mensch-Mensch, Mensch-Maschine, Maschine-Maschine Kommunikation,
- nach der **Art des Kontaktes** in persönliche und technisch-unterstützte Kommunikation (Sitzung, Telefon, Brief, Datenleitung),
- nach der **Beziehung der Stellen** zueinander in weisungsgebundene und weisungsungebundene Kommunikation und
- nach dem **Inhalt** in Sprach-, Text-, Daten- und Bildkommunikation.

Wenn Herr Berger zu seinem Chef, dem Leiter Verkauf, gerufen wird, um neue Richtlinien für die Auftragsabwicklung zu empfangen, handelt es sich dabei um eine

- Mensch-Mensch-Kommunikation,
- persönliche Kommunikation,
- weisungsgebundene Kommunikation,
- Sprachkommunikation.

Zur vollständigen Regelung einer Kommunikationsbeziehung sind weiterhin die **Dimensionen** zu bestimmen

- Raum (Büro des Leiters Verkauf),
- Zeit (sofort, einmal pro Woche etc.),
- Menge (Kapazität des Übertragungskanals, im Beispiel irrelevant).

Zu beachten ist, dass die Beziehungsarten nicht alternativ, sondern - wie im Beispiel - nebeneinander gleichzeitig zu regeln sind. Damit sieht der **Kommunikationswürfel** vereinfacht folgendermaßen aus.

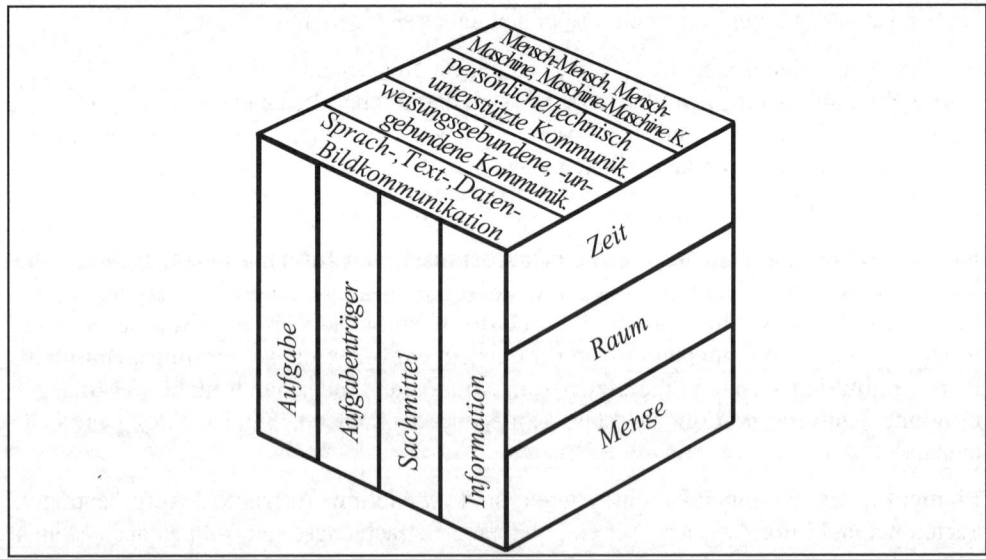

Abb. 7.1 Kommunikationssystem

Es wurde bereits bei der Behandlung des Informationssystems darauf hingewiesen, dass das **Kommunikationssystem und** das **Informationssystem eng miteinander verwoben** sind. So muss Herr Berger, um mit seinem Vorgesetzten überhaupt kommunizieren zu können, Fakten sammeln, Daten verdichten und dann seine Vorstellungen in Grafiken, Worte und Sätze umwandeln. Herr Berger muss also Informationen verarbeiten, ehe er kommunizieren kann. Hier wird die Kommunikation dennoch isoliert behandelt, um die besonderen Probleme der eigentlichen Kommunikation herauszuarbeiten.

Es besteht auch ein fast unlösbarer **Zusammenhang zum Sachmittelsystem**, setzt die Kommunikation doch fast immer bestimmte technische Einrichtungen wie Besprechungsräume, Telefon, Telefax, PC und Netzwerke voraus. Auch das **Sachmittelsystem** wird hier als ein **Teilsystem** angesehen und deswegen ebenfalls isoliert behandelt.

Diese kurzen Bemerkungen sollen noch einmal verdeutlichen, dass die **Teilsysteme** zwar **gedanklich isoliert erarbeitet** werden können, dann aber **gegenseitig aufeinander abgestimmt** werden müssen.

7.2   Bedeutung der Kommunikation

Büro- und Verwaltungsarbeit bestehen zu einem sehr großen Teil aus Informationsverarbeitung und Kommunikation. Die folgende Abbildung (PICOT/REICHWALD "Effektivierung") zeigt, dass **mehr als ein Drittel der Arbeitszeit** direkt der **Kommunikation** zugeordnet werden kann (Besprechungen, Telefonate) und dass fast ein Viertel zumindest mittelbar zur Kommunikation zählt (Schriftgut hat fast immer das Ziel der Kommunikation).

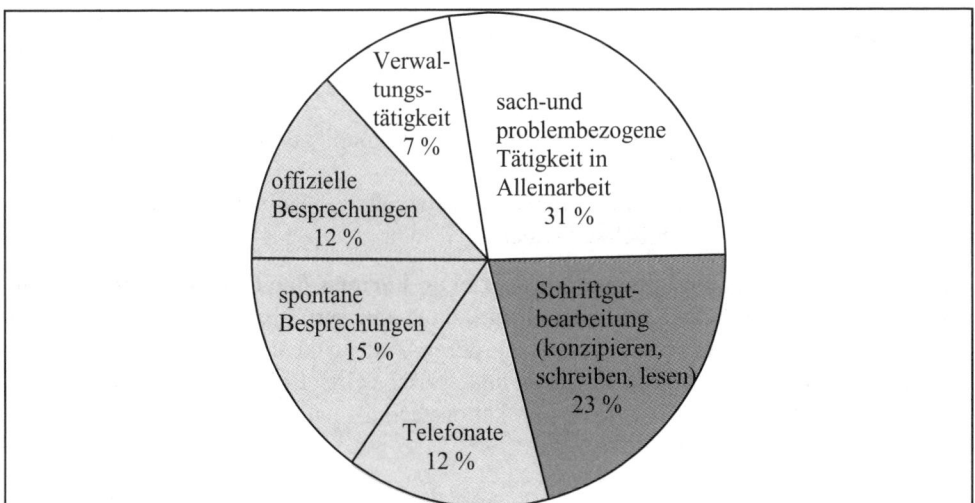

Abb. 7.2 Tätigkeitsstruktur (Arbeitszeit) im Bürobereich

Der Zeitanteil für Kommunikation ist zweifellos auf den mittleren und oberen Etagen einer Hierarchie und bei den Mitarbeitern von Planungsstäben (z. B. Projektarbeit) noch wesentlich größer.

So ist es nicht weiter verwunderlich, dass die Thematik Kommunikation in der Gegenwart eine sehr große Bedeutung erlangt hat, besonders durch den rasanten technischen Fortschritt auf diesem Gebiet. Es ist allerdings bemerkenswert, wie steinzeitlich heute noch in vielen Unternehmen die Urform der Kommunikation - Sitzungen, Besprechungen, Workshops usw. - abgewickelt wird. Oft werden notwendige Rollen - z.B. Moderator - nicht besetzt, wirkungsvolle technische Hilfsmittel wie Pinnwände und Flipcharts stehen nicht bereit oder werden nicht genutzt. Neben der heute technisch verfügbaren Hochleistungskommunikation stehen mittelalterliche Formen der persönlichen Kommunikation.

Die Kommunikation ist organisatorisch und betriebswirtschaftlich sehr bedeutsam. Kommunikation verursacht normalerweise **Kosten**, so wie bei der Einrichtung eines Telefonanschlusses einmalige Installationsgebühren und laufende Kosten zu zahlen sind, teilweise abhängig, teilweise unabhängig von der Nutzung. Auch bei einer Kommunikation zwischen zwei Mitarbeitern fallen feste und veränderliche Kosten an, wenn diese Mitarbeiter mündlich Nachrichten austauschen. Während der Zeit einer Kommunikation kann normalerweise keine andere Leistung erbracht werden. Sender und Empfänger sind blockiert. Kosten sind die Gehalts- oder Lohnbestandteile, die auf die Kommunikationszeit entfallen.

Verzögerungen in der Kommunikation treten auf, wenn bei einem Mitarbeiter sehr viele Kommunikationswege zusammenlaufen, wenn also der Kanal relativ zu den Kommunikationsanforderungen zu klein ist. **Organisatorische Maßnahmen** in einer solchen Situation können beispielsweise sein die

– Verringerung der Kommunikationsnotwendigkeit, indem z.B. Aufgaben zusammengelegt werden.
– Entlastung von anderen Aufgaben (Erhöhung der Kommunikationsbereitschaft).
– Übergang von mündlicher zu besser ausgleichbarer schriftlicher oder elektronischer Kommunikation.
– technisch-organisatorische Unterstützung der Kommunikation etwa durch Workflow-Systeme.
– Einrichtung eines zusätzlichen Kanals zu einem anderen Aufgabenträger.
– die Verringerung der möglichen Sender.

Moderne Kommunikationssysteme erlauben **neue Formen der Organisation** wie zum Beispiel die **ganzheitliche Sachbearbeitung**, da es mit vertretbarem Aufwand möglich ist, Informationen zu jeder Stelle zu transportieren. Auch sind andere Formen der **räumlichen Organisation** technisch machbar und betriebswirtschaftlich vertretbar, wie das Beispiel **Telearbeit** zeigt. Die Kommunikationstechnik hat also die organisatorischen Möglichkeiten erheblich erweitert.

7.3   Modell der Kommunikation

Kommunikation ist die **Übertragung von Nachrichten** zwischen einem oder mehreren **Sendern** und einem oder mehreren **Empfängern**. Der Übertragungsweg wird **Kommunikationskanal** genannt.

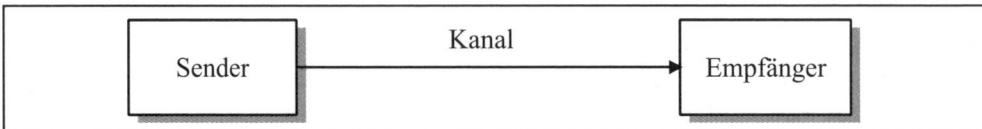

Abb. 7.3 Bestandteile der Kommunikation

Das Modell der Kommunikation soll nun erweitert und vertieft werden. Notwendige Bestandteile der Kommunikation sind ein Sender, ein Kanal und ein Empfänger. Für eine funktionierende Kommunikation reicht es aber nicht aus, einfach eine Nachricht abzusenden. Der **Sender** muss sich **auf die Erfordernisse des Empfängers einstellen**, damit er dort **richtig verstanden** wird.

Der **Empfänger** nimmt die Nachricht auf. Die Aufmerksamkeit hängt unter anderem ab von der Bedeutung der Nachricht für den Empfänger, aber auch vom Status des Senders. So werden beispielsweise Nachrichten von Höhergestellten aufmerksamer empfangen als Nachrichten von Untergeordneten.

Bei der **zwischenmenschlichen Kommunikation** ergibt sich das Problem, dass die weiterzuleitenden Nachrichten in irgendeiner Form vom Sender (z.B. in Worte, Signale, Bilder) **verschlüsselt** und vom Empfänger **entschlüsselt** werden müssen. Tatbestände (Gedanken, Empfindungen, Meinungen) müssen mit Begriffen belegt, d.h. über zwischengeschaltete **Bedeutungsumwandlungsprozesse** in eine Form gebracht werden, die vom Kommunikationspartner empfangen werden kann. Beim Empfänger läuft dann ein Bedeutungsrückwandlungsprozess ab. Er "interpretiert" die empfangene Nachricht. Herr Berger hört von seinem Vorgesetzten, dass "... schon wieder ein Angebot bei Kunden sehr spät ankam ". Er wandelt die Bedeutung für sich so um: "Ich kritisiere Sie wegen dieses Falles, der sicherlich wieder durch Sie verursacht wurde". Es kann durchaus sein, dass der Chef ihn gar nicht kritisieren wollte. Dann hat Herr Berger eine Nachricht - aus der Sicht des Senders - "in den falschen Hals gekriegt", oder, feiner ausgedrückt, nicht in die vom Sender beabsichtigte Bedeutung zurückgewandelt.

Neben der Bedeutungsumwandlung gibt es analog dazu die **technische Umwandlung**. So wird beim Telefonieren die menschliche Sprache (Schalldruckverlauf) in elektrische Impulse umgewandelt, transportiert und beim Empfänger wiederum in Schalldruck rückgewandelt. Technische Umwandlung liegt beispielsweise auch vor, wenn gedankliche Inhalte in eine Schriftform gebracht werden.

Kommunikationsprozesse laufen also, vereinfacht dargestellt, wie folgt ab:

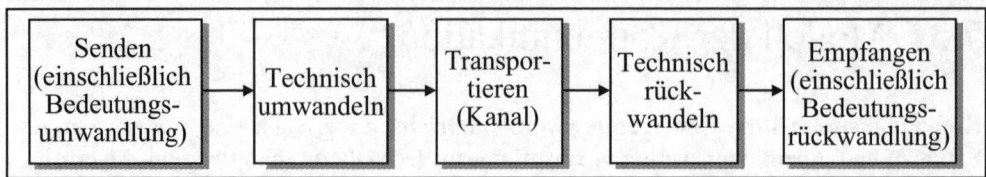

Abb. 7.4 Kommunikationsprozess

Von der bisher betrachteten **Kommunikation als Vorgang** kann die **Kommunikationsbeziehung** unterschieden werden. Eine Kommunikationsbeziehung ist ein Kanal
- physikalisch oder abstrakt - über den Verbindung zu einem Kommunikationspartner
aufgenommen werden kann. Der Kanal wird durch den Vorgang der Übertragung akti-
viert. Beispielsweise muss Herr Berger am Ende jeder Woche einem Sachbearbeiter in
der Personalabteilung die geleisteten Überstunden mündlich und am Monatsende
schriftlich mitteilen. Zwischen Herrn Berger und dem Sachbearbeiter besteht permanent
eine Kommunikationsbeziehung. Kommunikation findet jedoch nur einmal je Woche
und zusätzlich einmal je Monat statt. Inhalt der Kommunikation sind Informationen über
Überstunden.

7.4   Störungen der Kommunikation

Kommunikation umschließt alle Vorgänge der Abgabe, Übermittlung und Aufnahme
von Informationen. Ein derartiger Vorgang setzt in jedem Fall menschliche und/oder
maschinelle Sender und Empfänger voraus. Die bei der Kommunikation möglichen Störungen zeigt die folgende Abbildung.

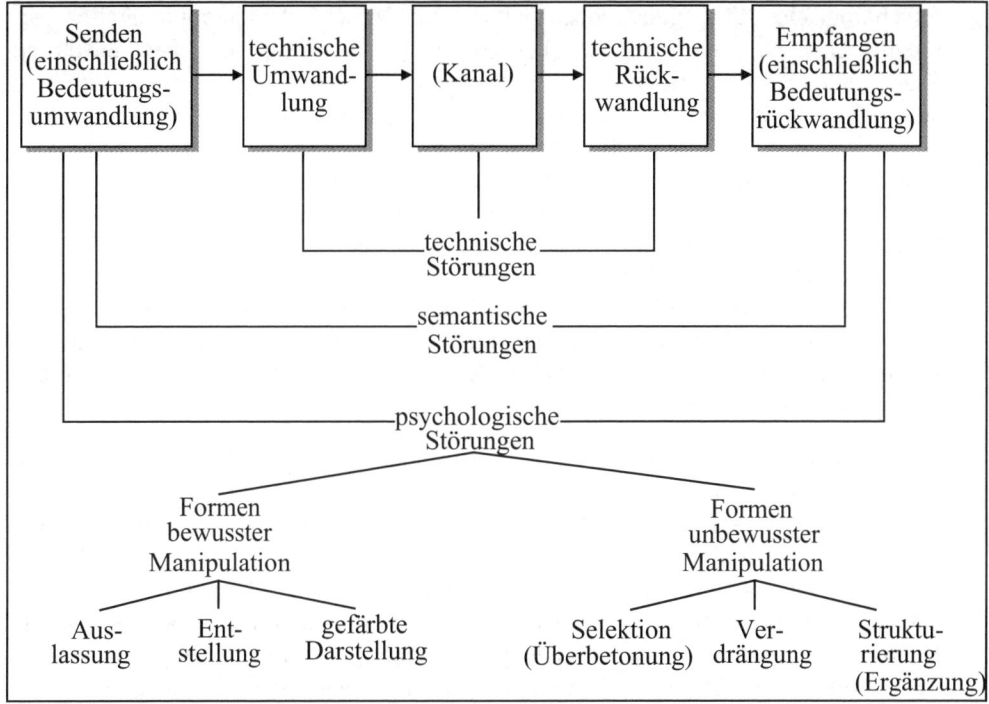

Abb. 7.5 Störungen in der Kommunikation

Die möglichen Störungen sollen etwas näher beleuchtet werden.

1. **Technische Störungen** beruhen auf Signalverzerrungen während der technischen Umwandlung, des Transports oder der Rückwandlung. Typische Beispiele sind das Rauschen in der Telefonleitung, welches - technisch bedingt - eine unverzerrte, vollständige Aufnahme verhindert, Datenverluste beim Transport oder Fehler bei der Dateneingabe.

2. **Semantische (intellektuelle) Störungen** beruhen auf Abweichungen zwischen der Bedeutungsumwandlung des Senders und der Bedeutungsrückwandlung des Empfängers. Es besteht keine Einigkeit zwischen den Beteiligten über den Bedeutungsgehalt von Worten oder Aussagen - ein und demselben Wort werden unterschiedliche Inhalte beigemessen, weil eine gemeinsame Definition fehlt. Die Verantwortung liegt hier beim Sender, seine Denkinhalte so zu formulieren, dass sie der Empfänger im gewünschten Sinn versteht. Konkret bedeutet das beispielsweise, möglichst wenig Fremdworte oder Fachausdrücke zu verwenden, wenn mit einem Nichtfachmann kommuniziert wird, oder zurückfragen um zu prüfen, wie eine Nachricht angekommen ist. Semantische Störungen treten immer dann auf, wenn Mitarbeiter oder ganze Organisationseinheiten eine eigene Sprache entwickeln, die von anderen nicht verstanden wird. So haben beispielsweise Mediziner bewusst eine eigene Sprachwelt entwickelt, die vom medizinischen Laien kaum zu verstehen ist.

3. **Psychologische Störungen** ergeben sich aus der Tatsache, dass Kommunikation vorrangig ein sozialer, d. h. ein zwischenmenschlicher Vorgang ist. Neben **bewussten Störungen (Manipulationen)**, die ausschließlich auf den Sender zurückzuführen sind, gibt es **unbewusste Störungen**, die sowohl beim Sender wie beim Empfänger auftreten können. Typisches Beispiel für bewusste Manipulation, die zu Störungen führen, sind das **Auslassen** oder **Entstellen**. Der Empfänger soll dabei in die Irre geführt werden. Ein weiteres Beispiel ist die **gefärbte Darstellung**, die etwa in Personalbeurteilungen anzutreffen ist. "Der Mitarbeiter hat sich bemüht, die ihm übertragenen Aufgaben gewissenhaft und pünktlich zu erledigen"; diese Formulierung wird häufig gewählt, wenn die Leistung eines Mitarbeiters unbefriedigend war. Er hat sich eben nur bemüht, ohne dass es ihm gelang. Solche gefärbten Aussagen sind nur zwischen den Zeilen zu entschlüsseln und bieten dem Sender immer ein offenes Türchen für ein Rückzugsgefecht.

Weitaus schwieriger zu erkennen und zu verhindern sind **unbewusste Manipulationen**. Ein typisches Beispiel ist die **Verdrängung**. Psychisch gesunde Menschen neigen dazu, eigene Schwächen, Misserfolgserlebnisse, Pannen und unangenehme Erfahrungen zurückzudrängen und aus dem aktuellen Bewusstsein zu löschen. Nur mit bewusster Anstrengung gelingt es, solche Sachverhalte zu aktivieren, sie ins Gedächtnis zurückzurufen. Mit der Verdrängung korrespondiert die **Selektion**, d. h. die Hervorhebung, die besondere Betonung bestimmter Sachverhalte. Jeder Mensch filtert unbewusst aus der wahrgenommenen Realität solche Inhalte heraus, die seinen Bedürfnissen, Einstellungen und Werthaltungen entgegenkommen, sie stärken oder stützen - man sieht, was man sehen möchte. Es fallen Dinge stärker auf, die man zu sehen gewohnt ist. Auf dieser Linie liegt beispielsweise die schon biblisch verbriefte Erfahrung, dass "der Splitter im Auge des Nächsten" selektiert und der "Balken im eigenen Auge" verdrängt wird. Auch die Überbetonung von Ausnahmefällen gehört hierher. Werden Mitarbeiter nach ihren Aufgaben befragt, schildern sie die Sachlage oftmals so, als wenn es nur Sonderfälle oder Spezialprobleme geben würde. Das liegt vor allem daran, dass Menschen sich Sonderfälle besser merken, während sie Normalfälle (Routine) ohne großes Nachdenken abwickeln.

Schließlich gehört die **Strukturierung** bzw. **Ergänzung** noch in die Rubrik der unbewussten Manipulation. So werden beispielsweise Dinge hinzugefügt, die vorhanden sein sollten. Oder es wird eine unvollständige Nachricht so vervollständigt, wie es der Empfänger erwartet oder wie es aus der Erfahrung sein sollte. Je mehr Erfahrungen ein Mensch hat, desto mehr neigt er dazu, seine Erfahrungen ungeprüft auf andere Fälle zu übertragen. Dieses Phänomen wird oft an suggestiven Fragen sichtbar: "Und dann stimmen Sie sich doch sicherlich mit Ihrem Vorgesetzten ab?". Hier hat der Fragende schon weitergedacht, strukturiert.

7.5   Beteiligte der Kommunikation

Mensch-Mensch-Kommunikation

Bei der Mensch-Mensch-Kommunikation sind Aufgabenträger sowohl Sender wie auch Empfänger. Die oben erwähnten semantischen und psychologischen Störungen sind typisch für die Mensch-Mensch-Kommunikation.

Wichtige Formen der Mensch-Mensch-Kommunikation sind Anweisungen, Rückmeldungen, Berichte, Sitzungen und Tagungen.

Die Mensch-Mensch-Kommunikation kann sein

– **persönlich** durch das Medium Sprache.
– **technisch unterstützt** z. B. durch
  – Visualisierung,
  – Telefon, Telefax, Electronic Mail, Workflow-Systeme,
  – Brief, Notiz, Bericht.

Mensch-Maschine-Kommunikation

Ein Mensch ist Sender oder Empfänger und die Maschine übernimmt die Partnerrolle. So kann z. B. der Computer Herrn Berger unaufgefordert darauf hinweisen, dass ein Kunde eine schlechte Bonität hat, und dass deswegen keine Leistungen mehr erbracht werden dürfen. Der Computer kann aber auch Vorschläge machen, wie z. B. Vorauszahlung, neue Auskunft einholen, Bankbürgschaften beibringen o. ä.

Andererseits kann der Mensch auch den Computer „befragen" – z.B. Reports abrufen - um aufgrund bestimmter Informationen seine Entscheidungsgrundlage zu verbessern.

In der Form einer computerunterstützten Sachbearbeitung oder auch bei der Nutzung sogenannter Expertensysteme kommunizieren Menschen mit Maschinen.

Maschine-Maschine-Kommunikation

In diesem Fall kommunizieren zwei Sachmittel untereinander. So kann etwa ein dezentraler Computer automatisch, d. h. ohne menschlichen Eingriff bestimmte Informationen an ein zentrales System geben. Beispielsweise wird in der zentralen Datenverarbeitung registriert, wer, wann, wie lange bestimmte Datenbestände nutzt. Oder es wird automatisch ein Meldebestand an einen zentralen Rechner weitergegeben, wenn eine bestimmte Mindestmenge im Lager unterschritten wird. Möglicherweise werden im zentralen Rechner Prozeduren ausgelöst, mit denen Vorschläge für die Materialbeschaffung erarbeitet werden. Maschinen kommunizieren miteinander und lösen dabei Aufgaben aus, die wiederum von Maschinen erledigt werden.

7.6 Persönliche und technisch-unterstützte Kommunikation

Die **persönliche Kommunikation** hat den persönlichen **Kontakt** und die **Sprache**, die nicht durch technische Hilfsmittel unterstützt wird, als Medium. Zur Verstärkung werden oftmals technische Hilfen wie Flip Chart, Tafel, Tageslichtschreiber, Plantafel, Pinnwand o. ä. hinzugezogen.

Ein wesentliches Merkmal ist die **persönliche Beziehung**, die die Übermittlung von Nachrichten und damit die **Verständigung erleichtert**. Hinzu kommt die **non-verbale-Kommunikation**, das sind Informationen, die sich aus dem Auftreten, der Kleidung, der Gestik und Mimik, der Sprachfärbung, der Sitzhaltung usw. ableiten lassen und die allesamt geeignet sind, sich besser zu verstehen, d.h. die Bedeutungsrückwandlung zu verbessern.

Die Vorteile der persönlichen Kommunikation werden auch im Geschäftsleben offensichtlich sehr hoch eingeschätzt. Das erklärt den hohen Anteil für Reisen, Besuche und Besprechungen, die zumindest theoretisch durch telefonische oder schriftliche Kommunikation und durch Videokonferenzen ersetzt werden könnten. Dennoch ziehen es die Beteiligten oft vor, sich persönlich zu treffen.

Die **technisch-unterstützte**, oder bei der Sachmittelkommunikation die rein **technische Kommunikation**, verwendet immer Sachmittel zur Übertragung. Solche Sachmittel können sein Briefe, Telefon, Telefax, Datennetze, Telekommunikationsdienste sowie die zugehörigen Endgeräte.

Die Kommunikationstechnik wandelt sich rasch. Insbesondere durch die Liberalisierung der Kommunikationsmärkte - Aufhebung des Postmonopols - haben sich erhebliche Veränderungen sowohl im Umfang der Leistungen wie auch bei den Kommunikationskosten ergeben.

7.7 Weisungsgebundene und weisungsungebundene Kommunikation

Die **weisungsgebundene Kommunikation** soll hier nur erwähnt werden. Ihr ist ein eigener umfangreicher Abschnitt gewidmet (Leitungssysteme, Kapitel 5). Sie beinhaltet die auf den Weisungswegen laufenden Anordnungen und Informationen der Vorgesetzten und die Rückmeldungen und Anfragen der Mitarbeiter.

Darüber hinaus gibt es Kommunikationsbeziehungen zwischen Mitarbeitern, die die weisungsgebundene Kommunikation überlagern. Diese weisungsungebundene Kommunikation dient der Koordination.

7.7.1   Kommunikationswege

Theoretisch müsste jeder Mitarbeiter mit jedem anderen koordiniert werden. Das ist jedoch praktisch unmöglich, weil „man vor lauter Kommunikation nicht mehr zum Arbeiten käme". Deswegen muss die Zahl der möglichen Kontakte reduziert werden, wie anhand der Komplexität von Systemen verdeutlicht werden soll.

Der Grad der **Komplexität** ist ein wichtiges Merkmal von Systemen. Komplexität wird an der **Zahl der Beziehungen** in einem System gemessen. Die Zahl der insgesamt möglichen Kommunikationsbeziehungen zwischen den einzelnen Mitgliedern innerhalb eines Systems wächst mit jedem zusätzlichen Mitglied um die Anzahl der bereits vorhandenen Mitglieder. Die möglichen Beziehungen wachsen also progressiv. Bei nur 50 Mitgliedern gibt es bereits 1 225 und bei 100 Mitgliedern 4 950 mögliche zweiseitige Kommunikationsbeziehungen. Bereits diese Zahlen machen deutlich, dass schon bei mittelgroßen Unternehmen die Kommunikationsbeziehungen künstlich reduziert, d. h. organisatorisch gebunden und auf den notwendigen Umfang beschränkt werden müssen. Andernfalls würde sich ein System nur noch mit sich selbst und nicht mehr mit dem Markt beschäftigen. Diese Begrenzung ist letztlich auch notwendig, um schnell zu reagieren und die Kommunikationskosten in Grenzen zu halten.

Der absolute **Mindestumfang** an Kommunikationswegen wird durch die **Hierarchie** bestimmt. Jeder Mitarbeiter muss mit seinem (seinen) Vorgesetzten und mit seinen eigenen Mitarbeitern kommunizieren können. Bestehen darüber hinaus keine weiteren Kommunikationswege, wird auch von einem **völlig indirekten Verkehrsweg** bzw. dem **Dienstweg** gesprochen. Diese Lösung herrscht heute noch in der öffentlichen Verwaltung vor. Allerdings gibt es auch dort wie in der Privatwirtschaft Formen der Sekundärorganisation, durch die weitere Kommunikationswege eröffnet werden.

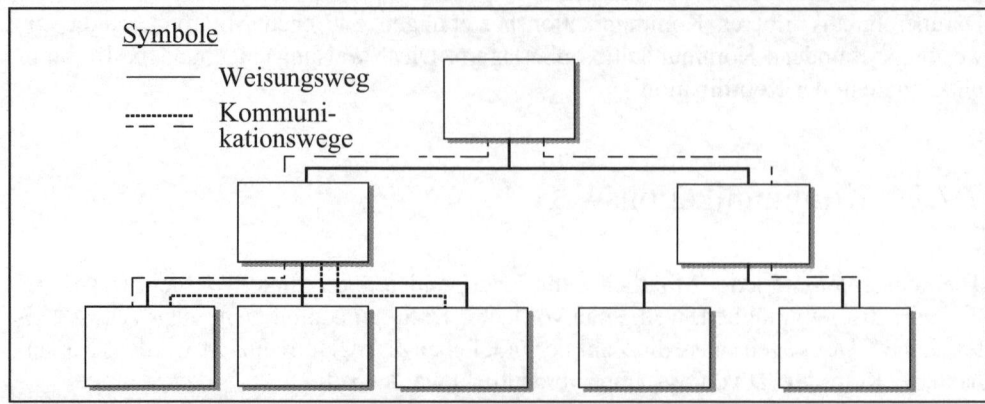

Abb. 7.6 Völlig indirekter Verkehrsweg (Kommunikationskanal)

Diese Lösung wird in der folgenden Übersicht bewertet.

Bewertung völlig indirekter Verkehrswege	
Vorteile	**Nachteile**
– Die Positionsautorität der Vorgesetzten wird gestützt – der Vorgesetzte ist jederzeit über alles informiert, was in seinem Bereich geschieht – das Leitungssystem wird nicht durch inoffizielle oder informelle Nebenweisungswege aufgeweicht.	– Der Weg über die Hierarchie ist langwierig, schnelle Anpassungsmaßnahmen werden erschwert – die Leitungsstelleninhaber spielen eine - hoch bezahlte - Briefträgerrolle – unerwünschte Informationen können von den Zwischenstationen ausgefiltert bzw. so lange abgepuffert werden, bis sie wirkungslos sind – Informationen werden vom Sender zurückgehalten, etwa aus Angst vor möglichen Nachteilen oder aus Resignation "weil sowieso nichts durchkommt".

Direkte Verkehrswege bestehen, wenn ein Mitarbeiter unmittelbar mit einem anderen Mitarbeiter aus einer anderen Abteilung kommunizieren kann, ohne dass ein Weisungsweg zwischen ihnen besteht. Direkte Verkehrswege sind umgekehrt zu beurteilen wie die indirekten Verkehrswege. Sie sind schnell, flexibel, verzerrungs- und filterfrei und fördern die Kommunikationsbereitschaft. Nachteilig ist die mögliche Unterminierung der Vorgesetztenposition durch fehlende Information und informelle Nebenweisungswege.

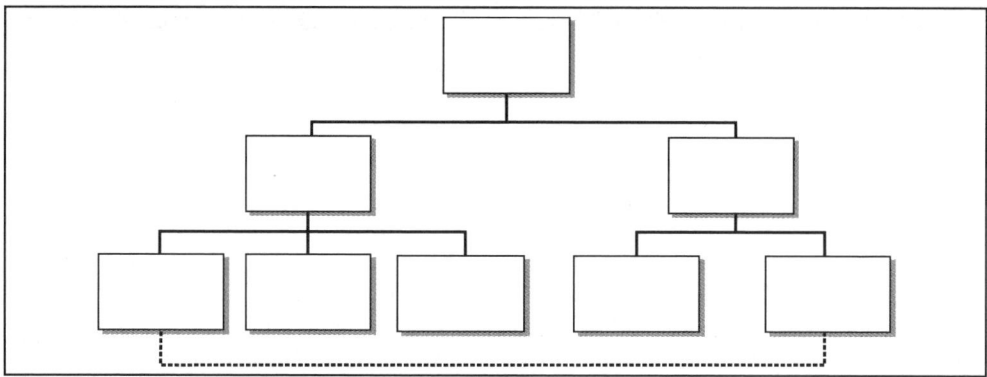

Abb. 7.7 Direkter Verkehrsweg

Schließlich gibt es noch als Zwischenform den **teilweise indirekten Verkehrsweg**, der auch hinsichtlich der Beurteilung eine Mittelstellung einnimmt.

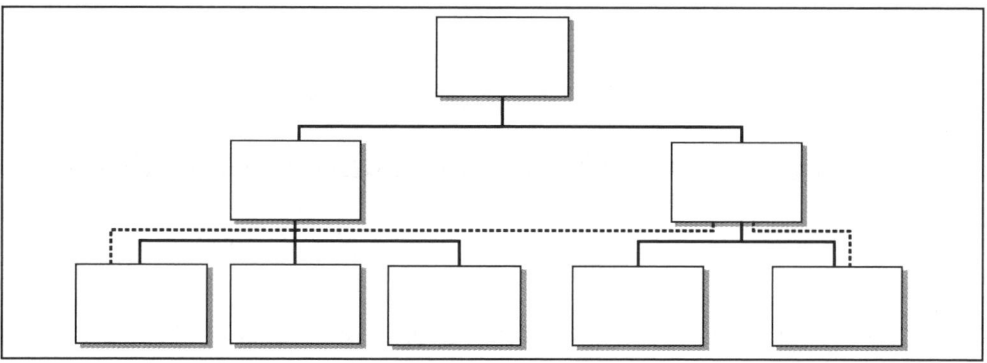

Abb. 7.8 Teilweise indirekter Verkehrsweg

Weitere mögliche **Zwischenformen** sind:

− Direkter Kontakt mit nachträglicher formloser Benachrichtigung der zuständigen Instanz.
   Direkter Kontakt mit genauem abschließenden Bericht an die Instanz.
− Grundsätzlich sind die Weisungswege einzuhalten. Es gibt allerdings dauerhafte oder gelegentliche Ausnahmegenehmigungen, direkte Kontakte aufzunehmen.

Als **Kriterien** für die Wahl der organisatorischen Regelung kommen u. a. in Frage:

− Wichtigkeit der Nachrichten,
− Dringlichkeit der Nachrichten (Konkurrenzdruck hinsichtlich Schnelligkeit),
− Notwenigkeit der Abstimmung aus Gründen der
   − Arbeitsteilung,
   − Komplexität der zu bewältigenden Aufgaben,

– Tiefe der hierarchischen Gliederung, gemessen an der Zahl einzuschaltender Statio-
nen beim völlig indirekten Weg.

7.7.2   Hierarchieüberlagernde Kommunikationsbeziehungen (Sekundärorganisation)

Neben den dauerhaft eingerichteten Stellen und Abteilungen gibt es noch weitere zeitlich
befristete und/oder nur einen Teil der Kapazität der Beteiligten beanspruchende Lösungen, die ebenfalls primär der Kommunikation - mit dem Ziel der Koordination - dienen.
Diese Formen wurden bereits im Abschnitt Sekundärorganisation behandelt. Die **Sekundärorganisation** mit ihren Erscheinungsformen wie zum Beispiel

– Projektgruppen,
– Kollegien/Ausschüsse,
– Workshops,

schließt Kommunikationswege kurz und beschleunigt dadurch die Kommunikation.

7.8   Sprach-, Text-, Daten- und Bildkommunikation

Nach dem Inhalt kann die Sprach-, Text-, Daten- und Bildkommunikation unterschieden
werden.

Sprachkommunikation liegt vor, wenn das gesprochene Wort zur Übertragung von
Nachrichten verwendet wird. Sprachkommunikation kann in zwei Formen auftreten

– persönliche Kommunikation,
– technisch-unterstützte Kommunikation.

Die persönliche Sprachkommunikation findet - wie erwähnt - in der Form von Besprechungen, Sitzungen und Besuchen statt.

Die **Sprachkommunikation** kann **technisch unterstützt** werden durch

– Visualisierungshilfsmittel (Tafel, Pinnwand, Overhead, Flip Chart),
– Telefon,
– Spracheingabe bei Datenverarbeitungsanwendungen, z.B. sprachliche Befehle, die vom
Computer verstanden werden und Spracheingabe z.B. in der Textverarbeitung oder bei
Auskunftssystemen. Für die Zukunft sind auf diesem Gebiet erhebliche Fortschritte zu
erwarten,

- Sprachausgabe. Automaten oder Computer sprechen mit dem Benutzer. So weist z. B. eine freundliche Stimme den Autofahrer darauf hin "Gurt anlegen", "Ölstand prüfen".

Das mit Abstand wichtigste System zur technisch-unterstützten Sprachkommunikation ist das Telefon. Die überragende Bedeutung des Telefons wird zweifellos auch zukünftig bestehen bleiben.

Textkommunikation liegt vor, wenn das geschriebene Wort zur Übertragung von Nachrichten verwendet wird. Textkommunikation setzt immer eine technische Unterstützung voraus, und sei es nur ein Blatt Papier.

Wichtige Formen der Textkommunikation sind:

- Briefe, Berichte, Protokolle, die durch die sogenannte "gelbe Post" oder durch eigens eingerichtete Boten- oder Transportdienste übermittelt werden.
- Telefax und Telex, die spezielle Endgeräte voraussetzen. Die Texte werden auf dem normalen Telefonnetz übertragen.
- Personal Computer, die miteinander verbunden sind und Texte über interne bzw. externe Netze übertragen.
- T-Online (Telekom) oder andere Anbieter von Diensten.

Datenkommunikation liegt vor, wenn Nachrichten in **digitalisierter** Form zwischen Einheiten eines Datenverarbeitungssystems weitergeleitet oder ausgetauscht werden. Dazu zählen die Datenfernverarbeitung, der Dialog von Rechnern wie auch die Kommunikation eines Terminals mit zentralen Einheiten.

Bildkommunikation liegt vor, wenn Bilder, Briefbögen und Zeichnungen übermittelt werden. Voraussetzung ist die Auflösung eines Bildes in einzelne Signale, die dann übertragen werden können.

8.   Sachmittelsystem

8.1   Begriff

Frau Caspar ist in der Abteilung Finanz- und Rechnungswesen der Alltrain für die Buchhaltung zuständig. Um ihre Aufgaben erfüllen zu können, setzt Frau Caspar verschiedene Sachmittel ein. Sie sitzt an einem Bildschirmarbeitsplatz, der den ergonomischen Anforderungen entspricht. Hauptsächlich nutzt sie eine Standardsoftware „FIBU", die auf einem zentralen Server liegt und von ihr als sogenannter Client genutzt wird. Daneben erstellt sie gelegentlich Berichte für die Geschäftsleitung und Meldungen an amtliche Stellen. Dazu setzt sie eine Textverarbeitungssoftware ein und druckt die Ergebnisse über einen Drucker aus, der von allen Mitarbeitern der Abteilung genutzt wird. Schließlich legt sie die erfassten Dokumente in der Registratur ab, die in der Nähe ihre Arbeitsplatzes eingerichtet ist.

Frau Caspar sitzt also an einem **Knoten** in einem vielfach **vermaschten Netz von Sachmitteln, die auf unterschiedliche Weise miteinander verbunden sind**. Dieses Beispiel macht deutlich, dass die Ausstattung mit Sachmitteln nicht nur aus der Perspektive einer einzelnen Stelle beurteilt werden kann. Da auch andere Mitarbeiter der Buchhaltung, aber auch die Geschäftsleitung auf zentral gespeicherte Daten zurückgreifen und Abfragen vornehmen, sind vielfältige **Wechselwirkungen zwischen den unternehmensweit eingesetzten Sachmitteln** zu beachten. Die **Sachmitteltechnik wächst** immer mehr **zusammen**.

Heute kann man nicht mehr von einem punktuell wirksamen Sachmitteleinsatz sprechen. Vielmehr geht es um die **Gestaltung eines Sachmittelsystems. Elemente** des Sachmittelsystems sind wiederum die Grundelemente der Organisation: Die unterschiedlichsten Sachmittel, Aufgaben, Aufgabenträger und Informationen.

Beziehungen im Sachmittelsystem können z. B. sein:

– **Materielle Beziehungen**, wie z. B. die Leitung zwischen den „Clients" und dem Server oder der Anschluss eines Druckers an einen PC.
– **Funktionelle Beziehungen**, die darin bestehen, dass Sachmittel bestimmte gewünschte Leistungen bereitstellen, und damit auch für die Bewältigung vorgegebener Aufgaben geeignet sind. Wenn beispielsweise Frau Caspar Zinsberechnungen am Computer vornehmen kann, ist eine funktionelle Beziehung zwischen der Aufgabe (Zinsrechnung), der Software und dem Rechner vorhanden.

Wird die Gesamtheit der in einem Unternehmen eingesetzten Sachmittel betrachtet sowie deren Beziehungen zueinander, wie auch zu den übrigen Elementen, dann hebt man damit einen Teilsystem-Zusammenhang heraus. Hier gilt die gleiche Aussage wie bei den bereits behandelten Teilsystemen: Die Konzentration auf ein Teilsystem ist ein gedanklicher Trick, der aus dem Systemdenken stammt. Selbstverständlich müssen auch die Abhängigkeiten zu den anderen Teilsystemen berücksichtigt werden, insbesondere zum Informations- und Kommunikationssystem aber auch zu den Stellen selbst.

Hier wird ein relativ weiter Sachmittelbegriff verwendet: **Sachmittel dienen dem Aufgabenträger bei der Erfüllung seiner Aufgaben oder stellen den materiellen Rahmen der Aufgabenerfüllung dar**. Im Sinne dieser Definition zählen zu den Sachmitteln:

- Gebäude und Räume,
- Büromöbel (z. B. Stühle, Tische, Container),
- Großrechner, Personal Computer einschließlich der Ein- und Ausgabeeinheiten,
- Standardsoftware wie Textverarbeitung, Tabellenkalkulation, Grafiksoftware, Tools für die Entwicklung von Software, Kommunikationssoftware,
- Registraturgeräte, Registraturtechnik (Optical Disc, Ablagen, Lagervorrichtungen),
- Visualisierungstechnik (Flip Chart, Pinnwand, Beamer, Overhead-Projektor),
- Schreibgeräte,
- Vordrucke (Formulare),
- Transportgeräte (Förderanlagen),
- Sicherheitssysteme,
- Personenrufanlagen,
- interne und öffentliche Netze und Dienste (z.B. Telefon, ISDN, Internet).

Abb. 8.1 Sachmittel am Arbeitsplatz

Sachmittel können somit den Rahmen der Aufgabenerfüllung darstellen (Räume, Stühle, Möbel), den Menschen unterstützen (Textverarbeitung auf dem PC) oder eigenständig Teilaufgaben bewältigen (Operationen durch EDV-Programme, Versand eines Fax an einen ausgewählten Adressatenkreis). Die Auflistung der Sachmittel erhebt weder Anspruch auf Vollständigkeit noch soll der Versuch unternommen werden, zu systematisieren oder zu gruppieren. Viele Sachmittel können aus verschiedenen Blickwinkeln betrachtet und damit den unterschiedlichsten Gruppen zugeordnet werden.

Wenn die Sachmittel hier nicht im Einzelnen beschrieben, sondern lediglich aus organisatorischer Sicht behandelt werden, hat das verschiedene Gründe. Schon die obige Aufzählung der Sachmittel macht deutlich, wie breit diese Thematik ist. Es gibt vielfältige technische und funktionale Leistungsmerkmale. Der Rahmen dieser Schrift würde schnell bei dem Versuch gesprengt, sie vollständig zu beschreiben und zu werten. Für viele Sachmittel gibt es aktuelle und fundierte Informationsquellen. Für alle relevanten Sachmittel gibt es Fachzeitschriften, Bücher, Informationsmaterial der Hersteller und des Handels, Messen und Ausstellungen. Deswegen soll hier ein Hinweis auf diese Quellen genügen.

Im Folgenden wird die Thematik aus organisatorischer Sicht vertieft und eingeordnet. Dazu gehören folgende Themen:

– Abhängigkeit des Sachmitteleinsatzes von Strategie, Struktur und Kultur,
– organisatorische Aufgaben im Zusammenhang mit dem Einsatz von Sachmitteln,
– Tendenzen der Sachmittelentwicklung und deren Auswirkungen auf die Organisation.

8.2   Strategie, Struktur, Kultur und Technik

Strategie und Technik

Grundsätzlich **dominiert** in der Beziehung zwischen Strategie und Technik der **Einfluss der Strategie auf die Sachmittel**. Soll zukünftig in den Seminaren auch netzbasiertes Lernen eingesetzt werden, müssen Teilnehmer und Trainer mit einer Technik ausgestattet werden, die den Zugriff auf das Internet ermöglichen (z.B. Notebook, Modem).

Die Strategie einer Unternehmung kann auch insofern die technische Ausstattung beeinflussen, als es Unternehmen gibt, die aus Imagegründen bewusst eine technische Vorreiterrolle übernehmen.

Es sind aber auch **Einflüsse der Technik auf die Strategie** einer Unternehmung denkbar. Erst durch die heute verfügbare Technik kann Alltrain überhaupt über die Strategie nachdenken, neben den klassischen Seminaren auch netzbasiertes Lernen anzubieten. Oder - um ein anderes Beispiel aus Alltrain zu verwenden - wenn jeder Mitarbeiter von zu Hause auf das Intranet von Alltrain zugreifen kann, ist die Arbeit der Trainer nicht mehr an einen bestimmten Ort gebunden und es kann die Anwesenheitspflicht aufgehoben (teleworking) oder der Anteil freier Mitarbeiter gesteigert werden.

Struktur und Technik

Die Beziehung zwischen der **Struktur** (Aufbau- und Ablauforganisation) **und** der **Technik** ist ebenfalls **wechselseitig**. Bestimmte organisatorische Lösungen erfordern eine angepasste technische Unterstützung. So kann ein Trainer die von ihm erarbeiteten Manuskripte nur dann selbst technisch herstellen und pflegen, wenn die Hard- und Software dazu verfügbar ist. Die Organisation gibt die Anforderungen vor. Die zu beantwortende Frage lautet: Welche Sachmittel sind geeignet, die gewünschte Struktur möglichst wirkungsvoll umzusetzen?

Es kann aber auch den umgekehrten Wirkzusammenhang geben, wenn beispielsweise über PC und Modem jeder Mitarbeiter sind in ein internes Netz der Alltrain einklinken kann, ist es möglich, dass nicht mehr die Verwaltung die Termine zentral erfasst, sondern jeder Mitarbeiter – auch die im Außendienst tätigen Trainer – diese Erfassung selbst vornehmen. In diesem Fall hat die verfügbare Technik die Organisation beeinflusst.

Kultur und Technik

Es gibt auch direkte **Beziehungen** zwischen der **Kultur** eines Unternehmens oder eines Bereichs einer Unternehmung und der eingesetzten **Technik**. Auch diese Beziehungen können wechselseitig sein.

Wenn die Mitarbeiter eine technische Unterstützung als wichtig und hilfreich ansehen, wenn eventuell eine bestimmte Technik sogar dazu beiträgt, den Status eines Mitarbeiters zu bestimmen, werden Mitarbeiter von sich aus eine derartige Technik anstreben. Sie werden Argumente suchen, weshalb sie diese technische Unterstützung unbedingt benötigen und dementsprechende Anträge stellen. Das Unternehmen hat dann die Aufgabe, den wahren Bedarf sorgfältig zu prüfen. Die individuelle Datenverarbeitung bietet dafür ebenso Beispiele wie ortsungebundene Kommunikationseinrichtungen (z.B. Mobile Telefone).

Umgekehrt kann aber auch eine Kultur den Einsatz bestimmter Sachmittel ver- oder behindern, selbst wenn aus organisatorischer Sicht deren Einsatz sinnvoll wäre. So wehren sich die Trainer möglicherweise gegen den dezentralen Einsatz von Software zur Textverarbeitung, weil sie sich nicht zu Schreibkräften "degradieren" lassen wollen. So kann - wenn die Abwehrenden ausreichend stark sind - auch ein sinnvoller Einsatz leistungsfähiger Sachmittel unterbleiben, weil die Kultur (Werte, Ängste usw.) dagegen steht.

Neben diesen direkten Beziehungen zwischen Strategie, Struktur, Kultur und Technik gibt es auch mehrstufige, indirekte Abhängigkeiten. Werden beispielsweise aus kulturellen Gründen anspruchsvollere Aufgaben gewünscht, passt dazu die ganzheitliche

Sachbearbeitung. Diese hat wiederum konkrete technische Anforderungen zur Folge. Die Beispiele könnten beliebig verlängert werden.

8.3 Organisatorische Aufgaben beim Sachmitteleinsatz

Im Zusammenhang mit dem Einsatz von Sachmitteln entstehen folgende organisatorische Aufgaben:

- Bedarfsermittlung,
- Auswahl geeigneter Sachmittel,
- Einsatz der Sachmittel,
- Unterstützung in der Anwendung.

Bedarfsermittlung

Der Einsatz von Sachmitteln sollte wie erwähnt immer in dem größeren Zusammenhang von Strategie, Struktur und Kultur gesehen werden. Oft wird Technik eingesetzt, weil sie "modern" ist, weil sie leistungsfähiger ist, als eine frühere Technik oder weil andere sie auch schon einsetzen. Das ist offensichtlich nicht immer sinnvoll. Nicht die leistungsfähigste Technik sollte genutzt werden sondern die Technik, die eine wirklich benötigte Funktionalität möglichst störungsfrei und zu möglichst niedrigen Kosten bietet.

Der wirtschaftlich sinnvolle Einsatz von Sachmitteln kann nicht schon dadurch erreicht werden, dass die Fachabteilungen ein - begrenztes - Sachmittelbudget erhalten. Soll die Sachmitteltechnik effizient genutzt werden, müssen viele Komponenten und ihre wechselseitigen Beziehungen berücksichtigt werden. Um den Sachmitteleinsatz zu koordinieren, sollte es eine spezielle Zuständigkeit einer zentralen Organisationsabteilung geben. Zu den zentralen Aufgaben der Organisation gehört auch die Entwicklung eines unternehmensweiten Sachmittelkonzeptes, in dem Funktionen, Schnittstellen und Standards festgelegt sind. Vor dem Hintergrund dieses Sachmittelkonzeptes wird dann die Ausstattung einzelner Stellen oder Abteilungen ermittelt. Das Sachmittelkonzept bietet Kriterien, anhand derer einzelne Anträge für Sachmittel geprüft werden.

Auswahl geeigneter Sachmittel

Die Organisationsabteilung oder ein Benutzerservice ist meistens auch für die Auswahl geeigneter Sachmittel zuständig. Da jede Stelle eines Unternehmens diverse Sachmittel benötigt, wäre es wenig wirtschaftlich, diese Auswahl den jeweiligen Anwendern zu überlassen. Dazu sind Marktkenntnisse notwendig, die nicht jeder einzelne Mitarbeiter haben kann. Es würde viel zuviel Zeit und Energie kosten, sich auf dem Laufenden zu halten. Außerdem sind aktuelle Entwicklungen im Markt zu beobachten und bei Bedarf in das unternehmensweite Sachmittelkonzept einzuarbeiten. Es erscheint nicht sinnvoll, diese Aufgabe dem Anwender zu übertragen.

Ziele festlegen

Vor der Auswahl von Sachmitteln sollten die Ziele festgelegt werden, die mit dem Sachmitteleinsatz verfolgt werden (z.B. Kostensenkung, Qualitätssteigerung, Verbesserung der Sicherheit, Kapazitätserweiterung). Meistens trifft im konkreten Fall ein ganzes Zielbündel zu.

Zweck definieren

Was soll das Sachmittel bewirken, welche Leistung soll es bereitstellen, welche Funktionen werden benötigt? Was sind Muss-Funktionen, was Wunsch-Funktionen?

Marktanalyse durchführen

Dazu müssen Informationen über Anbieter und deren Produkte eingeholt werden. Der Markt wird zunehmend intransparent. In immer kürzeren Abständen werden neue Produkte am Markt angeboten. Neue Anbieter treten auf. Es wird immer schwieriger, sich über das aktuelle Angebot auf dem Laufenden zu halten.

Pflichtenheft erstellen

In einem Pflichtenheft werden

- **funktionale Anforderungen** (was muss das Sachmittel alles leisten?),
- **technische Merkmale** (z.B. Schnittstellen und Erweiterbarkeit),
- **ergonomische** und **sonstige Anforderungen** (z.B. Emissionen, Entsorgung),
- **Mengengerüst** (welche quantitativen Anforderungen sind zu beachten?),
- **organisatorisches Umfeld** (wo muss das Sachmittel integriert werden?),
- **Vorlagen/Muster,**
- **Angebotsmodalitäten,**
- **rechtliche Bestandteile** (Garantieleistungen, Übernahme von Unterstützungs- und Wartungsaufgaben),
- **Kosten** (z.B. Investitionskosten, Kosten für Schulung, Wartung, Support),

im Detail beschrieben, so dass mögliche Anbieter fundierte und vergleichbare Angebote abgeben können. Außerdem werden die Anbieter aufgefordert, Informationen über ihr eigenes Unternehmen zu geben, z.B. über die Zahl der bestehenden Installationen der angebotenen Sachmittel.

Angebote, Vorauswahl, Test, Entscheidung

Als Nächstes werden Angebote eingeholt. Die eingegangenen Angebote werden miteinander verglichen. Zuerst werden solche Anbieter ausgesondert, die zwingende Vorgaben (Restriktionen) nicht erfüllen oder die aus anderen Gründen nicht in Betracht kommen. Technische Geräte werden unter Umständen erst einem Test unterzogen.

Folgende Fragen können die Auswahl von Sachmitteln unterstützen:

– Inwieweit entspricht das Sachmittel den zu lösenden Aufgaben nach deren Art und Menge?
– Inwieweit verbessert es die Aufgabenerfüllung (qualitativ besser, schneller usw.)?
– Wie sicher bzw. störanfällig ist es?
– Wie lässt es sich in das vorhandene Sachmittelsystem integrieren?
– Wie flexibel ist es umrüstbar?
– Inwieweit ist es mit zukünftigen Entwicklungen verträglich? Öffnet es Wege in die absehbare technische Zukunft oder versperrt es diese?

Schließlich wird eine **Beschaffungsentscheidung** - bei wichtigen Entscheidungen auf der Basis einer Kosten-Nutzen-Analyse - gefällt. Die Bestellung läuft dann normalerweise über spezialisierte Einkaufsstellen.

Der Einsatz von Sachmitteln erfordert fast immer organisatorische Anpassungen. Andernfalls besteht die Gefahr, dass "Trampelpfade gepflastert" werden, was nur selten zu einer Verbesserung führt. Wird nur automatisiert, ohne das organisatorische Umfeld anzupassen, kann meistens nur ein Bruchteil des möglichen Nutzens realisiert werden. So ist es beispielsweise wenig sinnvoll, PC und Textsoftware als leistungsfähige Schreibmaschine zu nutzen. Die Verbindung mit Datenbanken, die Arbeit mit Masken, die Integration von Grafik erlaubt eine ganz andere Qualität der Arbeit, die allerdings organisatorische Anstrengungen voraussetzt, die deutlich über eine reine Sachmittelinvestition hinausgehen. Es kann auch sinnvoll sein, Hard- und Software an das jeweilige Einsatzgebiet anzupassen (customizing), um Rationalisierungspotenziale zu nutzen.

Kleinere organisatorische Anpassungen können die Mitarbeiter vor Ort selbst übernehmen. Erlaubt ein Sachmittel jedoch grundlegend andere Arbeitsverfahren, eventuell sogar eine andere Arbeitsteilung, sollten die Mitarbeiter vor Ort organisatorisch unterstützt werden. So können auch konzeptionell neue, wesentlich verbesserte Lösungen erreicht werden.

Einsatz der Sachmittel

Installation

Werden technische Sachmittel eingesetzt, benötigt der Anwender normalerweise **Installationshilfen**. Die können von technischen Unterstützungseinheiten geboten werden oder von der Organisationsabteilung bzw. einem Benutzerservice. Gleiches gilt, wenn eine vorhandene Technik aufzurüsten ist (z.B. Speichererweiterung) oder wenn neue Programmversionen (Updates) installiert werden.

Schulung/Training

Die **Nutzung** von Sachmitteln muss **erlernt** werden. Dazu werden Schulungen oder Trainings angeboten. Der Einsatz von Sachmitteln hat immer Auswirkungen auf den arbeitenden Menschen. Sachmittel unterstützen ihn, sind oft die Basis seiner Arbeit. Trotz dieser positiven Wirkung der Sachmittel können erhebliche **Vorbehalte** entstehen. Sie haben mindestens zwei Quellen. Einmal können Sachmittel dazu beitragen, Menschen entbehrlich zu machen oder ihre **Arbeit** zu **entwerten**. Außerdem kann der Einsatz neuer Sachmittel als **Bedrohung** empfunden werden, weil ein Mitarbeiter fürchtet, den neuen Anforderungen nicht gewachsen zu sein.

Werden Sachmittel für eine qualifizierte Sachbearbeitung verwendet - z.B. Computer erstellen Rentenbescheide, unterbreiten Anlageempfehlungen - werden solche Entwicklungen von den betroffenen Menschen als **Angriff auf** ihr **Selbstverständnis**, als Entwertung empfunden. In der Einführung ist in diesen Fällen viel Überzeugungsarbeit zu leisten. Besser noch ist es, die Betroffenen bereits an der Projektarbeit zu beteiligen.

Es ist meistens nicht ausreichend, den betroffenen Mitarbeitern die Funktionen und deren Nutzung zu demonstrieren. Sie müssen in ihrem Lernprozess begleitet werden und Hilfen erhalten. In der Einführung sind Menschen gefordert, die feinfühlig und geduldig die Betroffenen an die Hand nehmen.

Unterstützung in der Anwendung

Wenn Anwender komplexe Sachmittel nutzen, benötigen sie Unterstützung in verschiedener Hinsicht:

- Behebung von Fehlern und Störungen,
- Anwendungshilfen,
- individuelle Entwicklungen.

Treten **Fehler oder Störungen** auf, müssen sie von Experten beseitigt werden. Die immer leistungsfähigere Technik hat dazu geführt, dass heute kaum ein Anwender in der Lage ist, auftretende Fehler selbst zu identifizieren und zu beseitigen.

Auch nach einer gründlichen Schulung haben Anwender immer wieder Fragen. Benutzer müssen wirkungsvoll unterstützt werden, wenn sie die Sachmittel akzeptieren und effizient nutzen sollen. Als Anlaufstelle können **Multiplikatoren** vor Ort wie auch zentrale oder dezentrale **Benutzerservicestellen** dienen.

Anwender benötigen gelegentlich auch **individuelle Lösungen**, die beispielsweise mit Hilfe von Standardsoftware erstellt werden können. Es ist eine organisatorische Aufgabe, derartige Anforderungen zu überprüfen und Hilfen zu entwickeln.

Die Beispiele zeigen, dass viele Aufgaben zu bewältigen sind, wenn leistungsfähige Technik eingesetzt wird. Viele dieser Aufgaben werden sinnvollerweise zentralisiert und Spezialisten übertragen. Das erklärt, weswegen heute auch in Dienstleistungsunternehmen ein zunehmend hoher Anteil der Mitarbeiter direkt oder indirekt für den Einsatz von Sachmitteln und für die Unterstützung der Anwender zuständig ist.

8.4   Sachmittel und organisatorische Trends

Der gerade erwähnte technische Wandel, aber auch die Tatsache, dass die Kosten für die Hardware, die Software und für die Kommunikation deutlich sinken, fördern bzw. ermöglichen bestimmte organisatorische Entwicklungen. Einige Trends sollen skizziert werden:

– Ganzheitliche Arbeit,
– computerunterstützte Arbeit,
– Dezentralisation von Entscheidungsbefugnissen,
– flachere Hierarchien,
– Dezentralisation der Organisation/EDV,
– Zunahme der Unterstützungsfunktionen,
– Steigerung der Kosten durch Perfektionismus.

Die heutige Technik wie auch die Struktur moderner Informationssysteme erlaubt es, nahezu jede Information an jedem beliebigen Ort bereitzustellen. Diese Entwicklung geht einher mit der Tendenz, das Potenzial des Menschen besser zu nutzen, flexibler und schneller auf veränderte Anforderungen zu reagieren. Daraus folgt, dass zukünftig die tayloristische Arbeitsteilung weiter an Bedeutung verlieren - sicherlich jedoch nicht ganz verschwinden - wird. Vermehrt wird es Stellen und Gruppen geben, die ganzheitlich für abgegrenzte Aufgabengebiete zuständig sein werden.

Den Mitarbeitern werden dazu Systeme zur Verfügung gestellt, die ihre Arbeit erleichtern. Beispiele sind die Computerunterstützte Sachbearbeitung, Workflowsysteme, Dokumentensysteme ebenso wie der Einsatz von Expertensystemen. Die notwendige technische Infrastruktur ist heute in vielen Unternehmen schon weitgehend vorhanden.

Die aktuelle Wettbewerbssituation erfordert schnelle Entscheidungen vor Ort. Entscheidungsbefugnisse müssen deswegen delegiert werden. Die Technik und die Informationssysteme bieten die Voraussetzungen für schnelle und sachgerechte dezentralisierte Entscheidungen.

Parallel zur Dezentralisation, auch durch aktuelle organisatorische Entwicklungen gefördert, werden kleinere, beweglichere Organisationseinheiten geschaffen. Diesen Organisationseinheiten werden alle notwendigen Sachmittel zur Verfügung gestellt, damit sie ihr Geschäftsfeld autonom bearbeiten können.

Diese gerade skizzierte Entwicklung fördert auch den Trend zur Dezentralisation der Organisation und der Datenverarbeitung. Die früheren technischen und personellen Zwänge zur Bündelung von EDV-Leistungen in einer Zentrale bestehen heute nicht mehr in gleichem Umfang wie früher. Der immer stärkere Einsatz von Standardsoftware anstelle von Eigenentwicklungen fördert ebenfalls die Dezentralisation.

Da immer mehr Menschen Technik nutzen, deren Funktionsweise sie nicht kennen - und auch nicht kennen müssen - steigt der Unterstützungsbedarf. Darauf wurde oben bereits hingewiesen. Aus organisatorischer Sicht müssen Zuständigkeiten für eine solche Unterstützung geschaffen werden. Diese Aufgaben können von Spezialisten übernommen oder von Mitarbeitern in den Fachabteilungen "nebenbei" erledigt werden. Zusätzlich entwickeln sich neue Berufsbilder. So werden Spezialisten benötigt für den Einsatz und die Wartung der Technik, für den Betrieb von Netzen, für den Schutz und die Sicherheit von schützenswerten und wichtigen Daten. Der Anteil der indirekt tätigen Mitarbeiter steigt in diesem Umfeld trotz schlanker Strukturen an.

Ein letztes Beispiel für Änderungen der Organisation: Immer mehr Mitarbeiter verbringen einen immer größeren Teil ihrer Arbeitszeit damit, die vorhandenen Sachmittel zu nutzen. So erstellen qualifizierte und damit teure Mitarbeiter auf allen hierarchischen Ebenen für interne Zwecke Dokumente (z.B. Berichte, Gutachten, Präsentationsunterlagen, Protokolle), die formal höchsten Ansprüchen genügen. Die Messlatte für derartige Unterlagen wird immer höher gelegt. Dabei wird selten geprüft, ob der damit verbundene Zeitbedarf - und damit die Kosten - in einem sinnvollen Verhältnis zum Ergebnis stehen. Durch Perfektionsdrang werden die Kosten in die Höhe getrieben. An diesem Beispiel wird deutlich, dass das Licht einer leistungsfähigen Technik auch harte Schatten werfen kann. Es ist eine geschäftspolitische, organisatorische Aufgabe, solche Fehlentwicklungen in Grenzen zu halten.

9.   Prozessorganisation

9.1   Grundlagen

Die Ablauforganisation (Prozessorganisation) hat in den letzten Jahren deutlich an Bedeutung gewonnen. Schlagworte wie **Business Process Reengineering, Geschäftsprozessorganisation** wie auch **Lean Organization** heben die Bedeutung der Optimierung sogenannter Kernprozesse hervor. Es hat auch ein Bewusstseinswandel stattgefunden, was die Rangfolge der Prozessorganisation einerseits und der Aufbauorganisation andererseits angeht. Wurde früher unterstellt, dass die Aufbauorganisation den Rahmen vorgibt, innerhalb dessen dann die Prozesse optimiert werden, herrscht heute die Forderung vor, die Kernprozesse zu optimieren – also erst einmal grundlegende Prozesse zu gestalten - ehe die aufbauorganisatorischen Teilsysteme gestaltet werden. Wie so oft im Leben, dürfte auch hier die Wahrheit eher in der Mitte liegen, etwa in der Form, dass sich beide Aspekte gegenseitig ergänzen müssen, was die Frage nach „Henne oder Ei" entbehrlich macht. Bei der Trennung in Aufbauorganisation und Prozessorganisation handelt es sich lediglich um einen gedanklichen Kunstgriff, der dazu beitragen soll, die Komplexität realer Systeme beherrschbar zu machen, indem unmittelbar zusammenhängende Sachverhalte gedanklich nacheinander bearbeitet werden. Allerdings kann es durchaus sein, dass ein Ergebnis letztlich anders aussieht, wenn mit den Prozessen begonnen wird, ehe man sich auf die Aufbauorganisation konzentriert oder umgekehrt. Die Psychologie stellt für solche Phänomene eindrucksvolles Material bereit.

Zur Aufbauorganisation gehören folgende Regelungen, die bereits behandelt wurden:

– Zusammenfassen von Aufgaben für Personen (Stellenbildung),
– Verbindung von Stellen durch Leitungsbeziehungen,
– bereitstellen von Informationen,
– Einrichtung von Kommunikationsbeziehungen,
– bereitstellen von Sachmitteln.

Aus Sicht eines Stelleninhabers steht damit fest:

– Was er zu tun hat,
– wem er unter- bzw. übergeordnet ist,
– welche Informationen er erhält bzw. zu liefern hat,
– welche Kommunikationswege ihm zur Verfügung stehen,
– welche Sachmittel bereitstehen.

Darüber hinaus können im Detail jedoch noch **weitere Regelungen** notwendig sein. Beispielsweise muss geregelt werden

- **wie** die Aufgaben im Einzelnen zu erfüllen sind,
  - welche Schritte in welcher **Reihenfolge** zu tun sind,
  - unter welchen **Bedingungen** eine Aufgabe zu erledigen ist,
  - wie das anfallende **Volumen** bewältigt werden soll (z.B. kontinuierlich oder stapelweise).
- **wo** die Aufgaben zu erfüllen sind, **wohin** Arbeitsergebnisse zu liefern sind bzw. **woher** etwas zu beschaffen ist.
- **wann** und wo **Kontakte** mit den über- oder untergeordneten Stellen stattfinden.
- wann Informationen geliefert werden bzw. zu liefern sind.
- zu welchen Zeiten Kommunikation stattfinden kann oder soll.
- wann und wo welche Sachmittel zur Verfügung stehen bzw. genutzt werden können.

Hinter diesen Beispielen verbergen sich einmal die sogenannten logischen Folgebeziehungen (unverzweigte und verzweigte Folgebeziehungen, Verknüpfungen und Rückkoppelungen) und zum anderen die sogenannten **Dimensionen der Organisation**, die in dem **Organisationswürfel** vorgestellt wurden

- Zeit,
- Raum,
- Menge.

Unten werden die logischen Folgebeziehungen beispielhaft dargestellt.

Hier sollen zusätzlich einige praktische Beispiele für die Regelung der Dimensionen in der Prozessorganisation gezeigt werden.

Dimensionen			Beispiele
Zeit	**wann**	Zeitpunkt der Aufgabenerledigung	Übermitteln der Rechnungsdaten an die Buchhaltung um 16.00 Uhr
		Zeitliche Folge und Dauer der Aufgabenerfüllung	Erst Post öffnen (20 Minuten), dann stempeln (5 Minuten), dann weiterleiten (2 Minuten)
		Zeitpunkt der Weiterleitung von Informationen	Abgabe einer Umsatzstatistik jeweils zum Monatsende
	wie lange	Zeitraum der Bearbeitung	Verpacken und versenden in der Zeit von 13.00 bis 17.00 Uhr
Raum	**wo**	Standort	Arbeitsplatz Versand in Tiefparterre
			Standort Drucker im Raum X
			Ort der Registratur im Keller

	woher/-wohin	Transportwege	Abholen der Post vom Posteingang (örtlich)
			Übermittlung der Auftragsdaten an Versand über vorhandenes Datennetz
			Transport über Lastenaufzug
Menge	**wieviel**	Anzahl	Pro Tag müssen bis zu 100 Aussendungen bewältigt werden
		Gruppierung	Bestellungen sind in Stapeln ≥ 10 an den Versand weiterzugeben

Abb. 9.1 Dimensionen der Prozessorganisation

In der **Prozessorganisation** werden also logische Folgebeziehungen geregelt. Darüber hinaus werden deren zeitliche, räumliche und mengenmäßige Dimensionen konkretisiert. Es handelt sich um dynamische Zusammenhänge - im Unterschied zu den statischen Beziehungen in der Aufbauorganisation.

9.2   Ziele der Prozessorganisation

Ziele sind **erwünschte Wirkungen** bzw. **Zustände**. Sie lassen sich erkennen über die Frage: **Was soll erreicht werden?**

Die Ziele der Prozessorganisation leiten sich aus den **Unternehmenszielen** ab. Solche Unternehmensziele sind normalerweise sehr allgemein gehalten. Sie lauten beispielsweise: Sicherstellen von kontinuierlichem Wachstum, Erzielen eines möglichst großen Gewinnes, Erweitern von Marktanteilen, Sicherung des Unternehmens usw.

Aus den eher globalen Unternehmenszielen müssen **Ziele abgeleitet** werden, die von den Aufgabenträgern **in der praktischen Arbeit umgesetzt werden können** und die vor allem auch messbar sind, d.h. es muss überprüft werden können, ob bzw. inwieweit die Ziele erreicht worden sind.

In der Praxis formuliert man normalerweise stellenbezogene oder objektbezogene Ziele. Die wichtigsten Ziele der Prozessorganisation sind die

–   Maximierung der Kapazitätsauslastung von Stellen oder Sachmitteln und die
–   Minimierung der Durchlaufzeit von Objekten (z.B. Aufträgen).

Maximierung der Kapazitätsauslastung

Mitarbeiter stellen eine bestimmte Kapazität - beispielsweise 8 Stunden pro Tag und 180 Stunden pro Monat zur Verfügung. Bei Mitarbeitern, die nicht leistungsabhängig bezahlt werden, ist diese Arbeitszeit zu vergüten, unabhängig davon, in welchem Umfang sie genutzt wird (Fixkosten). Betriebswirtschaftlich ist es also sinnvoll, diese **verfügbare Kapazität möglichst gut zu nutzen.** Der Anteil der nicht produktiv genutzten Arbeitszeit verursacht **Leerkosten.** Steht dem Aufwand jedoch eine Arbeitsleistung gegenüber, erfüllt der Mitarbeiter also seine Aufgabe, spricht man von **Nutzkosten.**

Durch ablauforganisatorische Regelungen soll sichergestellt werden, dass der Anteil der Leerkosten möglichst gering und damit der **Anteil der Nutzkosten möglichst hoch** ist. Das kann vor allem dadurch erreicht werden, dass die **Wartezeiten der Aufgabenträger** möglichst **klein** sind. Es ist durch entsprechende Regelungen dafür zu sorgen, dass bei den Aufgabenträgern immer ausreichend Arbeit vorliegt. Je weniger Mitarbeiter eingesetzt werden, desto kleiner werden - bei gleichbleibender Arbeitsmenge - die Leerkosten für das Personal. Außerdem hat das zur Folge, dass ein Mitarbeiter mehr Objekte bearbeitet, je besser er ausgelastet ist, d.h. dass die **Kosten pro Stück** auch entsprechend geringer werden. Es ist also naheliegend, die bereitgestellte Kapazität möglichst knapp zu halten. Diese Aussagen gelten in gleichem Sinne auch für die Auslastung von Sachmitteln.

Da der Arbeitsanfall normalerweise nicht gleichmäßig erfolgt, kann die Maximierung der Auslastung eine sehr **unerwünschte Auswirkung** haben: die **Durchlaufzeit** der bearbeiteten Objekte (etwa die technische Herstellung eines Buches) kann sehr **lang** werden. Und damit wird gegen das zweite Oberziel der Prozessorganisation verstoßen, die **Minimierung der Durchlaufzeit.**

Minimierung der Durchlaufzeit

Eine **Durchlaufzeit** ist die **Zeitdauer,** die *für die* **Bearbeitung eines einzelnen Vorganges** (Objektes) benötigt wird, **einschließlich** der dabei anfallenden **Transport-** und **Liegezeiten.** So ist die Durchlaufzeit einer Bestellung die Zeit von der Auftragsannahme bis zur Auslieferung an den Kunden. Offensichtlich ist es oft schon aus Wettbewerbsgründen sehr wichtig, diese Durchlaufzeit möglichst klein zu halten. Außerdem wird bei kurzen Durchlaufzeiten weniger Kapital gebunden (etwa bei der Herstellung von Büchern, je eher das Buch fertig ist, desto schneller können Umsatzerlöse erzielt werden). Es ist also sehr sinnvoll, die Durchlaufzeiten zu minimieren.

Wie lässt sich nun die Durchlaufzeit minimieren? Die Summe aller Bearbeitungs-, Liege- und Transportzeiten ergibt die Durchlaufzeit. Somit kann die **Durchlaufzeit verkürzt** werden, wenn

– Bearbeitungszeiten
– Transportzeiten und
– Liegezeiten

verkürzt werden.

Die **Bearbeitungszeiten** können beispielsweise verkleinert werden, indem unnötige Verrichtungen (z.B. mehrfache Kontrollen) vermieden werden. **Transportzeiten** können z.B. durch den Einsatz zeitsparender Transportmittel ebenso verringert werden wie durch eine geeignete räumliche Anordnung von Aufgabenträgern, um lange Wege zu vermeiden. **Liegezeiten** können verkürzt werden, indem die zu bearbeitenden Objekte so schnell wie möglich an die Reihe kommen, indem also immer ausreichende Kapazitäten vorhanden sind.

Aufbauorganisatorisch lassen sich sowohl Transport- wie auch Liegezeiten verringern, wenn Aufgaben zusammengefasst - nicht arbeitsteilig erledigt - werden, wenn also beispielsweise die Annahme von Bestellungen, die Prüfung der Lieferfähigkeit, die Prüfung des Auftrages auf Vollständigkeit und die Bonitätsprüfung in einer Hand liegen. Hier wird wieder der enge Zusammenhang von Aufbau- und Prozessorganisation sichtbar.

Auf die Verkürzung der Zeitarten wird unten noch einmal eingegangen im Abschnitt „Gestaltung von Prozessen".

Dilemma der Prozessorganisation

Die beiden **Ziele**

- Maximierung der Kapazitätsauslastung und
- Minimierung der Durchlaufzeit von Objekten

vertragen sich normalerweise nicht miteinander. Man spricht hier vom Dilemma der Prozessorganisation. Verkürzt gesagt, führt in aller Regel eine **Maximierung der Kapazitätsauslastung** - z.B. durch sehr enge Kapazitäten - zu sehr **langen Durchlaufzeiten**, weil die Bearbeitungsobjekte bei ungleichmäßigem Arbeitsanfall warten müssen, wenn die Aufgabenträger oder Sachmittel momentan überlastet sind. Werden die Kapazitäten vergrößert, sinken die Durchlaufzeiten, es steigen aber gleichzeitig die Leerkosten.

Dieses Dilemma kann nur gelöst werden, indem die miteinander **konkurrierenden Ziele gewichtet** werden. Es muss also entschieden werden, was wichtiger ist, sehr kurze Durchlaufzeiten bei hohen Kapazitäten und damit hohen Kosten oder niedrigere Kosten bei längeren Durchlaufzeiten. Über diese Gewichtung muss in jedem einzelnen Fall entschieden werden. Sie hängt von vielen Faktoren ab insbesondere von der jeweiligen Wettbewerbssituation, von Rentabilitäts- und Liquiditätszielen usw.

Die Abbildung 9.2 soll die Hauptziele der Prozessorganisation noch einmal zusammenfassend verdeutlichen.

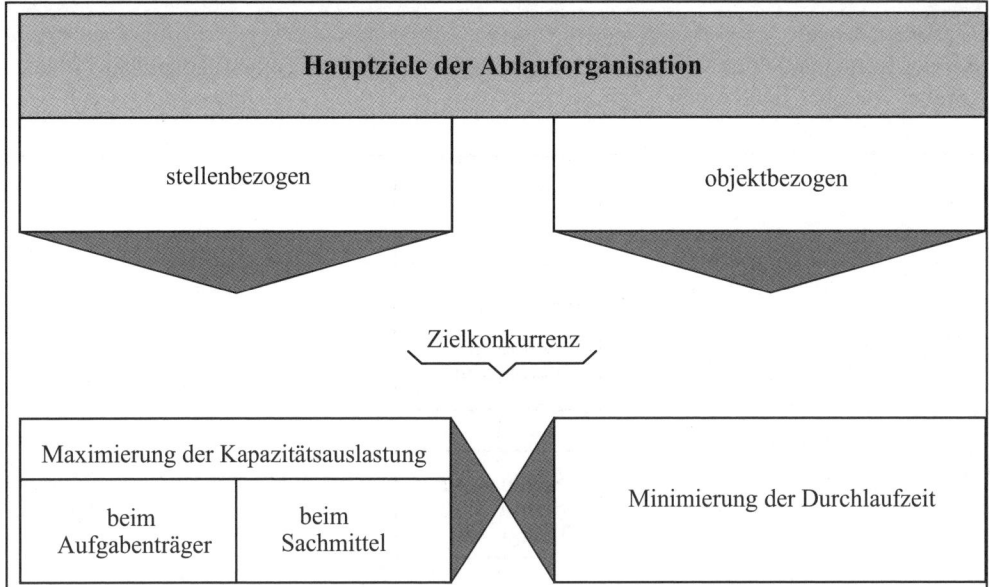

Abb. 9.2 Ziele der Prozessorganisation

9.3 Von der Aufgabenanalyse zur Prozessorganisation

Wie schon aus dem Würfel hervorgeht, sind **Aufgaben Elemente** oder Bausteine der **Prozessorganisation**. Sollen Prozesse geregelt werden, müssen die Aufgaben bekannt sein. In der Praxis geht man häufig von vorhandenen, sehr wichtigen Prozessen (Kernprozessen) aus und versucht, sie zu verbessern. Das ist ein möglicher Weg, wenn ein Prozess bereits besteht. Alternativ kann eine Aufgabenanalyse durchgeführt werden. In der Aufgabenanalyse werden die Aufgaben formal gegliedert, ohne bereits die Prozesse darzustellen. Das in der Analyse erhobene und geordnete Aufgabenmaterial muss also noch „dynamisiert" werden.

9.3.1 Grundformen von Prozessen

Selbst die kompliziertesten **Prozessstrukturen bestehen** immer **aus einer Kombination von nur sechs Grundformen**, die nun kurz dargestellt werden sollen.

Kette

Bei der Kette handelt es sich um eine unverzweigte Folge von Teilaufgaben. Der Prozess „fließt" von oben nach unten.

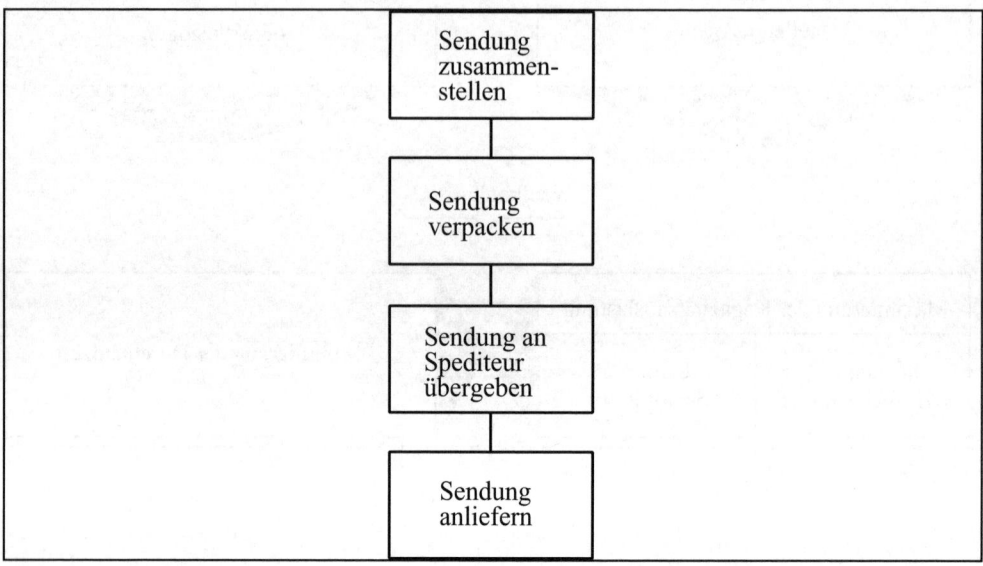

Abb. 9.3 Kette

UND-Verzweigung

Können oder sollen Aufgaben parallel nebeneinander durchgeführt werden, wird dieses grafisch durch die UND-Verzweigung dargestellt

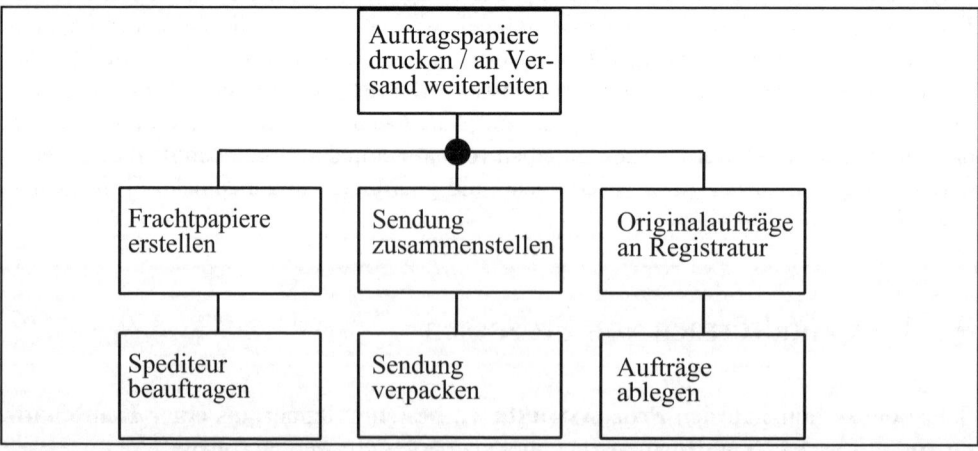

Abb. 9.4 UND-Verzweigung

UND-Verknüpfung

Die nach einer Verzweigung parallel verlaufenden Äste können getrennt ihren Abschluss finden oder aber sich wieder vereinigen und eine gemeinsame Fortsetzung haben. Die Verknüpfung wird durch einen Punkt • gekennzeichnet, um eindeutig erkennen zu können, dass hier nach einer UND-Verzweigung verknüpft wird.

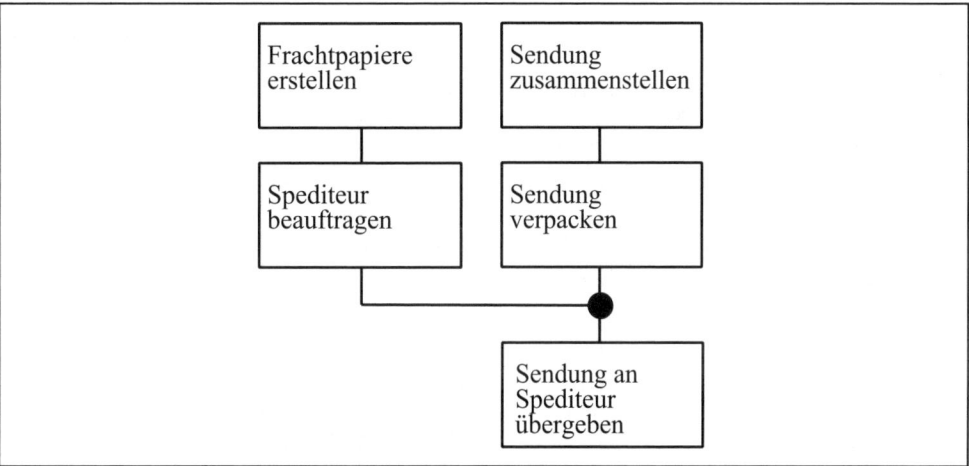

Abb. 9.5 UND-Verknüpfung

ODER-Verzweigung

Eine ODER-Verzweigung tritt auf, wenn sich zwei oder mehr Alternativen gegenseitig ausschließen (exklusives ODER). Die Verzweigung wird durch eine Raute gekennzeichnet.

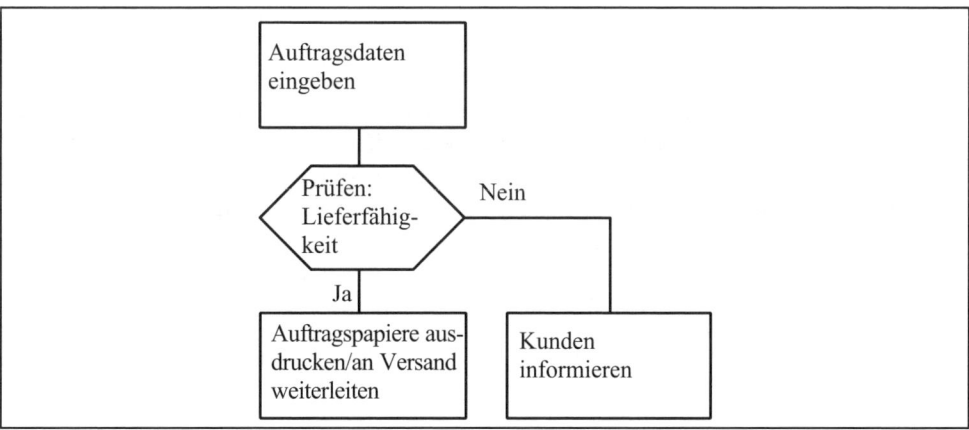

Abb. 9.6 ODER-Verzweigungen

ODER-Verknüpfung

Wie im Fall der UND-Verknüpfung ist es auch nach einer ODER-Verzweigung möglich, dass die alternativen Äste gemeinsam fortgesetzt und deshalb wieder zusammengeführt werden müssen. Hier wird ein Pfeil ← verwendet, um die Verknüpfung der beiden Flusslinien darzustellen. So ist eindeutig erkennbar, dass hier eine Zusammenführung nach einer ODER-Verzweigung vorliegt.

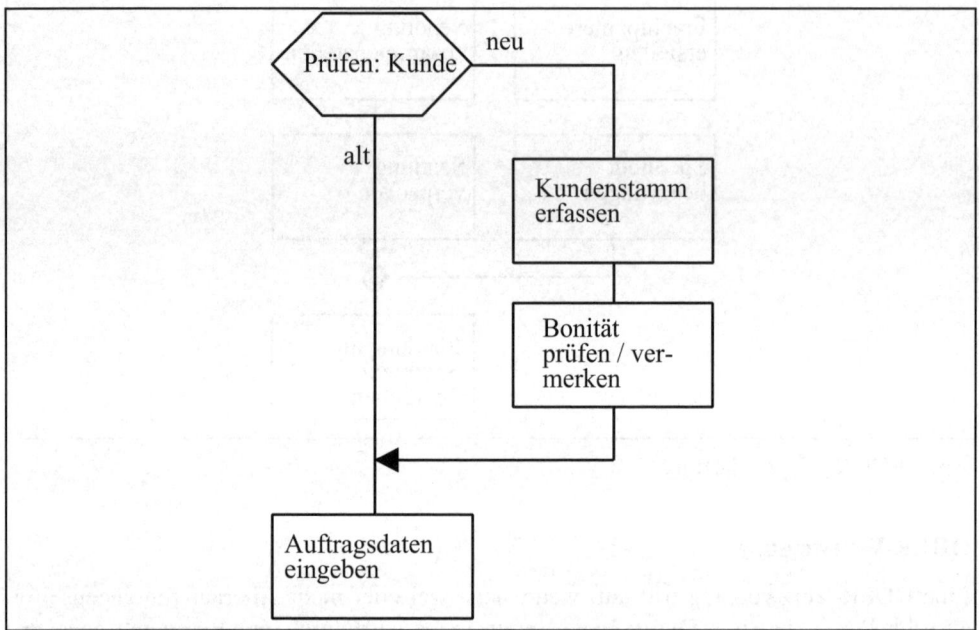

Abb. 9.7 ODER-Verknüpfung

ODER-Rückkopplung

Wird in einem Prozess die Bedingung geprüft, ob weiter gemacht werden kann oder ob zu einer früheren Aufgabe zurückgesprungen werden muss, liegt eine ODER-Rück-kopplung vor. Im Kern handelt es sich um eine ODER-Verzweigung mit einer ODER-Verknüpfung, allerdings wird hier nach "oben" und nicht nach "unten" verzweigt. Der-artige ODER-Rückkopplungen treten immer auf, wenn geprüft werden muss, ob etwas fertig bearbeitet, abgeschlossen, richtig etc. ist.

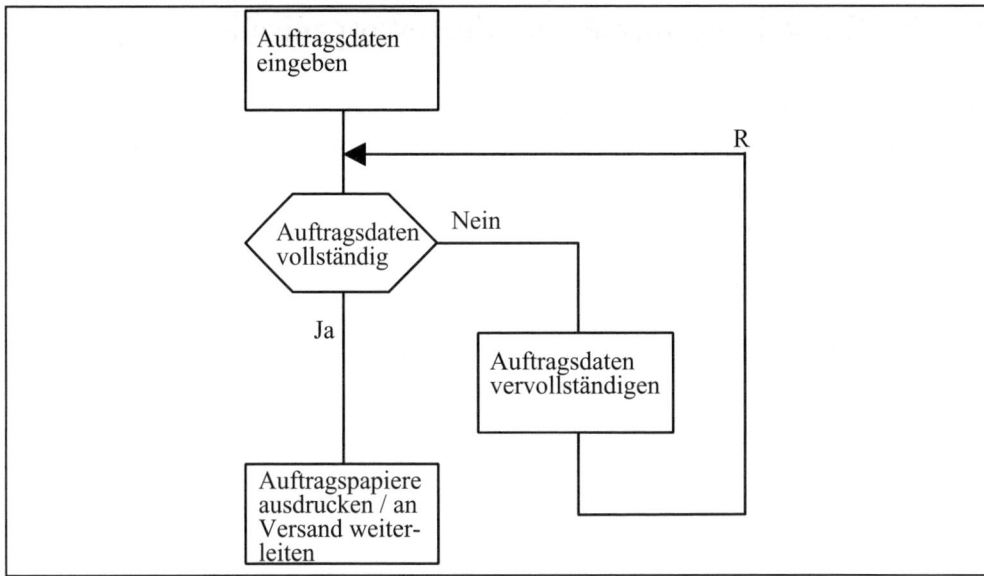

Abb. 9.8 ODER-Rückkopplung

Abschließend sollen die Grundformen noch einmal als Übersicht dargestellt werden.

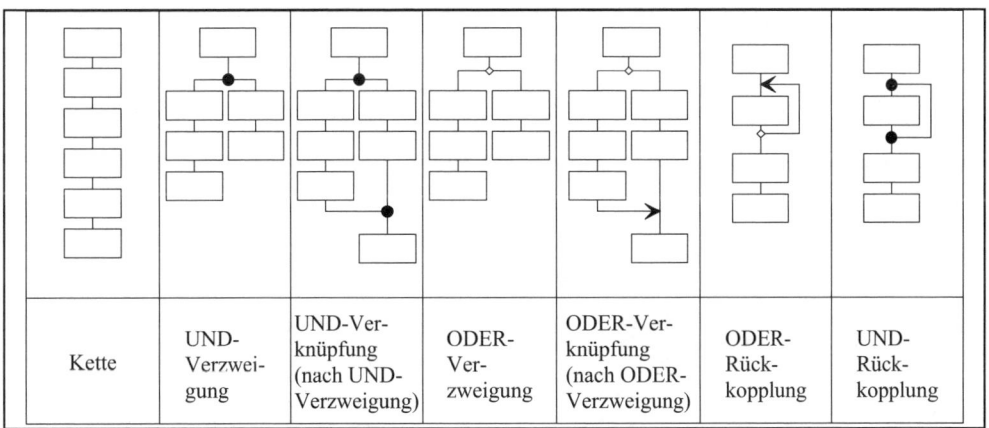

Kette	UND-Verzwei-gung	UND-Ver-knüpfung (nach UND-Verzweigung)	ODER-Ver-zweigung	ODER-Ver-knüpfung (nach ODER-Verzweigung)	ODER-Rück-kopplung	UND-Rück-kopplung

Abb. 9.9 Übersicht über die Grundformen

9.3.2   Darstellungsformen der Prozessorganisation

Der Prozess in einer Auftragsabwicklung soll dazu dienen, verschiedene Formen der Darstellung zu demonstrieren. Auf den folgenden Seiten finden sich Beispiele für

– Aufgabenfolgeplan,
– Aufgabenstrukturbild,
– Geblockten Text[1],
– Entscheidungstabelle.

---

[1] Aufgabenfolgeplan, Aufgabenstrukturbild und Geblockter Text wurden mit dem ibo Process-Designer 4.0 erstellt

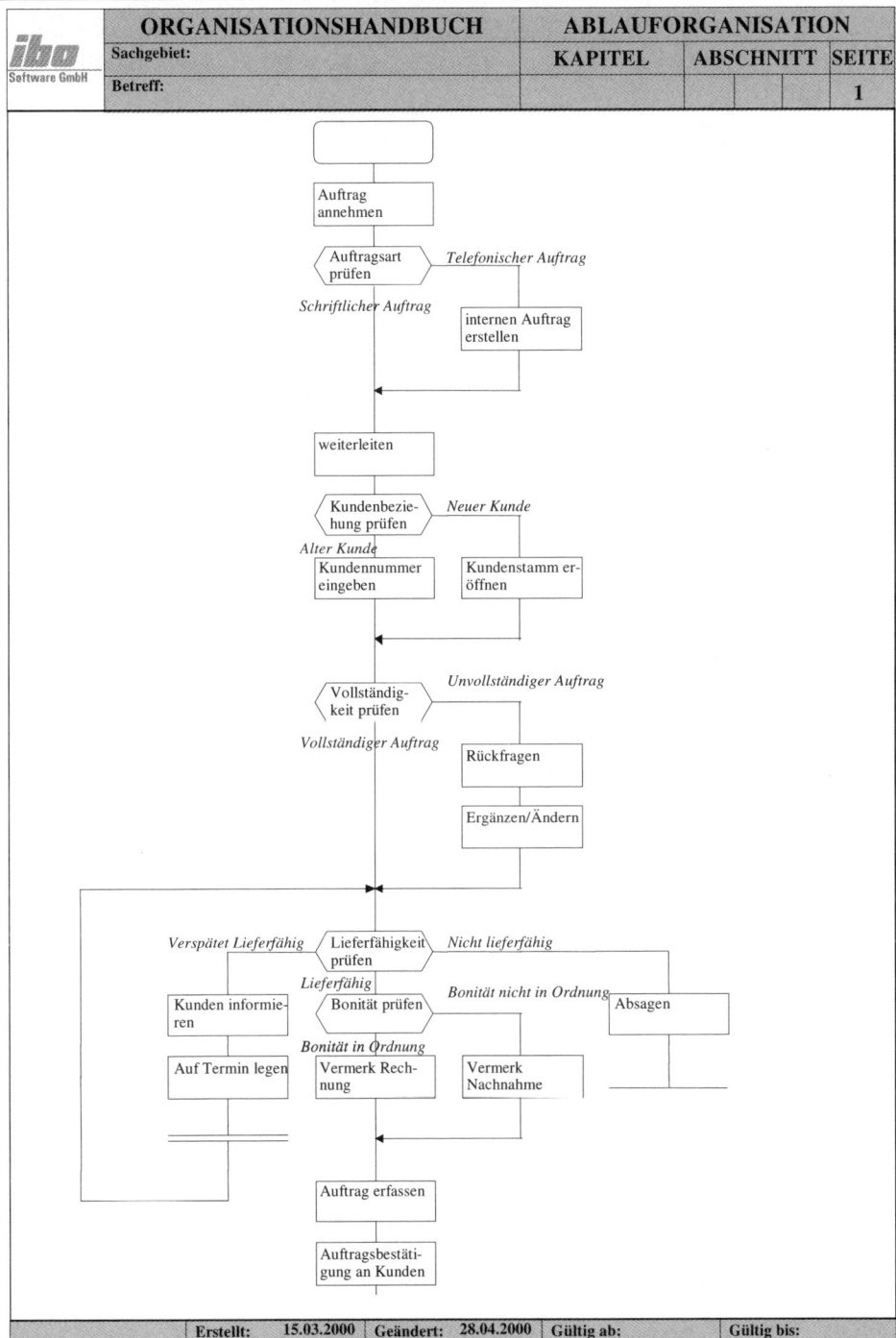

Abb. 9.10: Aufgabenfolgeplan Auftragsabwicklung

ORGANISATIONSHANDBUCH		ABLAUFORGANISATION		
ibo Software GmbH Sachgebiet:		**KAPITEL**	**ABSCHNITT**	**SEITE**
Betreff:				**1**

KD	FRM	ST	SM	BD	AG	Beschreibender Text
		KD				**KUNDE**
		AA				**AUFTRAGSANNAHME**
					1	Auftrag annehmen
				A		*Auftragsart prüfen*
				A1		*Telefonischer Auftrag*
				A2		*Schriftlicher Auftrag*
					2	internen Auftrag erstellen
					3	weiterleiten
				B		*Kundenbeziehung prüfen*
				B1		*Neuer Kunde*
				B2		*Alter Kunde*
		VS				**VERKAUFSSACHBEARBEITER**
					4	Kundennummer eingeben
					5	Kundenstamm eröffnen
				C		*Vollständigkeit prüfen*
				C1		*Unvollständiger Auftrag*
				C2		*Vollständiger Auftrag*
					6	Rückfragen
					7	Ergänzen/Ändern
				D		*Lieferfähigkeit prüfen*
				D1		*Nicht lieferfähig*
				D2		*Lieferfähig*
				D3		*Verspätet lieferfähig*
					8	Kunden informieren
				E		*Bonität prüfen*
				E1		*Bonität nicht in Ordnung*
				E2		*Bonität in Ordnung*
					9	Absagen
					10	Auf Termin legen
					11	Vermerk Rechnung
					12	Vermerk Nachnahme

Erstellt: 15.03.2000	Geändert: 24.05.2000	Gültig ab:	Gültig bis:

Abb. 9.11: Folgestruktur

ibo Software GmbH	ORGANISATIONSHANDBUCH		ABLAUFORGANISATION		
	Sachgebiet:		KAPITEL	ABSCHNITT	SEITE
	Betreff:				1

KUNDE

AUFTRAGSANNAHME
• Auftrag

AUFTRAGSANNAHME
• Auftragsart

Schriftlicher Auftrag	Telefonischer Auftrag
	AUFTRAGSANNAHME • internen Auftrag

AUFTRAGSANNAHME
• weiterleiten
VERKAUFSSACHBEARBEITER
• Kundenbeziehung

Alter Kunde	Neuer Kunde
VERKAUFSSACHBEARBEITER • Kundennummer	**VERKAUFSSACHBEARBEITER** • Kundenstamm

VERKAUFSSACHBEARBEITER
• Vollständigkeit prüfen

Vollständiger Auftrag	Unvollständiger Auftrag
	VERKAUFSSACHBEARBEITER • Rückfragen
	VERKAUFSSACHBEARBEITER • Ergänzen/Änder

A **VERKAUFSSACHBEARBEITER**
• Lieferfähigkeit

Verspätet lieferfähig	Lieferfähig	Nicht lieferfähig
VERKAUFSSACHBEARBEITER • Kunden	**VERKAUFSSACHBEARBEITER** • Bonität prüfen	**VERKAUFSSACHBEARBEITER** • Absagen
VERKAUFSSACHBEARBEITER • Auf Termin legen		

	Bonität in Ordnung	Bonität nicht in Ordnung
	VERKAUFSSACHBEARBEITER • Vermerk Rechnung	**VERKAUFSSACHBEARBEITER** • Vermerk

VERKAUFSSACHBEARBEITER
• Auftrag
VERKAUFSSACHBEARBEITER
• Auftragsbestätigung an
VERKAUFSSACHBEARBEITER
• Auftragspapiere an
VERSAND
• Empfänger

Inländischer Auftrag	Ausländischer Auftrag
VERSAND • Gewicht	**VERSAND** • Dringlichkeit

Sendung < 10 kg	Sendung >= 10 kg	Hohe Dringlichkeit	Geringe Dringlichkeit
VERSAND • Dringlichkeit	**VERSAND** • Dringlichkeit	**VERSAND** • Luftfrachtpapier erstellen	**VERSAND** • Bahnfrachtpapier erstellen

Erstellt: 27.03.2000	Geändert: 18.05.2000	Gültig ab:	Gültig bis:

Abb. 9.12: Geblockte Texte

Entscheidungstabellen

Sollen komplexe Prozesse mit mehreren "Oder-Verzweigungen" dargestellt werden, haben sich Entscheidungstabellen bewährt. Der Grundaufbau einer Entscheidungstabelle sieht folgendermaßen aus.

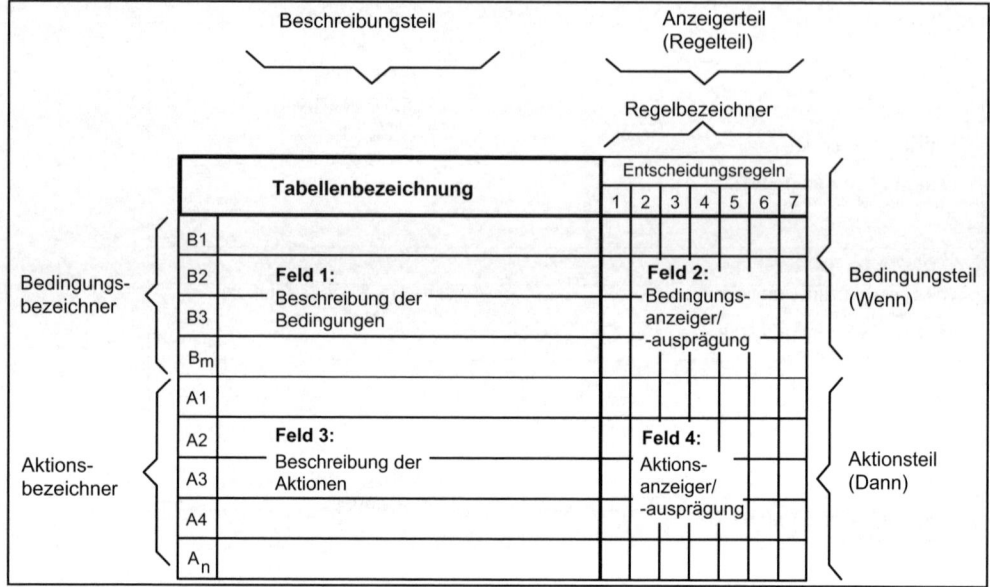

Abb. 9.13 Grundaufbau einer Entscheidungstabelle

Anhand eines Beispiels zu einer Auftragsbearbeitung soll eine Entscheidungstabelle gezeigt werden. Es wird von folgenden **Bedingungen** ausgegangen

- Lieferfähig,
- Angaben vollständig,
- Bonität in Ordnung,

die alle erfüllt (in der Tabelle durch J gekennzeichnet) oder nicht erfüllt (in der Tabelle durch N gekennzeichnet) sein können. Daraus lassen sich rechnerisch $2^n = 8$ (n = Anzahl der Bedingungen) Bedingungskombinationen ermitteln. Für jede Kombination muss eine organisatorische Regelung getroffen werden. Folgende "Aktionen", abhängig von der Bedingungskombination, können ergriffen werden:

- Lieferung mit Rechnung,
- Lieferung als Nachnahme,
- Angaben vervollständigen,
- Kunden mitteilen: Nicht lieferbar.

In der Tabelle wird durch ein Kreuz angezeigt, wenn eine Aktion zu ergreifen ist. Freie Stellen bedeuten, dass diese Aktion nicht ergriffen wird. Die vollständige Tabelle sieht dann folgendermaßen aus.

	R1	R2	R3	R4	R5	R6	R7	R8
Lieferfähig	J	J	J	J	N	N	N	N
Angaben vollständig	J	J	N	N	J	J	N	N
Bonität in Ordnung	J	N	J	N	J	N	J	N
Lieferung mit Rechnung	X		X					
Lieferung als Nachnahme		X		X				
Angaben vervollständigen			X	X				
Mitteilen: Nicht lieferbar					X	X	X	X

Abb. 9.14 Entscheidungstabelle Auftragsbearbeitung

Es gibt in diesem Beispiel acht sogenannte Entscheidungsregeln. Jede Spalte im rechten Teil der Tabelle beinhaltet eine Entscheidungsregel. Regel 1 (R1) liest sich: Wenn der Lieferant lieferfähig ist, die Angaben auf der Bestellung vollständig sind und die Kundenbonität in Ordnung ist, dann erfolgt die Lieferung per Rechnung.

In allen Fällen, wo der Lieferant nicht liefern kann, wird immer die gleiche Aktion ergriffen; die anderen Bedingungen sind unerheblich (gekennzeichnet durch "-"). Dann kann die Tabelle verdichtet werden auf 5 Entscheidungsregeln.

	R1	R2	R3	R4	R5
Lieferfähig	J	J	J	J	N
Angaben vollständig	J	J	N	N	-
Bonität in Ordnung	J	N	J	N	-
Lieferung mit Rechnung	X		X		
Lieferung als Nachnahme		X		X	
Angaben vervollständigen			X	X	
Mitteilen: Nicht lieferbar					X

Abb. 9.15 Entscheidungstabelle: Auftragsbearbeitung (verdichtet)

Diese Entscheidungstabelle kann in eine sogenannte erweiterte Entscheidungstabelle umgesetzt werden, die sich sehr gut als Arbeitsanweisung eignet.

Auftragsbearbeitung				
Lieferfähig				Nicht lieferfähig
Angaben vollständig		Angaben nicht vollständig		
Bonität i.O.	Bonität nicht i.O.	Bonität i.O.	Bonität nicht i.O.	
Lieferung mit Rechnung	Lieferung als Nachnahme	Angaben ergänzen Lieferung mit Rechnung	Angaben ergänzen Lieferung als Nachnahme	Kunden mitteilen

Abb. 9.16 Erweiterte Entscheidungstabelle

Arbeitsanweisungen

Mit Ausnahme der Folgestruktur können alle hier gezeigten Formen der Dokumentation auch als Arbeitsanweisung verwendet werden. Die Folgestruktur ist eine sehr verdichtete Darstellung, die sich als Werkzeug der Analyse und Würdigung für den spezialisierten Organisator/Analytiker sehr bewährt hat. Da sie erklärungs- und gewöhnungsbedürftig ist, sollte sie dem Fachbereich nicht als Arbeitsanweisung "zugemutet" werden. Besonders bewährt als Dokumentation für die Anwender haben sich

– Aufgabenfolgepläne,
– Geblockte Texte,
– Entscheidungstabellen (allerdings dann in der erweiterten Form).

Die oben gezeigten Formen der Dokumentation - ausgenommen Entscheidungstabellen - sind als Folgestruktur erfasst und mit dem Produkt Process-Designer 4.0 automatisch als Aufgabenfolgeplan und als Geblockter Text umgewandelt.

Obwohl Arbeitsanweisungen gelegentlich als nicht mehr zeitgemäß bezeichnet werden, ist in jüngster Zeit eine deutliche "Wiederbelebung" zu erkennen, weil Qualitätsmanagement-Systeme wie auch Revisoren dokumentierte Prozesse fordern.

9.4   Optimieren von Prozessen

9.4.1   Analyse und Würdigung von Prozessen

Analyse

Unter Analyse wird die Untersuchung von Arbeitsabläufen nach Mengen und Zeiten verstanden. Wenn Prozesse schneller, flexibler und fehlerfreier gemacht werden sollen, müssen sie hinsichtlich ihrer Komplexität, der Zahl der Varianten, der Häufigkeit, in der verschiedene Fälle vorkommen, untersucht werden. Das wird hier als Analyse bezeichnet. Die Analyse ermittelt objektive Werte, die dann in der sogenannten Würdigung bewertet werden müssen. Es ist dann also zu entscheiden, ob ein Wert noch tolerierbar, oder ob eine Reorganisation erforderlich ist.

Folgende Analysen können bei Prozessen durchgeführt werden.

Analyse von Prozessen	
Mengenanalysen	**Beispiele/Erläuterungen**
Aufgabenhäufigkeiten Häufigkeitsanteile von bestimmten Prozessästen	Es wird ermittelt, wie oft eine Aufgabe durchgeführt wird. Das ist insbesondere wichtig, wenn Prozesse verzweigt sind und bestimmte Aufgaben nur unter genau definierten Bedingungen zu erledigen sind. Diese Analyse bietet eine sehr gute Basis für die Ermittlung von sogenannten Kernprozessen.
ABC-Analyse	Es werden drei Gruppen von Aufgaben gebildet. A-Aufgaben, die 80% der Zeit, B-Aufgaben, die 15% der Zeit, und C-Aufgaben, die die restlichen 5% der Zeit beanspruchen. Normalerweise lohnt es sich am ehesten, die - zumeist wenigen - A-Aufgaben zu untersuchen und neu zu gestalten. Hier liegt das größte Rationalisierungspotenzial.
Zeitanalysen	
Durchlaufzeiten einzelner Prozessäste	Hier werden Zeiten für bestimmte Varianten ermittelt, beispielsweise, wie lange dauert der Versand einer Auslandslieferung, wie lange dauert der Versand an einen Großhändler, wie lange dauert der Versand an den Endverbraucher?
Durchschnittliche gesamte Durchlaufzeiten	Bei der Berechnung der durchschnittlichen Durchlaufzeit ist zu berücksichtigen, dass die verschiedenen Varianten unterschiedlich oft vorkommen. Deswegen müssen die einzelnen Zeiten mit ihrem relativen Häufigkeitsanteil gewichtet werden.

Würdigung

Fehler im Arbeitsergebnis, zu lange Durchlaufzeiten, zu hohe Kosten bei der Leistungserstellung und ähnliche **Probleme sind meistens die Auslöser für eine Würdigung**. Es
kann aber auch sein, dass **systematisch nach Verbesserungsmöglichkeiten gesucht**
wird, selbst wenn gar kein Problem bekannt ist.

Es geht aber nicht nur darum, Probleme sondern auch die dafür verantwortlichen **Ursachen** zu ermitteln, um nicht an Symptomen zu kurieren. Das ist meistens nicht ganz einfach, da oft für ein Problem ganze Ursachenketten oder Ursachenbündel verantwortlich
sind, die gemeinsam zu den unerwünschten Ergebnissen führen.

Als **Werkzeuge der Würdigung** von Prozessen haben sich **bewährt**

– **Prüffragenkataloge bzw. Checklisten**, in denen typische Mängel und deren Ursa-
  chen aufgeführt sind.
– **Systematische - Prozessorientierte - Problemanalyse**, welche die Problemsuche,
  Problemdarstellung und -bewertung sowie die Ursachensuche unterstützt.
– **Benchmarking** - hier wird untersucht, welche Leistung die Besten erbringen, um
  dann selbst mindestens dieses Niveau zu erreichen.

Gute Erfahrungen wurden auch damit gemacht, die Prozesse gemeinsam mit allen am
Prozess Beteiligten grafisch darzustellen und auf ihre Stärken und Schwächen zu untersuchen. Hier zeigt sich, dass die Qualität organisatorischer Lösungen oftmals eine Frage
des „gesunden Menschenverstandes" ist, zu dem die Betroffenen am ehesten beitragen
können.

9.4.2   Gestaltung von Prozessen

Bei der Gestaltung von Prozessen sind die Ziele zu beachten, die mit dem Projekt verfolgt werden. Ein zentrales Ziel ist die "Minimierung" oder zumindest "Verringerung
von Durchlaufzeiten". Es kann angesetzt werden bei den

– Bearbeitungszeiten,
– Transportzeiten,
– Liegezeiten.

Anhand einiger Beispiele soll gezeigt werden, durch welche Maßnahmen diese Zeiten
verkürzt werden können.

Verkürzung von Bearbeitungszeiten z. B. durch

– Eliminierung unnötiger Aufgaben, z. B. Verringerung von Kontrollen,

– Gruppierung von Aufgaben, um Rüstzeiten zu vermeiden - so wird nicht jeder eingehende Auftrag einzeln versandt, sondern es werden jeweils vormittags und nachmittags die Aufträge gesammelt und dann versandt,
– Trennung von Standard- und Sonderfällen (seltene Auslandslieferungen mit Bewilligungsverfahren werden getrennt vom normalen Versand bearbeitet),
– schnellen Zugriff auf notwendige Informationen,
– Qualifizierung der Mitarbeiter, so dass sie auch mit Sonderfällen gut umgehen können,
– ganzheitliche Aufgabenerfüllung (zusammenfassen von Aufgaben, um den Abstimmungsaufwand zu verringern),
– Vermeidung von Rückkopplungen,
– Einsatz geeigneter Sachmittel.

Verkürzung von Transportzeiten z.B. durch

– Zusammenfassung von Aufgaben, d.h. vermeiden von Transporten,
– technische Unterstützung von Kommunikation und Kooperation z.B. durch sogenannte "Groupware- oder Workflow-Systeme", mit denen Mitarbeiter vernetzt und Prozesse durch Software unterstützt werden,
– Anordnung von Arbeitsplätzen z.B. räumliche Nähe der Auftragsabwicklung und des Versandes.

Verkürzung von Liegezeiten z.B. durch

– möglichst gute Abstimmung der Kapazitäten, wenn Bearbeitungsstationen aufeinander folgen (z.B. sollte die Kapazität des Versandes auf die Kapazität der Auftragsabwicklung ausgerichtet sein),
– Verringerung der Anzahl der Bearbeitungsstationen,
– Einrichtung von Parallel-Prozessen.

10. Methode und Techniken der Organisation

10.1 Methode

10.1.1 Einordnung der Methode

Die Methode unterstützt eine planmäßige, zielorientierte Abwicklung von Projekten (Organisation der Organisation). Als **Projekt** wurde ein Vorhaben bezeichnet, das in dieser konkreten Form **einmalig** ist und damit einen definierten Start- und Endtermin hat.

Zur Methode gehören

– die Ablauforganisation von Projekten, in der geregelt wird, welche Aufgaben in welcher zeitlichen Folge zu erledigen sind = **Projektablauf,**
– die Organisation der gedanklichen Auseinandersetzung mit dem Gegenstand des Projektes = **Systemdenken**.

Projektablauf	Systemdenken
Vorgehensmodell als zeitlicher Leitfaden der Projektarbeit	Organisation der gedanklichen Auseinandersetzung mit dem Projekt (z.B. Abgrenzung des Projektes, Zerlegung in Teilprojekte, Ermittlung von Schnittstellen etc.)

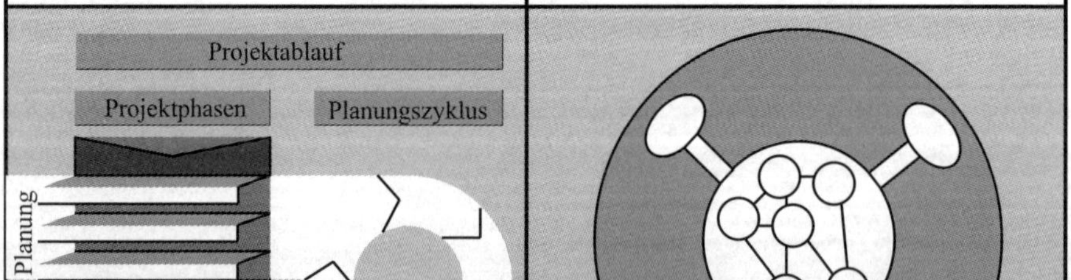

Abb. 10.1 Projektablauf und Systemdenken

10.1.2 Ziele methodischen Vorgehens

Grundsätzlich dient eine Methode dazu, ein möglichst gutes Verhältnis von Ergebnisqualität und Projektaufwand zu gewährleisten. Im Einzelnen werden die folgenden Ziele angestrebt.

Ziele	Erläuterungen
Zielorientiertes Vorgehen	Es soll sichergestellt werden, dass die Ziele der Entscheider erkannt und verfolgt werden. Erst wenn die Ziele bekannt sind, sollen geeignete Lösungen gesucht werden.
Das "richtige" Problem anfassen	Es soll Einigkeit darüber bestehen, was als Problem anzusehen ist. Es sollen nur für solche Bereiche Vorschläge erarbeitet werden, die auch verändert werden dürfen. Den Handlungsspielraum einengende Vorschriften - Randbedingungen, zwingende Vorgaben - sollen so früh wie möglich bekannt sein.
Standardisiertes Vorgehen	Die Organisationsarbeit soll sich an einem Ablaufmodell orientieren, so dass – ein standardisiertes Vorgehen möglich ist, das die Koordination aller Beteiligten erleichtert – die Grundstruktur eines Projektablaufes nicht jedes Mal wieder neu geplant werden muss.
Projektbegleitende Steuerung sicherstellen = Entscheider einbinden	Der oder die Entscheider sollen kontinuierlich den Projektfortschritt steuern - die wichtigen Weichen stellen - da – die Bearbeiter eines Projektes in der Regel über keine eigenen Entscheidungsbefugnisse verfügen (entweder sind es Stäbe oder aber nicht-entscheidungsberechtigte Mitarbeiter aus dem betroffenen Bereich) – dadurch kostspielige Fehlentwicklungen frühzeitig erkannt werden – die Entscheider den Projektfortschritt besser nachvollziehen können, was auch deren Entscheidungsfähigkeit und –bereitschaft fördert.
Beherrschen komplexer Probleme	Es soll gewährleistet werden, dass – die gedankliche Auseinandersetzung mit einem Problem systematisiert (geordnet) und vereinfacht wird – bei der Arbeit im Detail der Überblick erhalten bleibt – Einzellösungen miteinander verträglich sind - Insellösungen vermieden werden.

Rationalisie-rungspotenziale nutzen	Mehrfach benötigte Faktoren (Informationen, Sachmittel, Programme etc.) sollen – möglichst nur einmal entwickelt oder bereitgestellt werden – möglichst standardisiert werden.

10.1.3 Projektablauf

Der Projektablauf und das Systemdenken sind die beiden einander ergänzenden Bestandteile der Methode. Der **Projektablauf** beinhaltet ein Vorgehensmodell als **zeitlichen Leitfaden der Projektarbeit**. Er regelt somit die Bearbeitungsschritte in Projekten.

– Die Grobstruktur des Ablaufes von Projekten wird in den **Projektphasen** und die
– Feinstruktur der Planungsphasen im **Planungszyklus** geregelt.

Das hier vorgestellte Verfahren kann als **Standardablauf** für organisatorische Projekte gelten. Es wurde bewusst allgemein gehalten, um für möglichst viele unterschiedliche Projekte - auch außerhalb des Fachgebiets Organisation - anwendbar zu sein. Die Entwicklung von reinen EDV-Anwendungen folgt heute häufig anderen Mustern - vom Datenmodell oder funktionalen Entwurf über die interaktive, schrittweise Entwicklung von Anwendungsmodulen zur Einführung - die hier aber nicht dargestellt werden soll.

In der Praxis gibt es eine ganze Reihe von Varianten oder Modifikationen des hier vorgestellten Vorgehensmodells. Die meisten betriebsinternen Projektverfahren unterscheiden sich lediglich in der Bezeichnung einzelner Phasen (z.B. Grobkonzept statt Vorstudie) oder in einer mehr oder weniger feinen Untergliederung der Phasen. Allen heute verbreiteten Modellen liegt jedoch das stufenweise Vorgehen vom Groben ins Detail zugrunde, das auch wesentlicher Bestandteil des hier vorgestellten Modells ist.

Abhängig von dem konkreten Vorhaben sind gelegentlich **Modifikationen** wie z.B. die Zusammenlegung von Phasen, direkter Einstieg in spätere Phasen, Planung und Einführung von Teilprojekten etc. sinnvoll. Diese Varianten stellen aber das hier behandelte Modell nicht in Frage, sie ergänzen bzw. variieren es.

10.1.3.1 Planungszyklus

Die Planungsphasen des Vorgehensmodells werden nach dem gleichen Grundmuster abgewickelt. Sie umfassen jeweils einen oder mehrere Zyklen - d.h. eine gleichartige Folge von Bearbeitungsschritten. Innerhalb eines Zyklus sind Rückverzweigungen (Schleifen) möglich. Auch können einzelne Schritte eines Zyklus übersprungen werden, wenn die notwendigen Arbeitsergebnisse bereits vorhanden sind oder im Einzelfall nicht benötigt werden.

Auftrag

Der **Projektleiter hat dafür zu sorgen**, dass ein möglichst **vollständig formulierter Auftrag** vorliegt. Wenn er diesen Auftrag nicht in der benötigten Form bekommt, und das dürfte in der Praxis die Regel sein, ist er angehalten, einen solchen Auftrag zu entwerfen und mit dem Entscheider oder den Entscheidern für das Projekt abzustimmen. Normalerweise ist es zu Beginn eines Projektes noch nicht möglich, einen Auftrag für das gesamte Projekt zu erteilen. Es wird ein **Auftrag** für eine **erste Phase** vereinbart, der nach dem Abschluss dieser Phase wie auch der nachfolgenden Phasen dann dem Wissensstand entsprechend fortgeschrieben oder verändert wird.

Folgende **Bestandteile** gehören zu einem vollständigen **Phasenauftrag**

- Auftragsbezeichnung,
- Ziele,
- Aufbauorganisation,
  - Projektleiter,
  - Projektmitarbeiter,
  - Entscheidungsgremium.
- Projektabgrenzung (was gehört zum Projekt, was nicht),
- Restriktionen (was muss herauskommen, was darf nicht herauskommen),
- Termine (Ende der nächsten Phase),
- Budget (für die nächste Phase),
- Projektinformation (wer ist wann und wie über den Projektfortschritt zu informieren).

Ein **Auftrag** ist ein verbindlicher Vertrag für eine Projektphase zwischen dem Entscheider/den Entscheidern und dem Projektleiter.

Erhebung/Analyse

Nach der Auftragserteilung muss der **Ist-Zustand erhoben** werden, es sei denn, die relevanten Sachverhalte sind bereits bekannt. Es werden Informationen über Aufgaben, deren Volumen, Zeit und Ort des Aufgabenanfalls, über Aufgabenträger, über Sachmittel, über die Aufgabenverteilung, über Abläufe - somit die **Inhalte des Organisationswürfels** - benötigt. Es ist zu beachten, dass nicht nur Informationen über das IST sondern auch über die zukünftige Entwicklung (z.B. Entwicklung des Mengengerüstes) zu erheben sind, da organisatorische Lösungen nicht nur für heute sondern für die überschaubare Zukunft erarbeitet werden.

Die notwendige **Breite und Tiefe der Informationen hängt vom Projektfortschritt ab**. Die Regel heißt, dass in frühen Phasen des Projektes eher breit und global und in den späteren Phasen detailliert erhoben wird.

Von der Qualität der erhobenen Informationen hängt zu einem nicht unerheblichen Teil auch die Qualität der späteren Lösung ab. Zur Erhebung gibt es eine ganze Reihe von Werkzeugen, die sogenannten **Erhebungstechniken**.

Die erhobenen Informationen müssen - wenn dieses nicht bereits durch eine entsprechende Strukturierung in der Erhebung geschehen ist - zusätzlich aufbereitet, geordnet, systematisiert werden, um sie für die spätere organisatorische Gestaltung möglichst aussagefähig zu machen. Diese **Ordnung** wird als **Analyse** bezeichnet. Mit der Analyse ist keine Wertung verbunden. So gehört dazu keine Aussage darüber, ob eine Aufgabenverteilung sinnvoll ist. Das wird - zumindest gedanklich getrennt - in der folgenden Würdigung gemacht.

Würdigung (Diagnose)

Die Würdigung setzt sich wertend mit dem Ist-Zustand auseinander. Sie fragt nach Stärken und Schwächen, Chancen und Risiken der gegenwärtig vorhandenen Lösung.

	Heute	**Zukunft**
Positiv	Stärken	Chancen
Negativ	Schwächen	Risiken

Schwächen sind meistens der Ausgangspunkt für organisatorische Vorhaben. Weil etwas unbefriedigend ist, möchte man es ändern. Allerdings sind zu Beginn eines Projektes meistens noch nicht alle Schwächen bekannt. Sie müssen planmäßig gesucht und auf ihre Ursachen zurückgeführt werden. Intern fehlen oft Maßstäbe dafür, ob eine Lösung gut oder schlecht ist, ob also überhaupt ein Problem vorliegt. Deswegen wird auch versucht, durch einen Blick über den Zaun die eigene Position zu ermitteln. Dazu hat sich ein Ansatz bewährt, der als **Benchmarking** bezeichnet wird. Die eigene Lösung, bzw. deren Leistung wird mit dem "Besten" der Branche, evtl. sogar anderer Branchen verglichen. Die Spitzenleistung Dritter ist dann das Maß für die eigene Leistung.

Die Suche nach Schwachstellen darf aber nicht den Blick für die **Stärken** des Ist-Zustandes versperren, derer man sich oft gar nicht recht bewusst ist. Die Kenntnis der Stärken ist genauso wichtig wie die Kenntnis der Schwachstellen. Nur wenn die Stärken bekannt sind, kann dafür gesorgt werden, dass sie auch für die Zukunft erhalten bleiben.

Da organisatorische Lösungen für die überschaubare Zukunft gemacht werden, ist es wichtig, nicht nur heutige Stärken sondern auch zukünftige **Chancen**, die sich beispielsweise aus neuen Produkten oder Veränderungen des Marktes ergeben können, ebenso wie zukünftige **Risiken** bewusst zu ermitteln. Nur wenn solche Risiken frühzeitig bekannt sind, können vorbeugende Maßnahmen ergriffen bzw. Eventualmaßnahmen vorgesehen werden. Wenn Alltrain etwa das Risiko erkennt, dass zukünftig viele Inhalte nicht mehr in klassischen Seminaren vermittelt werden, dann kann Alltrain sich organisatorisch, technisch und personell auf diese Entwicklung vorbereiten.

Stärken und Schwächen, Chancen und Risiken müssen auf ihre **Ursachen** untersucht werden, um mit neuen Lösungen nicht an Symptomen zu kurieren. Sind die Ursachen für

Schwächen bekannt, ist es oftmals relativ einfach, sinnvolle Lösungen zu finden. Sind die Ursachen für Stärken bekannt, fällt es leichter, sie zu erhalten.

Nach der Ermittlung der Stärken und Schwächen, der Chancen und der Risiken sind die Ziele zu überarbeiten.

Lösungsentwurf

Der Lösungsentwurf beinhaltet die **Suche nach Varianten**, die geeignet sind, die vorher erarbeiteten Ziele zu erreichen.

Vor allem zu Beginn eines Projektes sollte die Lösungssuche breit angelegt sein. Je breiter gesucht wird, desto wahrscheinlicher ist es, eine wirklich gute Lösung zu finden. In der Praxis wird oft nur ein Weg ernsthaft verfolgt, weil die Verantwortlichen überzeugt sind, den richtigen Ansatz bereits zu kennen. Wie gut eine Lösung ist, kann jedoch erst beurteilt werden, wenn sie mit anderen Varianten verglichen wurde. Es gibt normalerweise nicht "die beste Lösung", sondern nur eine Lösung, die wichtige Ziele relativ besser erreicht als die übrigen untersuchten Varianten.

Im Lösungsentwurf kann nur auf wenige Techniken zurückgegriffen werden, dazu sind die Inhalte der Projekte zu unterschiedlich. Allgemein anwendbar sind lediglich die **Kreativitätstechniken**, d. h. Verfahrensregeln für die Suche nach neuen Ideen. Mit ihrer Hilfe werden Prozesse systematisiert, die normalerweise unbewusst ablaufen.

Bewertung und Auswahl

Wenn **Alternativen** erarbeitet wurden, sind sie zu **bewerten**. Dazu werden sie **den Zielen** gegenübergestellt. Zuvor sind die Ziele möglichst eindeutig formuliert - operationalisiert - und gewichtet worden. Als Gewichtung bezeichnet man einen Vorgang, in dem der Stellenwert der Ziele festgelegt wird. Das ist insofern nicht ganz einfach, als es dabei nicht um die Gewichte der Projektbearbeiter geht, vielmehr müssen Annahmen darüber gemacht werden, welche Zielgewichtung sowohl von den Entscheidungsberechtigten akzeptiert, als auch später z.B. von den Betroffenen, den Kunden und anderen "Zielträgern" als angemessen angesehen wird.

Die Variante wird "gewinnen", die möglichst viele wichtige Ziele erreichen hilft. Zur Gewichtung wie auch zur Bewertung kann auf verschiedene **Techniken** wie z.B. Nutzwertanalysen, Kosten-Wirksamkeitsanalysen, Wirtschaftlichkeitsrechnungen zurückgegriffen werden.

Die Bewertung wird dann dem Entscheider bzw. dem Entscheidungsgremium vorgelegt. Ob der Vorschlag akzeptiert wird, hängt zum einen von der Qualität der Lösung und der Bewertung, zum anderen aber auch davon ab, wie gut die Interessen der Entscheider bekannt waren und wie gut die "Verkaufsarbeit" (laufende Information, Argumentation, Präsentation etc.) war. Die Entscheidung durch die Projektinstanz wird dann als **Auswahl** bezeichnet.

Die wesentlichen Bestandteile des Planungszyklus werden in der folgenden Übersicht noch einmal zusammengefasst.

Bestandteile eines Planungszyklus		
Auftrag und Zielformulierung	Ziele, Restriktionen, Projektorganisation, Termine, Kosten (Budget) für diese Phase. Am Ende der Phase muss dann eine Entscheidung eingeholt/gefällt werden. Da Aufträge oft unvollständig (zu vage) oder zu sehr lösungsorientiert formuliert werden, ist ein vollständig formulierter Auftrag als Holschuld des Projektleiters anzusehen.	Wohin sollen wir?
Erhebung	Sammeln relevanter Informationen. Wesentliche Techniken sind Interviews, Fragebogen, Dokumentenstudium, Beobachtungen, Selbstaufschreibungen.	Wo stehen wir?
Analyse	Ordnen des erhobenen Materials. Darstellung (Modellierung) der Problemstellung (welche Faktoren gehören zum untersuchten Bereich, wie hängen diese Faktoren zusammen, welche Faktoren wirken von außen auf das Problem?).	
Würdigung und Zielüberarbeitung	Ermittlung von Stärken und Schwächen, Chancen und Risiken des Ist-Zustandes und deren Ursachen, um bei der Erarbeitung von Lösungsvarianten Stärken zu erhalten/auszubauen bzw. Schwächen zu beseitigen. Dieser Schritt führt zu einer Konkretisierung des Zielkataloges und gegebenenfalls zu einer Zielerweiterung oder –korrektur.	
Lösungsentwurf	Sammlung möglicher Lösungen. In einer ersten Phase sollte der Ist-Zustand ("Null-Variante") grundsätzlich auch eine mögliche Lösung sein, es sei denn, diese wäre nicht zulässig, etwa weil es gesetzliche Vorschriften gibt.	Welche Wege gibt es?
Bewertung	Die Wirkungen möglicher organisatorischer Maßnahmen werden untersucht. Den betrachteten Varianten werden die Ziele gegenübergestellt, um den Zielerreichungsgrad der Varianten zu ermitteln.	Welcher Weg ist der beste?
Auswahl	Die Auswahl schließt sich an die Bewertung an. Der Bewertungsvorschlag wird durch die Entscheidungsberechtigten überprüft. Es wird festgelegt, ob und gegebenenfalls wie weiter vorzugehen ist. Es wird ein Auftrag für die nächste Phase erteilt.	

10.1.3.2 Projektphasen

Vor dem Anstoß zum Projekt wird geprüft, ob es überhaupt in Angriff genommen werden soll (Projektwürdigkeit) und welche Priorität es im Rahmen aller Vorhaben hat (Priorisierung). Ein formelles **Projektantragsverfahren** kann bei der Vergabe von Prioritäten helfen.

Ziele und Ergebnisse der Projektphasen werden in der folgenden Übersicht dargestellt und dann erläutert.

Anstoß	Ziel	Ermittlung der Vorgaben der Projektinstanz (Entscheider) sowie der Aufbauorganisation des Projektes
	Ergebnis	Abgestimmter Auftrag
Vorstudie	Ziel	Feststellen, ob das Projekt weiter verfolgt werden soll und wenn ja, in welche Richtung
	Ergebnis	Ein bewerteter Vorschlag für die Lösungsrichtung
Hauptstudie	Ziel	Konkretisieren der Lösung in der Form von Grobkonzepten für abgegrenzte Teilprojekte
	Ergebnis	Bewertete Vorschläge für Teilprojekte
Teilstudien	Ziel	Freigabe der Realisation
	Ergebnis	Abgeschlossene Planung, ausführungsreife Detailpläne
Systembau	Ziel	Umsetzen der Planung in eine betriebsfertige Lösung
	Ergebnis	Fertiggestelltes, betriebsbereites System
Einführung	Ziel	Ein formell abgenommenes, voll funktionsfähiges System
	Ergebnis	Nutzungsfreigabe = **Projektende**
Erhaltung	Ziel	Aufrechterhaltung der technischen und funktionalen Betriebsbereitschaft
	Ergebnis	Ein angepasstes, funktionsfähiges System

Anstoß zur Vorstudie

Der Auftraggeber eines Projektes liefert normalerweise keine ausreichend präzisierte Auftragsformulierung. Vor Beginn einer Vorstudie ist deswegen zu klären, was eigentlich erreicht werden soll. Ergebnis dieses Klärungsprozesses ist eine verbindliche - möglichst schriftliche - Festlegung zwischen dem Entscheider für das Projekt (Projektinstanz) und dem Projektverantwortlichen. Die zu vereinbarenden Sachverhalte wurden oben bereits genannt.

Diese geforderte Formalisierung erscheint auf den ersten Blick bürokratisch. Sie zwingt jedoch den Entscheider, deutlich zu sagen, was er erreichen will. Durch dieses Vorgehen wird schon sehr früh ein Filter eingebaut, um offensichtlich wirtschaftlich nicht vertretbare Projekte abzufangen.

Nach dieser Abstimmung ist das Projekt zu registrieren und zeitlich in den Gesamtbestand der Projekte einzuplanen.

Vorstudie

Die Vorstudie hat den Zweck, zu klären

–   ob das richtige Problem angepackt wird.
–   ob es vernünftig ist, eine Lösung für das Problem zu suchen.
–   ob die Lösung in der Umgestaltung eines bestehenden Systems oder in einer vollkommenen Neugestaltung liegt.
–   auf welche Stellen und Abteilungen der Untersuchungsbereich begrenzt bleiben sollte.
–   ob es Lösungen gibt, die in technischer, wirtschaftlicher und sozialer Hinsicht realisierbar erscheinen.
–   ob deren Realisierung aufgrund von Zielen (Kriterien), die im Rahmen der Vorstudie zu präzisieren sind, wünschbar ist (positive und negative Wirkungen).

Um diese Aussagen treffen zu können, muss normalerweise ein **kompletter Planungszyklus** durchlaufen werden. Der Ist-Zustand muss grob erhoben und analysiert werden. Dabei ist auch die zukünftige Entwicklung zu beachten. Stärken und Schwächen des Ist-Zustandes sind ebenso zu ermitteln wie Chancen und Risiken, die sich ergeben würden, wenn der Ist-Zustand beibehalten würde. Dann sind die Ziele für das Projekt zu überarbeiten. Als Nächstes sind Lösungsvarianten zu suchen und hinsichtlich ihrer Eignung zu bewerten. Schließlich sind die Lösungsvarianten und deren Bewertung zusammen mit einer Empfehlung der Projektinstanz vorzulegen. Wenn sie mit dem Vorschlag einverstanden ist, das Projekt in bestimmter, grob umrissener Richtung weiterzuführen oder auch es abzubrechen, wird das **weitere Vorgehen vereinbart.**

Erst nach dieser Entscheidung des Auftraggebers kann das Projekt in die zweite Stufe, die Hauptstudie, überführt werden.

Nicht alle Projekte beginnen mit einer Vorstudie. Sie ist immer dann entbehrlich, wenn in einem anderen Projekt bereits entschieden wurde, dass dieses Teilprojekt in einer bestimmten Richtung angegangen werden soll (z.B. wurde in einem früheren Projekt vereinbart, dass nacheinander in verschiedenen Bereichen die Gleitzeit eingeführt werden soll. Die Folgeprojekte, die sich mit der Umsetzung dieser Entscheidung beschäftigen, benötigen dann keine eigene Vorstudie mehr). Bei sehr kleinen Projekten wie auch bei Projekten, in denen feststeht, dass etwas getan werden muss (z.B. wegen gesetzlicher oder sonstiger Vorschriften) und wie es getan werden soll, kann eine Vorstudie unter Umständen ebenfalls entfallen.

Hauptstudie

Bei umfangreichen Vorhaben, die nicht in einem Arbeitsgang gelöst werden können, gehören folgende Aufgabenbereiche zur Hauptstudie:

- Isolierung, Abgrenzung überschaubarer Problemfelder (Teilprojekte),
- Bestimmung der Schnittstellen zwischen den Teilprojekten,
- Bestimmung der Prioritäten bzw. Reihenfolge in der Bearbeitung der Teilprojekte,
- Bearbeitung der abgegrenzten Teilprojekte,
- Integration der abgegrenzten Teilprojekte.

Für **jedes Teilprojekt** ist dazu erneut der **Planungszyklus** zu durchlaufen. Es sind detailliertere, für jedes Teilprojekt relevante Informationen zu erheben und zu analysieren, die vorgefundenen Lösungen für Teilprojekte sind zu würdigen. Für jedes Teilprojekt sind Lösungsvarianten zu erarbeiten und zu bewerten. Dabei ist zu beachten, dass für die Teilprojekte wiederum nur grobe Lösungsvarianten untersucht werden sollten, da vor der Realisierung Entscheidungen eingeholt werden müssen. Dazu sind Empfehlungen an die Projektinstanz auszusprechen, in denen auch die Abhängigkeiten zu den übrigen Teilprojekten berücksichtigt werden. Erst dann sollte die ausführungsreife Planung folgen.

Methodische Hilfen für die Abgrenzung von Teilprojekten und den Umgang mit Schnittstellen werden im Abschnitt **Systemdenken** gegeben. Durch die Zerlegung in Teilprojekte soll die komplexe Realität auf überschaubare "handliche" Problemfelder zurückgeführt werden. Dieses methodische Konzept ist gerade bei der Entwicklung umfangreicher und vielschichtiger Lösungen unentbehrlich. Der Versuch, alle Bezüge und Teilaspekte dauernd im Auge zu behalten und angemessen zu berücksichtigen, muss wegen der begrenzten Kapazität der menschlichen Informationsverarbeitung scheitern.

Teilstudien

Die bisher als Grobentwürfe aus der Hauptstudie vorliegenden Lösungen werden in der nächsten Phase detailliert. Nach Abschluss der Teilstudien liegen realisationsreife, integrierbare Teilpläne vor. Bei Bauprojekten beispielsweise Konstruktionspläne, statische Berechnungen, Schaltpläne, technische Angaben über Geräte und Maschinen usf. Diese Pläne sind von den entscheidungsberechtigten Instanzen zu genehmigen.

Bei kleineren Projekten können u.U. die Stufen Hauptstudie und Teilstudien zusammengelegt werden. Bei sehr großen Vorhaben kann jede der Stufen etliche Mitarbeiterjahre umfassen, weiter in sich gegliedert sein und permanente Zwischenentscheidungen über Fortführung und Richtung der Fortführung erfordern.

Systembau

Im Systembau werden die **Planungen** der Teilstudien **realisiert** bzw. hergestellt. Bei Bauprojekten wird der Bau ausgeführt, bei aufbauorganisatorischen Vorhaben werden Stellenbeschreibungen, Organisationspläne und Organisationsanweisungen usw. erstellt.

Einführung

Die Einführung ist die letzte Phase im Projekt. Sie steht oft unter extremem Zeitdruck. Aus diesem Grund wird sie vielfach

- nicht ausreichend vorbereitet.
- personell nicht ausreichend ausgestattet.
- in ungeeigneter Form durchgeführt.

Einsparungen bei der Einführung rächen sich normalerweise. Auftretende Fehler und der notwendige Aufwand sie zu beheben, Akzeptanzprobleme, sich daraus ergebende offene und verdeckte Widerstände sowie ständige Rückfragen verursachen Zeit-, Kosten- und oft auch Nervenaufwand, durch die der "Zeitgewinn" einer schnellen Einführung erheblich relativiert wird.

Planung der Einführung
Bei der Planung der Einführung sind folgende Punkte zu beachten: - **Adressaten,** - **wer** ist Träger der Einführung (zuständig für Schulung, Information, Anwenderbetreuung etc.), - in **welcher** Form wird eingeführt, - **wann** sind Einführungsmaßnahmen - auch vorbereitende – notwendig, - **was** ist alles zu tun, - **wie** können die Betroffenen "gewonnen" werden, - in **welchen Schritten** läuft die Einführung ab?

Bei der Analyse der **Adressaten** ist zu beachten, dass oft ein sehr breiter Kreis (alle Mitarbeiter, Kunden, Lieferanten evtl. sogar "die Öffentlichkeit") allgemeine Informationen über organisatorische Vorhaben wünscht. Das Management des betroffenen Bereiches und anderer Bereiche ist ebenso zu informieren wie die eigentlich betroffenen Mitarbeiter und solche Beschäftigte, die für die Betreuung, Wartung usw. zuständig sind.

Als **Träger der Einführung** kommen die Mitarbeiter im Projekt bzw. Spezialisten aus Organisation und Datenverarbeitung in Frage, aber auch Multiplikatoren - sie werden für die Einführung speziell ausgebildet. Weit verbreitet sind Lösungen, in denen Mitarbeiter der Fachabteilungen nebenamtlich Einführungs- und Betreuungsfunktionen übernehmen. Sie werden auch als ORG/EDV-Koordinatoren bezeichnet. Vorgesetzte der Betroffenen haben sich oft als weniger geeignete Multiplikatoren herausgestellt.

In der Praxis ist die **schriftliche Einführung** organisatorischer Neuerungen weit verbreitet, obwohl immer wieder festgestellt wird, dass es häufig nicht ausreicht, nur auf diesem Wege einzuführen. Neben der Tatsache, dass Regelungen oft nicht, oder nicht ausreichend gründlich gelesen werden, spricht gegen eine nur schriftliche Einführung, dass keine Fragen beantwortet, keine Einwände behandelt, kurz, dass eine Lösung nicht "verkauft" werden kann. Oft wird auch unterschätzt, welchen subjektiv großen Aufwand, welche große Umstellung eine Neuerung für die Betroffenen bedeutet, selbst wenn es sich aus der Sicht der Planer um "kleine Fische" handelt. Die Regel sollte daher lauten, dass neben der schriftlichen Form - außer bei wirklich kleinen Sachen - immer **auch mündlich** informiert oder präsentiert werden sollte, und das möglichst in kleinen Gruppen, um auch Rückfragen zu ermutigen. Für notwendige **Schulungen** sollte ausreichend Zeit und sollten ausreichende Übungsplätze bereitgestellt werden.

Die **Einführung** sollte **projektbegleitend vorbereitet** werden, durch laufende Information über den Projektstand, indem Betroffene beteiligt und vor allem indem versucht wird, deren Wünsche soweit wie möglich zu erfüllen. Organisationsarbeit ist zu einem wesentlichen Teil auch "Verkaufsarbeit". Neben den Betroffenen müssen vor allem die Vorgesetzten und andere "starke" Mitarbeiter informiert und überzeugt werden.

Nach der eigentlichen Einführung kann es notwendig sein, die Betroffenen über einen längeren Zeitraum zu betreuen, auftretende Fehler zu beheben, kleinere Anpassungen vorzunehmen usw. Das wird als **Stabilisierung** bezeichnet.

Mit der Einführung ist das Projekt abgeschlossen. Es sollte eine formale Übergabe stattfinden - meistens nach einer kürzeren Betriebsphase. Die nach der Einführung anfallenden Aufgaben gehören nicht mehr zum Projekt.

Erhaltung

Die während der Laufzeit einer organisatorischen Lösung auftretenden Aufgaben können mit überwachen, aktualisieren und anpassen beschrieben werden. Unter Umständen ist es sinnvoll, einem Spezialisten die Betreuung eines eingeführten Verfahrens zu übertragen. Dabei könnte es sich um solche Mitarbeiter aus den Fachbereichen handeln, die bereits am Projekt als Mitglieder der Projektgruppen beteiligt waren.

Zur Erhaltung gehört auch die **Kontrolle**, inwieweit die ursprünglichen **Ziele** wirklich **erreicht** worden sind und in welchem Umfang eine vorhandene Regelung befolgt bzw. eine Anwendung überhaupt genutzt wird. Gerade in diesem Punkt gibt es oft böse Überraschungen. Derartige Kontrollen können wichtige Hinweise insbesondere für die weitere Projektplanung geben (Prioritäten, Notwendigkeit von gewünschten Neuerungen). Diese Funktionen gehören zu einem Organisationscontrolling, das in den meisten Unternehmen und Verwaltungen bis heute kaum entwickelt ist.

10.1.4 Systemdenken

10.1.4.1 Einordnung

Das Systemdenken ist neben dem Projektablauf die **zweite Säule der Methode**. Während der Projektablauf das zeitliche Vorgehen in Projekten regelt, unterstützt das Systemdenken die Auseinandersetzung mit dem Problem selbst. Es hilft, die Frage zu beantworten: Wie gehe ich mit dem Problem um?

Im Einzelnen bietet das Systemdenken Hilfen bei den folgenden Sachverhalten:

– Wie erkenne ich das "richtige" Problem/Projekt (Abgrenzung des Projektes)?
– Wie stelle ich die Situation dar (Modellierung wichtiger Wirkungszusammenhänge)?
– Wie zerlege ich ein komplexes Problem in beherrschbare Teilprobleme?
– Wie gewährleiste ich abgestimmte Teillösungen (Verhinderung von Insellösungen)?
– Wie stelle ich sicher, dass ein System in seine Umwelt passt?
– Wie vermeide ich unerwünschte Redundanzen und Mehrfachentwicklungen?

Das **Systemdenken überlagert** die **ablauforganisatorische Betrachtung** eines Projektes. Alle Bestandteile des Systemdenkens können in allen Phasen eines Projektes herangezogen werden. Die Bestandteile des Systemdenkens können im Planungszyklus beispielsweise in der Erhebung und Analyse zur Darstellung (Modellierung), im Lösungsentwurf zur Ermittlung von geeigneten Varianten sowie in der Bewertung zur Ermittlung der Wirkungen von Varianten verwendet werden.

10.1.4.2 Begriffliche Grundlagen

System

Ein **System** ist gegenüber der Umwelt abgegrenzt. Es besteht aus Teilen, die miteinander verknüpft sind und aufeinander einwirken. Die vier Elemente aus dem Würfel sind die Elemente organisatorischer Systeme. Aufbau- und Ablaufbeziehungen sind organisatorische Beziehungen, hier kann auf vertraute Begriffe verwiesen werden. Die Elemente werden so miteinander verbunden, dass bestimmte Ziele möglichst gut erreicht werden können. Der Projektleiter bestimmt sich sein System (genauer: lässt es sich vom Entscheider bestimmen), indem der Bereich abgegrenzt wird, innerhalb dessen organisatorische Änderungen vorgenommen werden dürfen oder sollen.

Wofür ist die Systemabgrenzung wichtig?

– Abstimmung, wo Änderungen erlaubt sind und wo nicht,

- Begrenzung des Aufwandes,
- frühzeitiges Erkennen von Schnittstellen zu nicht betroffenen Bereichen.

Umsystem

Durch die Abgrenzung des Systems von seiner Umwelt wird eine Grenze nach außen gezogen. Es wird noch gezeigt, dass auch im Inneren des abgegrenzten Systems nicht alles verändert werden darf oder soll. Als **Umsystem** wird der Bereich bezeichnet, der außerhalb der Systemgrenzen liegt, zu dem das System aber Beziehungen aufweist. Die Summe aller Umsysteme bildet die **Systemumwelt**.

Untersystem

Untersysteme entstehen, wenn **Systeme hierarchisch** in kleinere, in sich aber vollständige Einheiten **zergliedert** werden (z.B. Unternehmen, Abteilungen, Gruppen, Stellen). Eine solche Untergliederung ist über mehrere Stufen möglich.

Teilsystem

In Teilsystemen werden **funktionale Beziehungszusammenhänge** isoliert (z.B. Informationssystem, Sicherheitssystem, Zeiterfassungssystem), um sie dann auch nacheinander zu bearbeiten. Mit der Isolierung von Teilsystemen sollen kleinere, besser beherrschbare Teilprojekte abgegrenzt werden. Außerdem soll deutlich werden, welche Teilprojekte überhaupt zum Projekt gehören. Schließlich hilft die Abgrenzung von Teilsystemen bei der Planung des Projektaufwandes und realistischer Projekttermine.

Diese abstrakten Begriffe sollen anhand eines Beispiels ein wenig greifbarer gemacht werden. Zuvor sollen die wichtigsten Bestandteile des Systemdenkens im Überblick gezeigt werden. Als Merkhilfe kann die **SEUSAG**-Formel dienen, in der die Bestandteile des Systemdenkens zusammengefasst werden.

SEUSAG-Formel	
S	Systemgrenzen festlegen
E	Einflussgrößen ermitteln
U	Unter-/Teilsysteme abgrenzen
S	Schnittstellen ermitteln
A	Analysieren
G	Gemeinsamkeiten feststellen

10.1.4.3 Bestandteile des Systemdenkens (SEUSAG)

Bestandteile	Beschreibung	Wichtige Ziele
Systemgrenzen bestimmen = Abgrenzen des Systems nach außen	Wie soll das zu untersuchende System von der Systemumwelt abgegrenzt werden? Welche Sachverhalte sollen/dürfen organisatorisch verändert werden, welche nicht?	das richtige

Einflussgrößen ermitteln
 	
= Restriktionen und Rahmenbedingungen
	Einflussgrößen sind - aus der Sicht des Projektes - nicht lenkbare Faktoren. Es werden unterschieden
	– **Restriktionen**
	  – unternehmensintern gesetzte Vorgaben
	  – extern erzwungene Vorgaben (Gesetze, Verträge etc.)
	– **Rahmenbedingungen** (haben Einfluss auf die Problemsituation, können im Rahmen des Projektes jedoch nicht verändert werden = Schlüsselgrößen, z.B. Verfügbarkeit von geeigneten Mitarbeitern, technisches Angebot im Markt etc.).
		Problem lösen
		
		die Größe des Projektes

Untersysteme/ Teilsysteme abgrenzen = Abgrenzung von Systemen nach innen	Welche kleineren Einheiten können abgegrenzt werden, um sie isoliert zu bearbeiten? Was gehört im Innern zum Projekt? Konzentration auf Unter- und Teilsysteme, die nacheinander geplant werden. Vorgehen: – Vom Groben ins Detail – Minimierung der Schnittstellen bei der Abgrenzung.	(Aufwand) ermitteln komplexe Probleme
Schnittstellen ermitteln	Welche Schnittstellen sind zwischen den Unter- bzw. Teilsystemen und zu der relevanten Umwelt zu beachten? **Vorgehen von außen nach innen**: Erst werden die Beziehungen der Untersysteme ermittelt, ehe die Untersysteme selbst bearbeitet werden. **Teilsysteme werden iterativ bearbeitet**, d.h. Teilsystem nach Teilsystem, um dann rückblickend die Verträglichkeit zu überprüfen und bei Bedarf notwendige Anpassungen vorzunehmen. Das setzt voraus, dass noch keine Teilsysteme realisiert wurden, bevor alle Planungen abgeschlossen sind.	beherrschen
Analysieren	Ermittlung und Ordnung der Elemente, Beziehungen	Rationali-

	und Dimensionen in den Unter- und Teilsystemen.	sierungs-
Gemeinsam-keiten ermitteln	Ermittlung gemeinsamer Elemente und Beziehungen in den abgegrenzten Unter- und Teilsystemen.	potenziale nutzen

Und nun das angekündigte Beispiel! Es geht wieder um die Alltrain.

Dort werden derzeit etwa 100 PC und eine Vielzahl unterschiedlichster Standardsoftware eingesetzt. Da es bisher keine Stelle gab, die Beschaffung, Einsatz und Nutzung von Hard- und Software koordiniert hat, ist ein Wildwuchs entstanden, der zu vielen Problemen führt. Daten können nicht ohne weiteres ausgetauscht werden, weil unterschiedliche Betriebssysteme und Programme genutzt werden, Anwendungsprobleme führen zu aufwendigen Rückfragen, externe Berater verdienen viel Geld damit, die Probleme von Alltrain lösen zu helfen. Vor diesem Hintergrund hat sich Herr Appel entschieden, ein Projekt einzurichten, das die Standardisierung und die Benutzerunterstützung zum Inhalt hat. Das Projekt wird "Benutzer-Service" genannt. Herr Appel übernimmt selbst die Aufgaben der Projektinstanz, Herr Konzept ist Projektleiter. Er greift auf verschiedene Mitarbeiter der Fachabteilungen und einen externen Berater zurück. (Hinweis: im Folgenden werden nur solche Sachverhalte behandelt, die mit dem Systemdenken zusammenhängen. Selbstverständlich sind in diesem Projekt auch wieder die Phasen und die Planungszyklen - Auftrag, Erhebung/Analyse, Würdigung, Lösungsentwurf, Bewertung und Auswahl - zu durchlaufen, sie werden hier aber nicht getrennt angesprochen.)

Als Erstes soll das Projekt abgegrenzt werden, d.h. die Systemgrenze wird bestimmt. Im Prinzip soll die Lösung für das gesamte Unternehmen gelten, allerdings ohne das Rechnungswesen, wo gerade erst eine neue Standardsoftware eingeführt wurde. Diese Software wird vom Hersteller unterstützt, so dass dieser Bereich ausgeklammert bleiben kann. Somit ergibt sich folgende Projektabgrenzung:

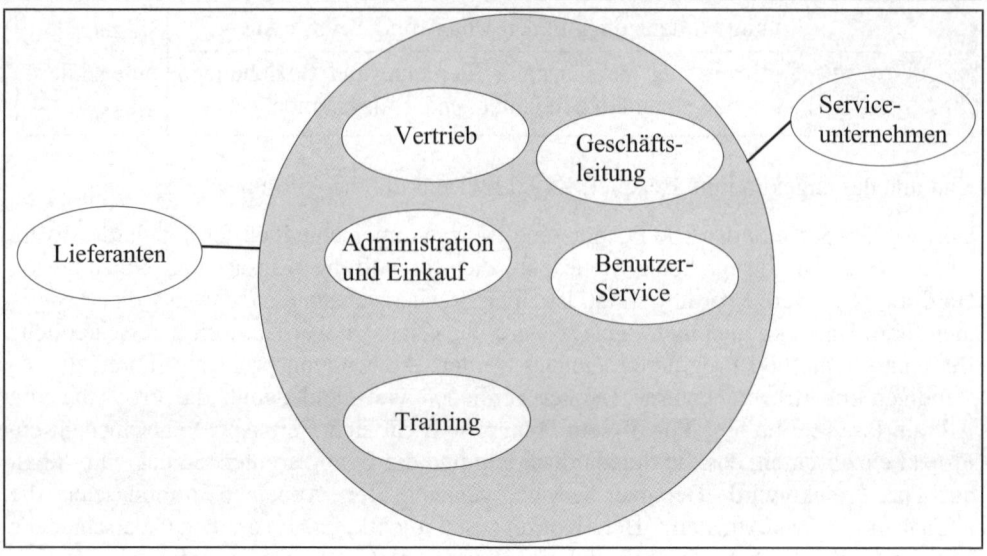

Abb. 10.2 Systemgrenze Projekt "Benutzer-Service"

Für dieses Projekt gibt es eine Reihe von Einflussgrößen. Zum einen muss Herr Konzept Restriktionen (Muss-Ziele) beachten, die teilweise von Herrn Appel stammen (interne Restriktionen), und die teilweise von außen vorgegeben sind (externe Restriktionen).

Einflussgrößen	
Interne Restriktionen	**externe Restriktionen**
– Späteste Einführung bis Ende des Jahres – kein zusätzliches Personal – Zuständigkeit für Hardware und Software-Standards zukünftig im Benutzer-Service	– Datenschutzgesetz – tarifvertragliche Regelungen – Standards des Verbandes der Verlage

Als **Rahmenbedingungen** - d.h. als Faktoren, die für das Projekt wichtig sind, die aber durch das Projekt nicht unmittelbar verändert werden können - muss Herr Konzept folgende Faktoren beachten:

– Sehr unterschiedlicher Ausbildungsstand der Mitarbeiter des Verlages.
– Durchdringung des Verlages mit Hard- und Software sehr unterschiedlich.
– Alle zwei bis drei Jahre gibt es in der Hard- wie in der Software dramatische Weiterentwicklungen.
– Am Standort des Verlages gibt es zwei Lieferanten, die in begrenztem Umfang auch Service-Funktionen übernehmen.

Zerlegung in Unter- und Teilsysteme

Herr Konzept möchte

- sich einen Überblick verschaffen, was alles zum Projekt gehört.
- herausfinden, welcher voraussichtliche Aufwand vom Projekt verursacht wird.
- kleinere Projekte abgrenzen, die evtl. auch arbeitsteilig bearbeitet werden können.

Zu diesem Zweck gliedert er das Projekt in kleinere Unter- und Teilsysteme auf.

Unter- und Teilsysteme des Projektes "Benutzer-Service"	
Untersysteme	**Teilsysteme**

– Benutzer-Service
– Einkauf/Lager
– Materialwirtschaft
	– Anwender
	– Stellenbildung
	   – Aufgaben des Benutzer-Service
	   – Kompetenzen Benutzer-Service
	– Leitungssystem
	   – Einordnung in die Hierarchie
	– Informationssystem
	   – Marktinformation
	   – Bestandsinformation (Installationen, Updates)
	   – Störungsinformation
	– Kommunikationssystem (Kontaktaufnahme Benutzer zum Benutzer-Service)
	– Sachmittelsystem
	   – Räume, Möbel
	   – Technische Ausstattung
	– Sonstige
	   – Aus- und Fortbildungssystem
	   – Datensicherung
	– Datenschutz
	   – Interne Leistungsverrechnung
	   – Standards für Hard- und Software

In einem nächsten Schritt stimmt Herr Konzept mit Herrn Appel ab, ob alle genannten Teilsysteme wirklich zu dem Projekt gehören. Hier findet also eine **Systemabgrenzung nach innen** statt, nachdem das Projekt in einem ersten Schritt nach außen abgegrenzt wurde. Außerdem ist Herr Konzept jetzt wesentlich besser in der Lage, den Aufwand für das Projekt abzuschätzen.

Schnittstellen

In einem weiteren Arbeitsgang ermittelt Herr Konzept die Schnittstellen zwischen den Unter- und Teilsystemen. So untersucht er, ehe er sich mit der Organisation des Benutzer-Service auseinandersetzt, die Eingänge und Ausgänge des Benutzer-Service - und aller anderen Unter- und Teilsysteme. Da es bis heute keinen Benutzer-Service gibt, kann er nicht auf einem Ist-Zustand aufbauen. Vielmehr muss er - gemeinsam mit allen Beteiligten - herausfinden, was die anderen Unter- und Teilsysteme und das Umsystem vom Benutzer-Service erwarten (Informationen, Störungsbehebung, Beratung, Standards etc.), und was sie dazu dem Benutzer-Service liefern wollen oder müssen. Selbstverständlich muss sich auch der Benutzer-Service darüber Gedanken machen, welche "Eingänge" er benötigt, um bestimmte Ausgänge liefern zu können. Dieser Ansatz, der auch als **"Black-Box-Prinzip"** bezeichnet wird, geht davon aus, dass erst die Einbindung der Unter- und Teilsysteme untersucht wird, ehe die Organisation im Inneren gestaltet wird; es wird also **von außen nach innen** vorgegangen.

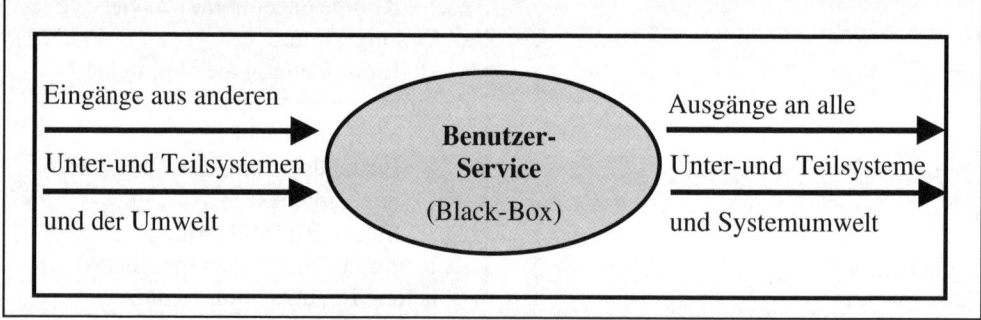

Abb. 10.3 Vorgehen von außen nach innen (Unter- und Teilsysteme als Black-Box)

Analyse

In der Analyse wird dann das **Innenleben der Black-Box untersucht und neu gestaltet**. Da die geforderten Leistungen – im Beispiel des Benutzer-Service - nun bekannt sind, fällt es leichter, die notwendigen organisatorischen Regelungen zu erarbeiten, mit deren Hilfe diese Leistungen erbracht werden können.

Gemeinsamkeiten

Bevor ein Teilsystem neu gestaltet wird, sollte nach Gemeinsamkeiten in den verschiedenen Teil- und Untersystemen gesucht werden. Wenn beispielsweise der Benutzer-Service die gleichen Informationen über Lieferanten, Produkte, Konditionen usw. benötigt wie der Einkauf, wäre es wenig sinnvoll, für beide Untersysteme getrennte Lösungen zu erarbeiten. Es erscheint vielmehr vernünftiger, die relevanten Daten nur einmal zu erfassen und zu pflegen, und sie allen Anwendern zur Verfügung zu stellen, indem sie beispielsweise zentral im Benutzer-Service gepflegt werden und der Einkauf auf diesen

Bestand zugreifen kann. Durch die Suche nach Gemeinsamkeiten in den Unter- und Teilsystemen wird frühzeitig sichtbar, dass eine gemeinsame Lösung angestrebt werden sollte.

10.1.5 Projektmanagement

Unter den Oberbegriff Projektmanagement fallen einerseits die **Aufbauorganisation** eines Projektes (Beteiligte und deren Zuständigkeiten) und andererseits die **Aufgaben** (Funktionen), die im Projekt wahrzunehmen sind.

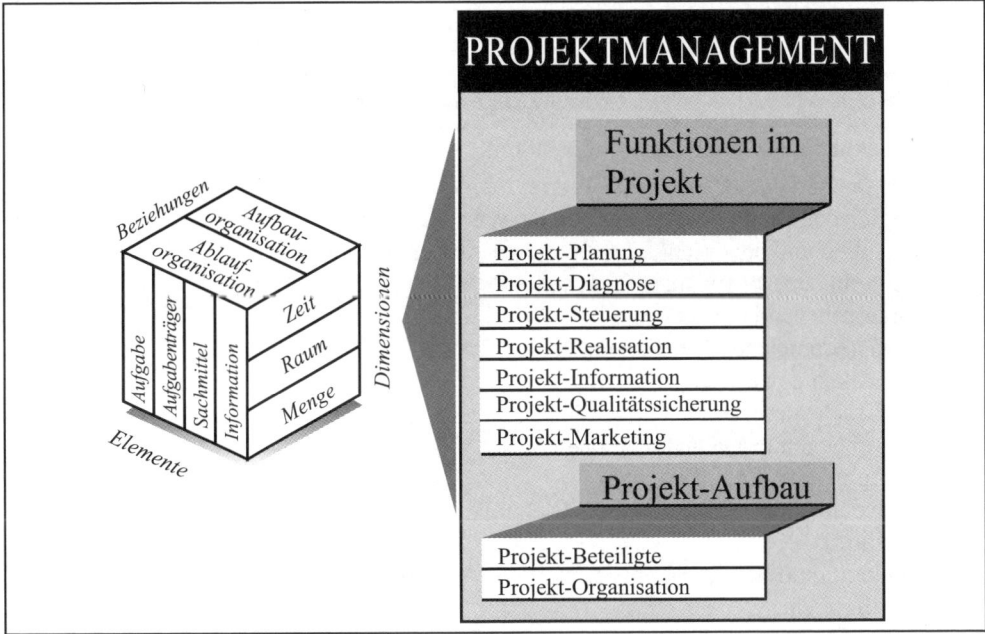

Abb. 10.4 Bestandteile des Projektmanagement

10.1.5.1 Funktionen

Folgende Funktionen sind im Projekt wahrzunehmen:

– Projektplanung,
– Projektdiagnose, -steuerung,
– Projektrealisation,
– Projektinformation,
– Projektmarketing.

Projektplanung

Zur Projektplanung gehören die Planung der/des

- Projektziele/Phasenziele
- im Projekt zu erledigenden Aufgaben
- Zeitaufwandes und der Zeitdauer für die Erledigung der Projektaufgaben und für die gesamte Projektabwicklung
- Aufbauorganisation des Projektes
- sonstigen benötigten Ressourcen (z.B. Räume, Technik)
- Projektabläufe
- Qualität
- Projektinformation (Berichtspflichten, Projektdokumentation)
- Projektmarketing.

Projektdiagnose und –steuerung

Zur Projektdiagnose und -steuerung gehören:

- Erfassen und darstellen der Ist-Werte
- Vergleichen der Planwerte mit den Ist-Werten
- Darstellen und bewerten der gefundenen Abweichungen
- Ermitteln der Abweichungsursachen
- Vorausschauende Diagnose
  - Risikobereiche identifizieren
  - Risiken gewichten
  - Ursachen ermitteln
  - vorbeugende Maßnahmen planen
  - Frühwarnsystem einrichten
  - Eventualmaßnahmen planen (Schubladenpläne für den Fall, dass ein Risiko eintritt)
- Anleiten, motivieren und abschirmen von Mitarbeitern
- Koordinieren
  - über die Phasen des Projektes
  - zwischen Entscheidungsgremium/Auftraggeber und Projektgruppe
  - zwischen den verschiedenen am Projekt Beteiligten und den Betroffenen
- aufarbeiten von Konflikten.

Projektrealisation

Zur Projektrealisation gehören:

- Umsetzen der geplanten Sachverhalte (erheben, analysieren, Lösungen erarbeiten, präsentieren etc.).

Projektinformation

Zur Projektinformation gehören:

- Projektberichterstattung
  - Informationsinhalte
  - Empfänger (Betroffene, Entscheider, Beteiligte, Gremien etc.)
  - Berichtszeiten (ereignisorientiert z.B. Meilensteine oder periodisch)
  - Berichtsform (mündlich, schriftlich, Präsentation)
- Projektdokumentation
  - laufende Dokumentation (z.B. Ziele, Aufbau, Planungen, Arbeitsergebnisse)
  - Abschlussdokumentation (z.B. Arbeitsanweisung, Benutzerdokumentation, Verfahrensdokumentation).

Projektmarketing

Zum Projektmarketing gehören verschiedene Maßnahmen und Verhaltensweisen wie z.B.:

- Bedarfsermittlung (Anforderungen, Bedürfnisse der Anwender herausfinden)
- Anforderungsgerechte Lösungen erarbeiten
- Adressaten- und bedürfnisgerecht informieren und argumentieren
- Betroffene zu Beteiligten machen
- Sponsoren gewinnen ("starke" Mitarbeiter, die sich für das Projekt "stark machen") und Kontakt zu ihnen pflegen.

Projektplanung, Projektdiagnose, Projektinformation und Projektmarketing sind die eigentlichen Aufgaben eines Projektleiters. Daneben kann er - abhängig von der Größe des Projektes - auch an der Projektrealisation mitwirken.

10.1.5.2 Projektaufbau

Zum Projektaufbau gehören die **Beteiligten und deren organisatorische Verknüpfung**. Beteiligte sind solche Stellen oder organisatorische Einheiten, die an einem Projekt **mitwirken**, unabhängig von dem Umfang oder der Intensität der Mitwirkung. Die unten genannten Einheiten können grundsätzlich bei Organisationsvorhaben beteiligt sein. Wer im Einzelfall an einem Projekt zu beteiligen ist, hängt u.a. von folgenden Faktoren ab:

- Art des Projektes (z.B. Innovations- oder Wartungsprojekt),
- Größe des Projektes,
- Bedeutung des Projektes,
- Dringlichkeit des Projektes,
- Anzahl der betroffenen Bereiche,
- vorhandene Regelungen zur Projekt-Organisation (z.B. gibt es ein Projekt-Bewilligungsgremium?),

– gesetzliche Vorschriften (z.B. Mitbestimmungsgesetze).

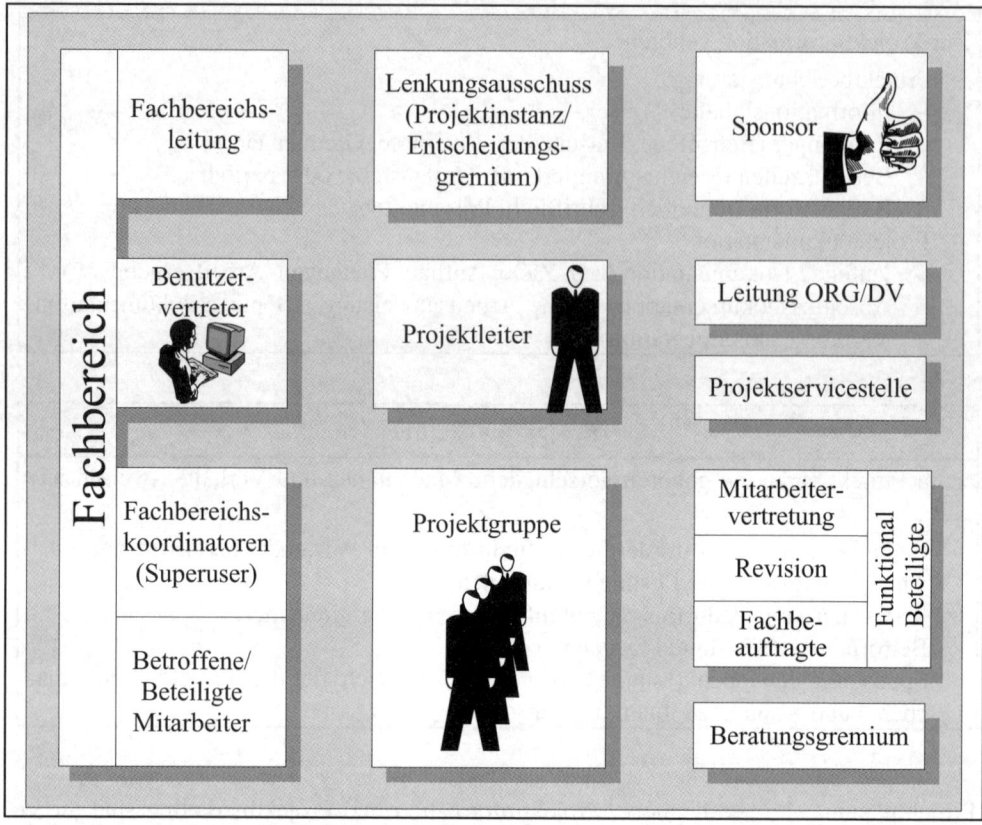

Abb. 10.5 Beteiligte an Projekten

Beteiligte an Projekten und ihre Aufgaben

Hier sollen die Aufgaben der in der Abbildung 10.5 gezeigten Beteiligten, sowie die Rolle von Auftraggebern und Leitung der Organisation kurz skizziert werden.

Auftraggeber

Der Auftraggeber begründet das Projekt und bestimmt den erwarteten Nutzen. Er spezifiziert die Anforderungen an die Lösungen und nennt Restriktionen aus der Sicht des Fachbereiches.

Leitung Organisation

Die Organisation ist bei wichtigen Organisationsprojekten Mitglied im Entscheidungsgremium. Sie stellt eigene Mitarbeiter für Projekte frei, prüft Projektergebnisse fachlich und sorgt für eine projekt- und fachgebietsübergreifende Koordination. Darüber hinaus unterstützt sie die Projektleiter bei Bedarf.

Lenkungsausschuss (Projektinstanz)

Die Projektinstanz setzt sich aus leitenden Mitarbeitern der Organisationseinheiten zusammen, die vom Projekt wesentlich betroffen sind. Der Lenkungsausschuss entscheidet über die Organisation des Projektes und sorgt dafür, dass die benötigten personellen Ressourcen bereitgestellt werden. Er entscheidet an den Meilensteinen (z.B. Ende der Phasen) und bei wichtigen Anlässen über den zu verfolgenden Weg und gibt die Budgets für das Projekt frei. Werden bei laufenden Projekten Erweiterungsanträge gestellt, entscheidet dieses Gremium auch darüber.

Projektleiter

Der Projektleiter ist für die fristgerechte Bereitstellung der geforderten Leistungen im Rahmen der vorgegebenen Ressourcen verantwortlich. Er beantragt Personal und sonstige Ressourcen. Weiterhin ist er zuständig für die Projektplanung, Projektdiagnose und -steuerung, Projektinformation und für das Projektmarketing. Außerdem führt und koordiniert er die Projektmitarbeiter. Bei mittleren und kleineren Projekten wirkt er an der Realisation mit.

Projektgruppe

Eine Projektgruppe wird eingerichtet, wenn das Projekt nicht von einem einzelnen Mitarbeiter bewältigt werden kann. Die Projektgruppe erledigt die Aufgaben im Projekt, koordiniert und betreut durch den Projektleiter. Die Zusammensetzung der Gruppe kann im Verlauf des Projektes wechseln, abhängig von den quantitativen und fachlichen Anforderungen in den verschiedenen Phasen.

Fachbereichsleitung

Die Fachbereichsleitung stellt Mitarbeiter für das Projekt frei. Sie wirkt mit bei der Projektplanung und insbesondere bei der Formulierung der Anforderungen des Fachbereiches. Sie ist immer dann Mitglied im Lenkungsausschuss, wenn für den eigenen Fachbereich wesentliche Auswirkungen aus dem Projekt zu erwarten sind.

Benutzervertreter

Der Benutzervertreter kann einem Projektleiter zur Seite gestellt werden, wenn ein Projekt nicht vom Fachbereich selbst geleitet wird. Der Benutzervertreter steht neben dem Projektleiter - ohne ihm Weisungen geben zu können - und sorgt dafür, dass der Fachbereich seine Forderungen artikuliert und, soweit machbar, auch erfüllt bekommt. Er ist zuständig für die Koordination zwischen den Benutzern und dem Projekt. In dieser Rolle sorgt er auch dafür, dass eine ausreichende Benutzerdokumentation erstellt und die Lösung benutzergerecht eingeführt wird.

Fachbereichskoordinatoren

Fachbereichskoordinatoren sind Mitarbeiter eines Fachbereiches, die normalerweise als Nebenaufgabe in Projekten mitwirken - z.B. Anforderungen erarbeiten -, in der Einführung als Multiplikatoren tätig sein können und im laufenden Betrieb als Ansprechpartner der übrigen Mitarbeiter des Fachbereiches zur Verfügung stehen (Superuser).

Betroffene

Betroffene sind die Mitarbeiter, für die das Projekt Veränderungen ihrer Arbeitssituation bewirkt. Sie können zu Beteiligten gemacht werden, wenn sie für das Projekt Leistungen erbringen (z.B. durch Delegation in die Projektgruppe, Mitwirkung in Arbeitsgruppen - Workshops - oder bei Befragungen).

Sponsor

Ein Sponsor ist ein ranghoher Förderer des Projektes (erste oder zweite Hierarchieebene), der sich offiziell zu dieser Rolle bekennt und seine Autorität für den erfolgreichen Abschluss des Projektes einsetzt.

Projektservicestelle

Erarbeitet und überwacht betriebliche Standards. Unterstützt Projektleiter und Projektmitarbeiter im Projektmanagement.

Funktional Beteiligte

Als funktional Beteiligte werden Mitarbeiter bezeichnet, die fachlich begrenzte Funktionen übernehmen und damit normalerweise auch nicht laufend im Projekt mitarbeiten. Sie können sich zur Beratung, zur fachlichen Bewilligung, zur Interessenvertretung bzw. zur Wahrnehmung gesetzlicher Aufgaben (Mitbestimmung, Fachbeauftragte etc.) einschalten.

Beratungsgremium

Ein Beratungsgremium kann bei der Auftragsformulierung mitwirken, das Projekt bei Fachproblemen unterstützen, das Entscheidungsgremium beraten, die Einführung unterstützen usw.

10.2 Techniken

10.2.1 Einordnung

Techniken können dazu beitragen, dass in der Projektarbeit schneller und mit weniger Aufwand bessere Ergebnisse erzielt werden. Für die Organisationsarbeit steht ein gut gefüllter Werkzeugkoffer zur Verfügung, mit zwei großen Fächern, den

- Organisationstechniken und den
- Managementtechniken.

Organisationstechniken unterstützen die Arbeit in den einzelnen Etappen des Planungszyklus. So kann auf Erhebungstechniken zurückgegriffen werden, wenn Informationen gesammelt, auf Analysetechniken, wenn Informationen geordnet werden sollen usw. **Managementtechniken** unterstützen demgegenüber die Planungs-, Diagnose- und Informationsfunktionen im Projekt. Abb.10.6 zeigt die Einordnung der Techniken in das Gesamtmodell.

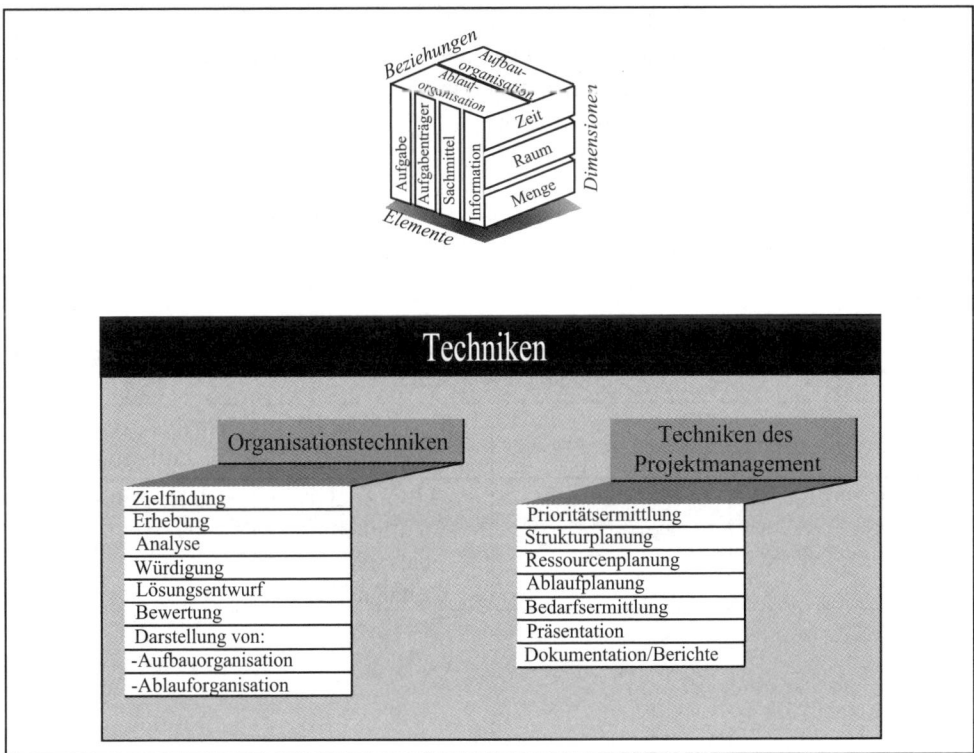

Abb. 10.6 Einordnung der Techniken in das Gesamtmodell der Organisation

10.2.2 Organisationstechniken

Für alle Schritte im Planungszyklus gibt es Werkzeuge, ausgenommen die Auswahl. Hier sollen die wichtigsten Techniken nur kurz genannt werden, ohne auf die Werkzeuge selbst einzugehen.

Auftrag

Zielformulierungstechnik
Unterstützt die Sammlung, Strukturierung, Operationalisierung und Gewichtung von Zielen. Die so erarbeiteten Ziele gehen in die spätere Bewertung ein.

Erhebung

Erhebungstechniken		
Befragung	**Beobachtung**	**Sonstige Erhebungstechniken**
– Interview (mündlich) – Fragebogen (schriftlich)	– Begehungen – Multimomentstudie – Multimomentstudie mit Selbstnotierung – Zeitaufnahmen	– Dokumentenstudium – Selbstaufschreibung – Systeme vorbestimmter Zeiten – Laufzettelverfahren – Schätzungen – Erhebungs-Mix

Analyse

Analysetechniken			
Analyse der Elemente		Analyse der Dimensionen	Analyse zur Modellierung
– Aufgabenanalyse	– Informationsanalyse	– ABC-Analyse – Häufigkeitsanalysen – Zeitanalysen	– Vernetztes Denken

Würdigung

Techniken der Würdigung	
Systematische Verfahren	Unsystematische Verfahren
– Systematische Problemanalyse – Prüfmatrix – Benchmarking	– Prüffragenkataloge (Checklisten)

Lösungsentwurf

Techniken des Lösungsentwurfs (Kreativitätstechniken)	
– Brainstorming – Brainwriting – Methode 635	– CNB- Methode – Analogietechniken – Morphologische Analyse

Bewertung

Bewertungstechniken
– Verbale Bewertung – Wirtschaftlichkeitsrechnungen (Investitionsrechnungen) – Nutzwertanalyse – Kosten-Wirksamkeitsanalyse

Zyklusübergreifende Techniken = in allen Schritten des Zyklus anwendbare Techniken zur Dokumentation, Erhebung, Analyse, Würdigung, Gestaltung und Bewertung der	
Aufbauorganisation	Ablauforganisation
– Stellenbeschreibung – Organigramm – Funktionendiagramm – Anforderungsprofil – Kommunikationsbeziehungen	– Matrix – Verbale Rasterdarstellung – Geblockte Texte – Folgeplan – Folgestruktur – Datenflussdiagramm – Programmablaufplan – Entscheidungstabelle

10.2.3 Managementtechniken

Für die Projektplanung, Projektdiagnose und -steuerung sowie für die Projektinformation
gibt es Werkzeuge, die hier ebenfalls nur aufgelistet werden sollen.

Techniken des Projektmanagement	
Techniken zur Projektplanung, -diagnose und -steuerung	**Techniken zur Projektinformation**
– Prioritätenplanung – Projektstrukturplan (Aufgabenplanung) – Ressourcenplanung (Kapazitäts- und Kostenplanung) – Ablaufplanung (Netzplan, Balkendiagramm)	– Präsentationstechnik – Projektberichte

11. Verhalten

11.1 Einordnung

Bei den Elementen der Organisation im Kapitel 3 wurde bereits auf den Menschen als Aufgabenträger eingegangen. Dort standen Fragen der Motivation - was bewegt einen Menschen, etwas zu tun oder zu lassen - im Vordergrund. Das ist besonders wichtig etwa für die Aufbau- und Ablauforganisation. Lösungen müssen so gestaltet werden, dass die Menschen aus der Arbeit heraus motiviert werden, dass die Motivation von innen heraus kommt und nicht durch Anweisungen, Kontrollen oder finanzielle Anreize gesteuert werden muss.

Die Entwicklung seit Beginn der Industrialisierung hat eher einen Weg genommen, auf dem immer mehr die Freude an der Arbeit, der Stolz auf ein erkennbares Ergebnis verloren ging. Der sogenannte **Taylorismus**, die hochgradige Arbeitsteilung und Spezialisierung hat zu einer **Entfremdung** von der Arbeit und zur Suche nach Ersatz geführt. Viele Menschen haben heute sehr anspruchsvolle Hobbys, in denen sie hervorragende Leistungen bringen, weil sie im Beruf nicht mehr ausreichend gefordert werden. Andere haben resigniert und gestalten ihre Freizeit ähnlich anspruchslos wie ihr Berufsleben.

Jüngere organisatorische Entwicklungen gehen diese Problematik bewusst an. Stichworte wie Arbeitsbereicherung, autonome Arbeitsgruppen, ganzheitliche Arbeit, Delegation, flache Hierarchien, Kundenbedienung aus einer Hand usw. weisen darauf hin, dass Monotonie und Sinnentleerung als Probleme erkannt worden sind, die organisatorische Ursachen haben. Heute wird versucht, hier bewusst gegenzusteuern.

Diese Thematik kann hier nicht vertieft werden. Einige Hinweise zu diesem Thema finden sich bei den aufbauorganisatorischen Lösungen im Kapitel 4 und 5. Hier sollen ausgewählte Sachverhalte behandelt werden, die in der Entstehung organisatorischer Lösungen eine große Rolle spielen und die in der Praxis oft nicht ausreichend berücksichtigt werden:

– Woher stammen **Konflikte**, die in Projekten immer wieder auftreten?
– Woher rührt die **Macht**, in Projekten eigene Vorstellungen durchsetzen zu können?
– Warum treten **Widerstände** gegen organisatorische Neuerungen auf und was kann getan werden, um solche Widerstände abzubauen?

Der Schwerpunkt soll also auf die Probleme gelegt werden, die bei der Erarbeitung organisatorischer Lösungen und bei deren Einführung immer wieder entstehen. Es geht dabei um die "vierte Seite" des Organisationsmodells. Wenn dieses Thema hier als

Letztes behandelt wird, bedeutet das keine Wertung. Im Gegenteil: Praktische Erfahrungen zeigen, dass hervorragende Lösungen scheitern können, wenn die beteiligten und die betroffenen Menschen "falsch angefasst" werden. Weniger gute Lösungen werden oft bereitwillig aufgenommen, wenn sie auf die Belange der Menschen Rücksicht nehmen.

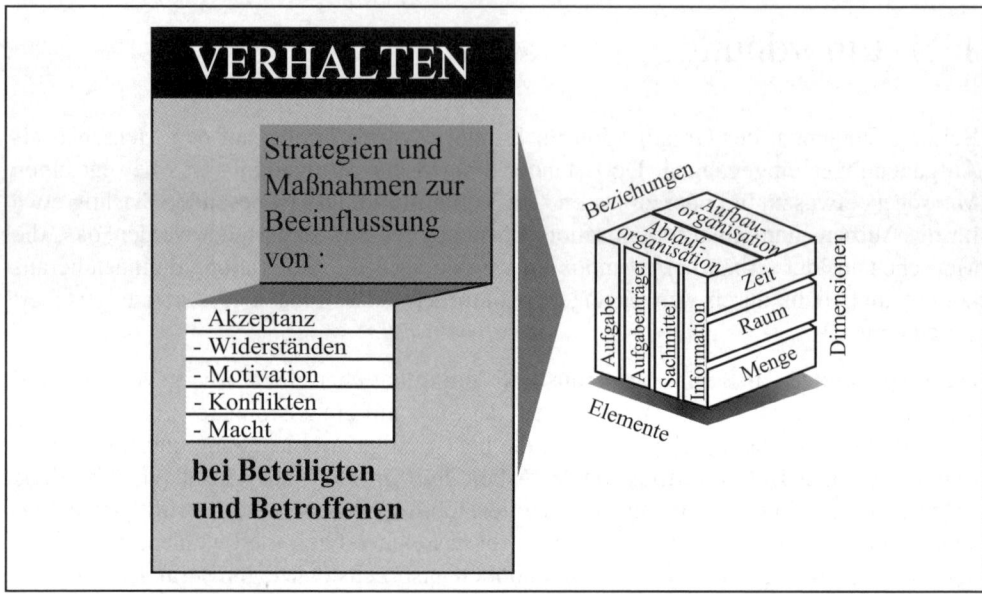

Abb. 11.1 Verhalten als eine "Seite" der Organisation

11.2 Konflikte im Projekt

Eigentlich dürfte es in Projekten gar keine Konflikte geben. Wenn, wie oft zu hören ist, wirklich alle in einem Boot sitzen oder alle an einem Strang ziehen würden, wenn es stimmen würde, dass - wie in betriebswirtschaftlichen Lehrbüchern teilweise noch heute nachzulesen ist - sich die Ziele der unteren Ebenen aus den Unternehmenszielen ableiten lassen, dann müssten sich doch auf jeden Fall "gute" Lösungen auch ohne Probleme einführen lassen. Dass dem nicht so ist, erfährt jeder, der in organisatorischen Projekten mitwirkt.

Woher stammen Konflikte in Projekten. Projekte bringen Änderungen mit sich. Jede Änderung birgt Risiken und Chancen in sich. Jeder, der mit einem Projekt zu tun hat, sei es als Entscheider, sei es als Betroffener im Fachbereich, sei es als Kunde des Fachbereiches sieht für sich persönlich Risiken und Chancen, aber jeweils aus einer anderen Blickrichtung, sprich aus einer anderen Interessenlage.

Dieses soll noch einmal am Beispiel von Alltrain verdeutlicht werden. Herr Appel möchte die Auftragsabwicklung beschleunigen, er möchte sie aber auch kostengünstiger gestalten. Er hat ein Projekt eingerichtet, in dem diese Thematik behandelt werden soll. Die Ziele von Herrn Appel liegen auf der Hand. Er ist für das gesamte Unternehmen, für dessen wirtschaftlichen Erfolg zuständig. Für ihn sind Kostensenkung, Rationalisierung, Beschleunigung positiv belegte Ziele. Dieses Projekt sieht aus der Sicht der Mitarbeiter im Verkauf schon ganz anders aus. Sie fürchten im Extremfall vielleicht sogar um ihren Arbeitsplatz. Selbst wenn das nicht der Fall sein sollte, könnten sie Angst vor der Umstellung haben, sie könnten zusätzliche Belastungen befürchten. In jedem Fall ist für sie - und weniger für Herrn Appel - wichtig, dass die Lösung einfach zu handhaben sein wird. Sie wünschen sich zuverlässige Unterstützung nicht nur in der Einführungsphase, sie möchten gerne eine hochwertige Technik usw. Hier werden schon deutliche Konflikte zu den Zielen von Herrn Appel sichtbar. Die Situation wird noch dadurch kompliziert, dass die Kunden zwar auch eine schnelle Abwicklung wünschen, da decken sich die Interessen mit denen von Herrn Appel, sie möchten aber auch außerhalb der normalen Bürozeiten Ansprechpartner haben, vielleicht sogar an Wochenenden, weiter möchten sie einen eindeutigen Ansprechpartner, was aber die Probleme bei Alltrain verschärfen würde, denn das würde die Vertretungsregelungen sehr komplizieren und oft Überstunden erfordern. Auch hier werden Interessenkonflikte sichtbar, wie sie für organisatorische Projekte typisch sind. Es wäre ein Leichtes, noch weitere "Zielträger" mit abweichenden Interessen zu finden.

Allgemein kann festgestellt werden, dass in jedem konkreten organisatorischen Projekt die unterschiedlichsten Interessen berührt werden. Es ist nur normal, dass jeder versucht, seine Interessen so weit wie möglich durchzusetzen. Der Projektleiter ist die Person, die sich mit allen Interessenträgern auseinandersetzen muss. Und da er es nicht allen recht machen kann, das geht schon deswegen nicht, weil sich einige Ziele widersprechen oder zumindest in Konkurrenz zueinander stehen, werden er und seine Mitarbeiter im Projekt immer wieder gedrängt, bedrängt ja gelegentlich sogar bedroht. Das ist normal und gehört zum "Berufsrisiko" von Projektleitern und Projektmitarbeitern.

Projektleiter und Projektmitarbeiter können keine Konflikte vermeiden, sie können nur versuchen, fair mit ihnen umzugehen. Fairer Umgang mit Konflikten heißt, die Berechtigung der Interessen prüfen und berechtigte Interessen soweit möglich und sinnvoll umzusetzen. Fairer Umgang mit Konflikten heißt aber auch, den Beteiligten klar zu machen, warum ihre Interessen nicht in dem gewünschten Ausmaß erfüllt werden können. Argumentieren, erklären, Hintergründe darstellen, Organisationsarbeit ist zu einem großen Teil auch Verkaufsarbeit im positiven Sinne.

11.3 Macht

Wenn es richtig ist, dass in jedem Projekt unterschiedliche und teilweise unverträgliche Interessen aufeinanderprallen, stellt sich die Frage, wer bei diesem Interessenkonflikt "gewinnt". Es ist naheliegend anzunehmen, dass sich Herr Appel mit seinen Interessen durchsetzen wird. Das kann auch zutreffen, nämlich dann, wenn Herr Appel wirklich mächtig ist. Hat er jedoch einen starken Betriebsrat im Haus und scheut er Konflikte mit diesem Betriebsrat, dann gibt er Macht preis. Wenn er vielleicht zusätzlich fürchten muss, dass seine Mitarbeiter im Verkauf kündigen, oder, weil die Mitarbeiter unkündbar sind, sich mit krankfeiern oder bummeln für eine Lösung "rächen" werden, schätzt er seine eigene Machtposition nicht so hoch ein und akzeptiert Interessen der Mitarbeiter. Die Macht der Mitarbeiter kann auch darin bestehen, dass sie die besseren Argumente haben, denen sich Herr Appel beugen muss. Ähnlich kann die Macht der Kunden sehr groß, und damit ihre Durchsetzungsfähigkeit sehr hoch sein, wenn nämlich in dem Markt ein ausgeprägter Wettbewerb herrscht, Volkswirte nennen das einen Käufermarkt, wie er für marktwirtschaftliche Systeme typisch ist. Dann muss ein Unternehmen sich weitgehend den Interessen der Kunden beugen, weil die Kunden mächtig sind.

In der Organisationsarbeit wird zunehmend die Rolle der Macht erkannt und bewusst eingesetzt. Gerade bei Rationalisierungsvorhaben sind viele gute Ansätze immer wieder versandet oder unterlaufen worden, weil sie den Interessen bestimmter Gruppen zuwider liefen. Aus diesen Erfahrungen heraus wird bei wichtigen Vorhaben, in denen Widerstände zu erwarten sind, immer öfter ein mächtiger Mitarbeiter - ein Vertreter der ersten oder zweiten Hierarchieebene - zum **Sponsor** oder Paten gemacht, der für alle Beteiligten sichtbar mit seiner ganzen Autorität hinter dem Projekt steht. Macht wird hier bewusst eingesetzt, um die Erfolgschancen von Projekten zu verbessern. Ähnliches ist in der kleinen und großen Politik zu erkennen, wenn ein bestimmtes Thema zur "Chefsache" gemacht wird.

Für den Projektleiter und seine Mitarbeiter bedeutet dies, dass sie sich bewusst mit den Interessen der Betroffenen und Beteiligten auseinandersetzen und dass sie zusätzlich deren Machtposition richtig einschätzen müssen. Es reicht nicht aus, nur die Interessen der Auftraggeber oder der Entscheider im Auge zu behalten. Projektverantwortliche müssen auch ein Gefühl dafür entwickeln, welche Interessen in das Projekt hineinwirken und wie stark die unterschiedlichen "Parteien" sind. Sieht ein Projektleiter seine eigene Machtposition als eher schwach an, muss er für geliehene Macht sorgen, also beispielsweise einen Sponsor für sein Projekt gewinnen.

11.4 Widerstände in der Organisationsarbeit

Widerstände treten in organisatorischen Projekten immer dann auf, wenn durch ein Projekt irgendwelche Interessen verletzt werden. Gerade wurde festgestellt, dass dieses regelmäßig geschieht. Wenn hier die Thematik noch ein wenig weiter geführt wird, dann deswegen, weil es typische Ursachen für Widerstände aber auch bestimmte Maßnahmen gibt, durch die Widerstände begrenzt oder gar vermieden werden können. Mit diesen Überlegungen soll die Abhandlung abgeschlossen werden.

Ursachen für Widerstände

Folgende Ursachen lassen sich unter anderem feststellen

- Allgemeine Neuerungsfeindlichkeit,
- fehlendes Problembewusstsein,
- Änderung wird als Kritik empfunden,
- Angst vor Versagen,
- schlechte Erfahrungen mit Reorganisationen.

Eine und vermutlich die wichtigste Ursache für Widerstände ist eine allgemeine **Neuerungsfeindlichkeit**. Menschen halten am liebsten am Vertrauten fest. Sie fühlen sich unwohl, wenn etwas geändert wird, ganz gleich ob die Änderung eigentlich berechtigt ist oder nicht. Je größer der Änderungsdruck wird, und das ist typisch für die heutige Zeit, desto mehr wird das Vertraute geschätzt und zu bewahren versucht.

Die allgemeine Neuerungsfeindlichkeit geht oft zusammen mit **fehlendem Problembewusstsein**. Selbst "objektiv" schlechte Lösungen werden verteidigt, weil die Nachteile oder Probleme als wenig bedeutsam eingestuft, die möglichen Risiken von Neuerungen aber sehr hoch gewichtet werden. Da Erfahrung und Wissenschaft zeigen, dass Menschen das sehen, was sie sehen möchten, und das verdrängen, was ihnen unangenehm oder bedrohlich erscheint, gibt es auch eine plausible Erklärung dafür, weswegen Menschen oft die Notwendigkeit von Änderungen einfach verdrängen. Das geht bis zu einer sehr weit gezogenen Grenze, dann allerdings funktionieren diese Prozesse nicht mehr, die Fakten sind so offensichtlich, dass man sie nicht mehr übersehen kann. Die tiefgreifenden, krisenbedingten Anpassungen vieler Unternehmen in den letzten Jahren zeigen, dass oft erst in einer existenziellen Notsituation die Energien für Änderungen frei werden, deren Notwendigkeit lange Jahre vorher schon bekannt war, aber immer wieder verdrängt wurde.

Viele Menschen nehmen allein schon die Tatsache eines Organisationsvorhabens als persönliche **Kritik** auf. Indirekt erkennen sie darin den Vorwurf, nicht selbst schon früher eine neue Lösung gesucht zu haben. Diese Situation ergibt sich besonders dann, wenn Projekte von Dritten angestoßen werden, also beispielsweise von der Geschäftsleitung oder von der Organisationsabteilung, und dann auch noch von Dritten bearbeitet

werden. Hier fühlen sich die Betroffenen als Opfer und versuchen, das Vorhaben abzuwehren.

Beim Einsatz neuer Technik oder bei grundlegend neuen Verfahren haben viele Menschen **Angst vor der Neuerung**, weil sie befürchten, damit nicht mehr zurecht zu kommen. Je älter Menschen werden und je weniger sie geübt sind, mit Neuerungen umzugehen, desto ausgeprägter ist die **Verunsicherung**. Es gibt auch sehr junge Menschen, die
Angst vor Neuerungen haben. Gerade auch vor diesem Hintergrund werden Probleme
der vorhandenen Lösung gerne verdrängt und deren Vorzüge besonders herausgestellt.

Je mehr Mitarbeiter **schlechte Erfahrungen mit Organisationsprojekten** gemacht haben, etwa weil im Zusammenhang mit Rationalisierungsmaßnahmen Kündigungen aus-
gesprochen wurden, oder weil Neuerungen erst nach langen Startschwierigkeiten ins
Laufen gekommen sind, desto intensiver werden sie sich gegen Neuerungen wehren.

Was tun Menschen, die eine Neuerung nicht wollen? Ihnen steht dazu ein abgestuftes
Instrumentarium zur Verfügung. Der Widerstand kann lediglich innere Verunsicherung
zur Folge haben, es kann aber auch sein, dass im Rahmen des Projektes keine Unterstützung geboten wird - man muss den Betroffenen "alles aus der Nase ziehen". Es kommt
auch vor, dass sogar bewusst tendenziöse Informationen gegeben werden, wenn Menschen befragt werden, die sich bedroht fühlen. Hier sollte man in seinem Urteil aber vor-
sichtig sein. Leicht kann etwas als verfälscht, ja sogar als Lüge angesehen werden, was
aus der Sicht der Betroffenen die eigene, subjektive Wahrheit ist. Die stärksten Geschüt-
ze bei der Abwehr organisatorischer Neuerungen sind der offene oder verdeckte Boykott
(Regelungen werden ignoriert), oder es werden aktive Maßnahmen ergriffen, um Neuerungen abzuwehren, beispielsweise indem die Personalvertretung eingeschaltet wird.
Derartige Gegenmaßnahmen sind jedoch eher selten.

Maßnahmen gegen Widerstände

Was kann nun getan werden, um Widerstände zu vermeiden, oder, wenn sie schon auf-
getreten sind, sie abzuschwächen? Folgende Maßnahmen zur Förderung der Akzeptanz
haben sich in der Praxis bewährt:

–   Information der Betroffenen,
–   Beteiligung der Betroffenen,
–   Interessen der Betroffenen soweit eben möglich berücksichtigen,
–   organisatorische Lösungen verkaufen.

Wenn die **Betroffenen** an einem organisatorischen Vorhaben **beteiligt** werden, entsteht
gar nicht erst das Gefühl der Ohnmacht. Durch die Beteiligung wird auch das Verständnis für eine neue Lösung gefördert, die Angst vor dem Neuen abgebaut oder vermieden.
Auch vom Selbstverständnis her lebt es sich besser mit Lösungen, an denen man beteiligt war. Problematisch ist insbesondere in großen Unternehmen oder Verwaltungen,
dass immer nur eine kleine Auswahl der Betroffenen beteiligt werden kann. Dann wird

die Auswahl der Beteiligten besonders wichtig für den Erfolg. Nicht unbedingt die Besten sollten beteiligt werden sondern diejenigen, die von der Mehrheit am ehesten als Interessenvertreter anerkannt werden.

Es ist kaum mit massiven Widerständen gegen Neuerungen zu rechnen, wenn die **Betroffenen** selbst **Vorteile** für sich erwarten. Deswegen sollten die **Ziele der Betroffenen** sehr gründlich **ermittelt** und soweit eben möglich und vertretbar auch **erfüllt** werden. Den Betroffenen sollte auch deutlich gemacht werden, welche Vorteile ihnen die neue Lösung bringt, nicht nur dem Unternehmen oder der Organisationseinheit. Es muss **adressatengerecht argumentiert** werden, "der Köder muss dem Fisch schmecken, nicht dem Angler", die Argumente müssen also aus der Sicht der jeweiligen Adressaten gut sein. Sollten in einem konkreten Fall wichtige Ziele der Betroffenen nicht erreichbar sein, muss das sorgfältig begründet werden.

Aus diesen Bemerkungen leitet sich ein Grundsatz ab, der oben schon mehrfach angeklungen ist: **Organisationsarbeit ist Verkaufsarbeit** bzw. **Überzeugungsarbeit**. Selbstverständlich muss versucht werden, möglichst gute Lösungen zu finden. Ebenso wichtig ist es aber, sie zu verkaufen, andere davon zu überzeugen, dass die Lösungen gut sind. Das gilt nicht nur gegenüber den Betroffenen. Überzeugt werden müssen auch die Vorgesetzten der Betroffenen, und zwar möglichst frühzeitig, so dass sie mit ihrer Autorität auch das Projekt mit tragen helfen. Weiterhin sollten starke Persönlichkeiten, die nicht unbedingt in der Hierarchie hoch angesiedelt sein müssen, sogenannte informale Führer, für das Projekt gewonnen werden. Das kann auch bedeuten, dass man ihren Vorstellungen ein Stück weit entgegenkommt, wenn es vertretbar ist, um sie für das Projekt einzunehmen und ihre Macht zu nutzen. Schließlich sollte die Mitarbeitervertretung für die Lösung gewonnen werden, d.h. aber auch, dass Bedenken dieser Seite ernst genommen und so weit möglich berücksichtigt werden.

Alle in diesem Abschnitt genannten Punkte lassen sich zu einer Aussage verdichten: Organisationsarbeit setzt bei den Beteiligten neben der fachlichen Kompetenz auch eine hohe soziale Kompetenz und hohe Kommunikationsfähigkeit voraus.

Literaturverzeichnis

Bartölke, K.: Teilautonome Arbeitsgruppen. In: Handwörterbuch der Organisation. Hrsg. v. E. Frese. 3. Aufl., Stuttgart 1992, Sp. 2384 - 2399

Becker, M.R.; R. **Haberfellner**; G. **Liebetrau**: EDV-Wissen für Anwender. 12. Aufl., Zürich 2000

Bellmann, K.B.: Kostenoptimale Arbeitsteilung im Büro. Der Einfluss neuer Informations- und Kommunikationstechnik auf Organisation und Kosten der Büroarbeit. Berlin 1989

Berthel, J.: Informationsbedarf. In: Handwörterbuch der Organisation. Hrsg. v. E. Frese. 3. Aufl., Stuttgart 1992, Sp. 872 - 886

Bleicher, K.: Organisation - Formen und Modelle. Wiesbaden 1981

Bleicher, K.: Organisation. Strategien - Strukturen - Kulturen. 2. Aufl., Wiesbaden 1991

Bromann, P.: Erfolgreiches strategisches Informations-Management. Landsberg a.L. 1987

Bronner, R.: Verantwortung. In: Handwörterbuch der Organisation. Hrsg. v. E. Frese. 3. Aufl., Stuttgart 1992, Sp 2503 - 2513

Bühner, R.: Betriebswirtschaftliche Organisationslehre, 9. Aufl., München u.a. 1999

Chalupsky, J.; S. **Gottlob** et.al.: Der Mensch in der Organisation. Gießen 2000

Chandler, A.D.: Strategy and Structure. 13. Aufl., Cambridge Mass. 1984

Cleland, D.I.; W.R. **King** (Hrsg.): Project Management Handbook. New York 1988

Comelli, G.; L.v. **Rosenstiel**: Mitarbeiter für Organisationsziele gewinnen. 2. Aufl., München 2001

Davenport, Th.H.: Process Innovation. Reengineering Work through Information Technology. Boston Mass. 1993

Ebers, M.: Situative Organisationstheorie. In: Handwörterbuch der Organisation. Hrsg. v. E. Frese. 3. Aufl., Stuttgart 1992, Sp. 1817 - 1838

Engelmann, Th.: Business Process Reengineering. Grundlagen – Gestaltungsempfehlungen – Vorgehensmodell. Wiesbaden 1995

Fischermanns, G.; W. **Liebelt**: Grundlagen der Prozessorganisation. 5. Aufl., Gießen 2000

Ford, H.: How I Made a Success of my Business. Zitiert nach Frese, E.: Organisationstheorie. Historische Entwicklung - Ansätze - Perspektiven. 2. Aufl., Wiesbaden 1992

Frese, E. (Hrsg.): Handwörterbuch der Organisation, 3. Aufl., Stuttgart 1992

Frese, E.: Grundlagen der Organisation, Konzept-Prinzipien-Strukturen. 8.Aufl., Wiesbaden 2000

Frese, E.: Organisationstheorie. Historische Entwicklung - Ansätze - Perspektiven. 2. Aufl., Wiesbaden 1992

Frese, E.; A .v. **Werder**: Bürokommunikation. In: Handwörterbuch der Organisation. Hrsg. v. E. Frese. 3. Aufl., Stuttgart 1992, Sp. 374 - 390

Gaitanides, M.: Prozessorganisation - Entwicklung, Ansätze und Programme prozessorientierter Organisationsgestaltung. München 1983

Gaitanides, M.; R. **Scholz**, A. **Vrohlings**: Prozeßmanagement. Konzepte, Umsetzungen und Erfahrungen des Reengineering. München 1994

Gebert, D.: Kommunikation. In: Handwörterbuch der Organisation. Hrsg. v. E. Frese. 3. Aufl., Stuttgart 1992, Sp. 1110 - 1121

Gebert, D.; L. **Rosenstiel**: Organisationspsychologie. 5. Aufl., Stuttgart 2002

Glasl, F.: Konfliktmanagement. Ein Handbuch für Führungskräfte, Beraterinnen und Berater. 7.Aufl., Bern/Stuttgart 2002

Grochla, E.: Grundlagen der organisatorischen Gestaltung. Stuttgart 1982

Hajer, H.; R. **Kolbeck**: Internet. München 1994

Haldi, Ch.: Soziokulturelle Einflüsse auf Organisation und Personalwirtschaft im internationalen Management. Glattbrugg 1998

Hamel, G.; G. K. **Prahalad**: Wettlauf um die Zukunft. Wien 1995

Hammer, M; J. **Champy**: Business Reengineering. Die Radikalkur für das Unternehmen. 6. Aufl., Frankfurt 1996

Heinrich, L. J.; P. **Burgholzer**: Systemplanung. Die Planung von Informations- und Kommunikationssystemen. Band 1. Der Prozess der Systemplanung, Vorstudie und Feinstudie. 5. Aufl., München/Wien 1991

Hill, W., R. **Fehlbaum**; P. **Ulrich**: Organisationslehre 2. 5. Aufl., Bern/Stuttgart 1998

Hill, W.; R. **Fehlbaum**; P. **Ulrich**: Organisationslehre 1. 5. Aufl., Bern/Stuttgart 1994

Huber, Th.: Unternehmenskultur. In: Der Mensch in der Organisation. 5. Aufl., Gießen 2000

Kauffels, F.J.: Lokale Netze. 14. Aufl., Bonn 2002

Kommunale Gemeinschaftsstelle für Verwaltungsvereinfachung: Organisationsuntersuchungen in der Kommunalverwaltung. 5. Aufl., Köln 1977

Koreimann, D.: Methoden der Informationsbedarfsanalyse. Berlin/New York 1976

Kosiol, E.: Organisation der Unternehmung. 2. Aufl., Wiesbaden 1976

Krüger, W.: Aufgabenanalyse und -synthese. In: Handwörterbuch der Organisation. Hrsg. E. Frese. 3. Aufl., Stuttgart 1992, Sp.221 - 236

Krüger, W.: Organisation der Unternehmung, 3. Aufl., Stuttgart/Berlin/Köln 1994

Krüger, W.; Ch. **Homp**: Kernkompetenz-Management. Steigerung von Flexibilität und Schlagkraft im Wettbewerb. Wiesbaden 1997

Krüger, W.; P. **Pfeiffer**: Informationsmanagement zur Unterstützung der Wettbewerbsstrategie. In: Hahn, D.; B. Taylor (Hrsg.): Strategische Unternehmensplanung/Strategische Unternehmensführung. 6. Aufl., Heidelberg 1992, S. 504 - 526

Kubicek, H.: Informationstechnologie und Organisationsstruktur. In: Handwörterbuch der Organisation. Hrsg. v. E. Frese. 3. Aufl., Stuttgart 1992, Sp. 937 – 958

Kupper, H.: Die Kunst der Projektsteuerung. Qualifikation und Aufgaben eines Projektleiters. 9. Aufl., München/Wien 2001

Lipinski, K.: Datenkommunikation. München 1994

Litke, H-D.: Projektmanagement. Methoden, Techniken, Verhaltensweisen. 3. Aufl., München/Wien 1995

Mertens, P.; G. **Knolmeyer**: Organisation der Informationsverarbeitung. 3. Aufl., Wiesbaden 1998

Osterloh, G.: Veränderungs-Management. Wiesbaden 1996

Osterloh, M.; F. **Frost**: Prozeßmanagement als Kernkompetenz. 3. Aufl., Wiesbaden 2000

Page-Jones, M.: Praktisches DV-Projektmanagement. Grundlagen und Strategien. München/Wien 1991

Pfetzing, K.; A. **Rohde**: Grundlagen des Projektmanagement. Gießen 2001

Probst, G.: Organisation. Strukturen, Lenkungsinstrumente und Entwicklungsperspektiven. Landsberg/Lech 1993

Probst, G.J.B.; P. **Gomez** (Hrsg.): Vernetztes Denken. Ganzheitliches Führen in der Praxis. 2. Aufl., Wiesbaden 1991

REFA (Hrsg.): Methodenlehre des Arbeitsstudiums. Ablauforganisation. München 1992

REFA (Hrsg.): Methodenlehre des Arbeitsstudiums. Teil 2, Datenermittlung. 7. Aufl., München 1978

Reiß, M.: Arbeitsteilung. In: Handwörterbuch der Organisation. Hrsg. v. E. Frese. 3. Aufl., Stuttgart 1992, Sp. 167 - 178

Reschke, H.; H. **Schelle**; R. **Schnopp**: Handbuch Projekt-Management, Bd. 1 und 2, Köln 1992

Scheer, A.W.: Wirtschaftsinformatik. Referenzmodelle für industrielle Geschäftsprozesse. 7.Aufl., Berlin/Heidelberg/NewYork et.al. 1997

Schmidt, G.: Grundlagen der Aufbauorganisation. 4. Aufl., Gießen 2000

Schmidt, G.: Methode und Techniken der Organisation, 12. Aufl., Gießen 2000

Schreiber, J.: Beschaffung von Informatikmitteln. Bern/Stuttgart 1991

Schulz von Thun, Fr.: Miteinander reden. Das „innere Team" und situationsgerechte Kommunikation. Reinbek b. Hamburg 1998

Senge, P.M.: Die fünfte Disziplin. Kunst und Praxis der lernenden Organisation. 6. Aufl., Stuttgart 1998

Smith, A.: Der Wohlstand der Nationen. Eine Untersuchung seiner Natur und seiner Ursachen. München 1978 (Original: An Inquiry into the Nature and Causes of the
Wealth of Nations. London 1776)

Steinbuch, P.A.: Organisation. 8.Aufl., 1990

Steinle, C.: Stabsstelle. In: Handwörterbuch der Organisation. Hrsg. v. E. Frese. 3. Aufl.,
Stuttgart 1992, Sp. 2310 - 2321

Taylor, F.W.: The Principles of Scientific Management. New York 1911

Warnecke, H.-J.: Revolution der Unternehmenskultur. Das Fraktale Unternehmen. 2.
Aufl., Berlin/Heidelberg u.a. 1993

Weber, H.E.: Leitfaden für den Sachmitteleinsatz. Glattbrugg 1995

Wildemann, H.: Die modulare Fabrik. Kundennahe Produktion durch Fertigungsseg-
mentierung. München 1988

Zehnder, C.A.: Informatik-Projektentwicklung. 2. Aufl., Stuttgart 1991

Stichwortverzeichnis

I

Improvisation 6
Informationen 29, 78
Informationsbedarf 30, 86
Informationsprozesse 82
Informationssystem 3, 30, 31, 78, 83
   Gestaltung des 84

J

Job Enlargement 53, 54
Job Enrichment 54
Job Rotation 53
Job-Sharing 35

K

Kapazitätsauslastung 119
Kette 122
Kollegien 72
Kommunikation 93
   Bedeutung der 94
   Bestandteile der 95
   Maschine-Maschine 99
   Mensch-Maschine 99
   Mensch-Mensch 99
Kommunikationsprozess 96
Kommunikationsstörung 96, 97
Kommunikationssystem 3, 31, 83, 91
Kommunikationswege 101
Konflikte 166
Kundenorientierte Organisation 76

L

Lean-Management 77
Leitungsspanne 61
Leitungsstellen 40
Leitungssystem 3, 31, 61
Leitungstiefe 61
Lenkungsausschuss 159
Lösungsentwurf 141, 142, 163

M

Macht 168
Managementtechniken 161, 164
Matrix-Produkt-Organisation 70
Mehrliniensystem 64
Mengenteilung 39
Menschenbild 28
Methode 136

N

Nachrichten 78

O

Objektorientierte Organisation 67
ODER-Rückkopplung 124, 125
ODER-Verknüpfung 124
ODER-Verzweigung 123, 124, 125
Operative Management-Holding 74
Organisation 1,
   siehe Aufbauorganisation
Organisationstechniken 161, 162
Organisationswürfel 4

P

Personalbemessung 59
persönliche Kommmunikation 100
Planungszyklus 138
Primärorganisation 64
Problemanalyse 134
Produkt-Manager 69
Profit-Center 75
Projektablauf 136, 138
Projektaufbau 157
Projektdiagnose 156
Projektgruppen 72
Projektinformation 157, 164
Projektleiter 159
Projektmanagement 155
Projektmarketing 157
Projektphasen 143
Projektplanung 156, 164
Projektrealisation 156

Management/Unternehmensführung/Organisation

Gabler Wirtschafts-Lexikon
15., vollst. überarb. u. akt. Aufl.
2000. XX, 3.642 S.
Geb. € 174,00
ISBN 3-409-32998-6

Gabler Wirtschafts-Lexikon
Taschenbuchausgabe
15., vollst. überarb. u. akt.
Aufl. 2001. XX, 3642 S.,
Br. € 89,00
ISBN 3-409-30388-X

Gabler Wirtschafts-Lexikon
CD-ROM
15., vollst. überarb. u. akt.
Aufl. 2001. XX, 3642 S.
Br. € 89,00
ISBN 3-409-49926-1

Wolfgang Korndörfer
Unternehmensführungslehre
Einführung - Entscheidungslogik -
Soziale Komponenten
9., akt. Aufl. 1999. 311 S.
Br. € 42,90
ISBN 3-409-38172-4

Hartmut Kreikebaum/
Dirk Ulrich Gilbert/Glenn O. Reinhardt
Organisationsmanagement
internationaler Unternehmen
Grundlagen und moderne
Netzwerkstrukturen
2., vollst. überarb. u. erw. Aufl. 2002.
XVI, 243 S. mit 42 Abb., 12 Tab.
Br. € 25,90
ISBN 3-409-23147-1

Klaus Macharzina
Unternehmensführung
Das internationale Managementwissen
Konzepte - Methoden - Praxis
3., akt. und erw. Aufl. 1999.
XXXVIII, 922 S. mit 250 Abb.
Geb. € 49,00
ISBN 3-409-43150-0

Klaus Macharzina/
Michael-Jörg Oesterle (Hrsg.)
Handbuch Internationales Management
Grundlagen – Instrumente – Perspektiven
2., überarb. u. erw. Aufl. 2002. ca. 1100 S.
Geb. ca. € 124,00
ISBN 3-409-22184-0

Klaus North
Wissensorientierte
Unternehmensführung
Wertschöpfung durch Wissen
3., akt. u. erw. Aufl. 2002. ca. 350 S.
Br. ca. € 34,00
ISBN 3-409-33029-1

Arnold Picot/Ralf Reichwald/
Rolf T. Wigand
Die grenzenlose Unternehmung
Information, Organisation und Manage-
ment. Lehrbuch zur Unternehmensführung
im Informationszeitalter
4., vollst. überarb. und erw. Aufl. 2001.
XXII, 634 S.
Geb. € 37,00
ISBN 3-409-42214-5

Georg Schreyögg
Organisation
Grundlagen moderner Organisa-
tionsgestaltung. Mit Fallstudien
3., überarb. u. erw. Aufl. 1999.
XVI, 626 S. mit 103 Abb.
Br. € 36,00
ISBN 3-409-37729-8

Horst Steinmann/Georg Schreyögg
Management
Grundlagen der Unternehmensführung
Konzepte - Funktionen - Fallstudien
5., überarb. Aufl. 2000. XVIII, 766 S.
Geb. € 45,00
ISBN 3-409-53312-5

Änderungen vorbehalten Stand: August 2002

Gabler Verlag · Abraham-Lincoln-Str. 46 · 65189 Wiesbaden · www.gabler.de

GABLER

Konzepte für das neue Jahrtausend

Management von Reorganisationen

Die Autoren untersuchen die Thematik des Change Management aus einer neuartigen Perspektive. Sie entwickeln sieben "Stellschrauben", mit denen die Verantwortlichen ein Reorganisationsprojekt auf den Kontext der organisatorischen Veränderung hin anpassen können. Am Beispiel einer spezifischen Kontextausprägung wird die Idee des Maßschneiderns veranschaulicht.

Arnold Picot, Heino Freudenberg, Winfried Gaßner
Management von Reorganisationen
Maßschneidern als Konzept für den Wandel
1999. XX, 212 S.
Br. € 48,00
ISBN 3-409-11525-0

Bewährte Projekte aus der Praxis

Praxisbezogenes und fundiertes betriebswirtschaftliches Wissen für Existenzgründer, analytisch und systematisch vorgestellt, und in didaktisch geschickter Form dem Leser aufbereitet. Es ist wissenschaftliche Literatur, zugleich aber anschaulich und anwendungsbezogen wie Praktikerliteratur.

Wolfgang Gattermeyer, Ayad Al-Ani (Hrsg.)
Change Management und Unternehmenserfolg
Grundlagen – Methoden – Praxisbeispiele
2., akt. u. erw. Aufl. 2001.
254 S., Br. € 47,00
ISBN 3-409-21501-8

Management des Wandels

Das vorliegende Buch legt ein umfassendes, integriertes Konzept zur strategischen Erneuerung einer Unternehmung vor. Es geht dabei über die vereinzelten Ansätze eines „Change Management" hinaus und betrachtet die erfolgreiche Bewältigung permanenten Wandels. Zahlreiche Praxisbeispiele ergänzen den Text.

Wilfried Krüger (Hrsg.)
Excellence in Change
Wege zur strategischen Erneuerung
2., vollst. überarb. Aufl. 2002.
370 S. (Schweizerische Gesellschaft für Organisation)
Geb. € 44,50
ISBN 3-409-21578-6

Änderungen vorbehalten. Stand: August 2002.

Gabler Verlag · Abraham-Lincoln-Str. 46 · 65189 Wiesbaden · www.gabler.de

GABLER

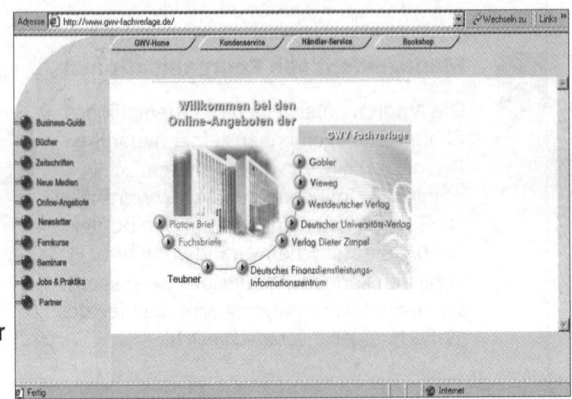